UN SAINT JÉSUITE

La Cause
du
Vénérable Bellarmin

L'Autobiographie
Votum de Passionei
Lettre à Clément VIII

AVEC UNE INTRODUCTION ET DES NOTES

PAR

I. DE RÉCALDE

PARIS
LIBRAIRIE MODERNE
2, RUE DE L'ÉCHAUDÉ-SAINT-GERMAIN, 2
—
1923

LA CAUSE
du Vénérable Bellarmin

A LA MÊME LIBRAIRIE

UN SAINT JÉSUITE

La Cause
DU
Vénérable Bellarmin

L'Autobiographie
Votum de Passionei
Lettre à Clément VIII

AVEC UNE INTRODUCTION ET DES NOTES

PAR

I. DE RÉCALDE

PARIS

LIBRAIRIE MODERNE

2, RUE DE L'ÉCHAUDÉ-SAINT-GERMAIN, 2

1923

INTRODUCTION

La Cause du Vénérable Bellarmin

I. *Saint, « parce que » ou « quoique » jésuite? — II. Comment la Cause vient d'être reprise. — III. Innocent XI et Benoît XIV, Passionei et Tencin. — IV. De la doctrine et des vertus du Vénérable. — V. Entre Rome et les rois. — VI. Le réformateur de l'Eglise.*

I. — Saint, parce que ou quoique jésuite

Cette brochure est encore l'une de celles que nous n'aurions jamais écrites sans y avoir été provoqué. Nous n'avons en effet aucune raison personnelle de nous opposer à une prochaine glorification de Bellarmin. Ce savant cardinal fut certainement un homme remarquable, quoique jésuite, selon le mot d'un contemporain (1). Au

(1) « *Que es buen sujeto aunque Jesuita* », disait le cardinal Borgia. Couderc, *Le V. cardinal Bellarmin*, t. II, p. 21.

surplus l'affaire est assez vieille, l'Église est assez sage, pour que chacun s'incline bientôt devant le jugement définitif, sans discuter davantage sur la justice ou sur l'opportunité de cette décision.

Mais si la Compagnie de Jésus reprend sans fin ce procès qui, pour tout autre que pour elle, apparaîtrait depuis longtemps perdu, c'est qu'elle nourrit certaines arrière-pensées et ne vise pas seulement à placer un de ses membres de plus sur les autels. Elle compte une quantité de saints, non pas en foule aussi pressée qu'elle s'efforce de le donner à croire et qu'il serait normal de le conjecturer d'après la multitude de ses recrues et la prétendue perfection de sa règle (1), mais enfin assez nombreux, assez illustres ou du moins assez célébrés pour entretenir parmi les profanes l'illusion de leur multitude (2).

(1) Mir rappelle comment les écrivains de la Compagnie se sont efforcés de créer la tradition ou la légende que tous les Jésuites, morts dans la Compagnie, sont assurés de leur salut. Encore comprendrait-on ce privilège, s'il s'agissait de fidélité à une règle, qui, après tout, visant à la perfection chrétienne, entraîne des obligations bien supérieures à celles de la vie commune; mais nos apologistes ont soin de n'insister que sur la persévérance dans la profession. Il y a aussi l'anecdote fameuse de l'apparition du Christ à un jésuite tenté : « Quoi! lui dit le Sauveur, tu veux quitter un Ordre où mes Anges implorent en vain d'entrer! » (Voir *Recherches historiques sur cette tradition que la mort dans la Compagnie de Jésus est un gage certain de prédestination*, par le R. P. Jacques Terrien, Poitiers, Oudin 1893, p. 135). C'est peu même de 89 saints ou bienheureux pour une pareille pépinière de prédestinés.

(2) Dans l'*Osservatore romano* du 3 février 1921, Mgr Ferrandina, au cours d'un dithyrambe projésuite, écrit, à propos de Bellarmin et du Vénérable Capelloni : « *Une statistique que nous devons croire exacte assigne aux Jésuites* 800 *martyrs*, 89 *Saints et Bienheureux*, 52 *Vénérables et*

Seulement, une Société de directeurs de conscience et d'éducateurs ne saurait se contenter toujours d'honorer un Saint Louis de Gonzague (1), un Saint Jean Berchmans, un Saint Stanislas Kotzka : des disciples. On finirait par se demander ce que valent les maîtres (2) ! L'his-

108 *autres Serviteurs de Dieu.* » Mais il faudrait s'entendre et voir combien la piété catholique, d'accord avec la consécration officielle de l'Eglise, a retenu de noms parmi cette foule de saints et de « martyrs », plus ou moins connus. En réalité, les livres d'édification même édités par les Jésuites, ne mettent jamais en avant qu'une dizaine de noms, toujours les mêmes.

(1) Voir l'*Autobiographie* de Bellarmin, n° 80. Sans lui, dit-il, on n'eût même pas retrouvé le corps du futur Bienheureux dans le caveau commun des Jésuites; l'introduction de la cause lui coûta beaucoup de peines et n'alla pas toute seule.

Ces débuts pénibles du procès étaient au reste un présage; et Benoît XIV, le 21 février 1748, apprend au cardinal de Tencin : « Quand nous étions encore *in minoribus,* nous avons couru le danger de perdre ou le jugement ou la vie pour la cause de saint Louis de Gonzague : maintenant nous ne nous sentons pas le courage de faire de même pour la cause du cardinal Bellarmin. *In minoribus corremmo in pericolo di perdere o il giudizio o la vita per la causa di San Luigi Gonzaga; ora non sentiamo di far lo stesso per la causa del cardinale Bellarmino.* »

Il est de fait que les procédés employés par la Compagnie pour réduire à son parfait idéal le sang de la terrible race des Gonzague qui bouillait en cet enfant, soulevaient plus d'une objection, chez tous ceux qui étaient capables de juger les choses autrement qu'avec les yeux myopes du protocole.

(2) D'après un brocard courant, certains prédicateurs se feraient un jeu de prendre malicieusement pour texte de leurs panégyriques de l'un ou l'autre de ces trois novices, une parole de leur office : « *Ex Quirinali domo probationis, anno innocentis vitæ decimo octavo, vocatus est :* Dieu s'est empressé de les ravir au monde, avant qu'ils

toire de Saint François Régis et de ses derniers jours à La Louvescq n'est rien moins que tirée au clair, et il semble bien qu'il soit mort expulsé de la Compagnie (1). Saint Ignace, lui-même, n'a que le sort commun à tous les fondateurs de grands Ordres. Bellarmin atteste même que, sans un certain entregent, sa cause risquait de rester en route (2). Les Jésuites ont rêvé un moment

ne soient entrés pour de bon dans une Société où ils risquaient de perdre leur innocence » ; ou encore quelque verset suggestif de la Bible, comme celui de la *Sagesse*, IV, 11 : « Dieu l'a transféré d'entre les pécheurs, de peur que son esprit ne fut corrompu par leur malice: *ne malitia mutaret intellectum.* »

(1) C'est du moins une tradition locale très vivace. Saint François Régis, rejeté par ses confrères pour s'être consacré tout entier à l'évangélisation des populations pauvres, aurait expiré en pleine montagne, abandonné de tous, dans une maison isolée qu'on montre encore; un pélerinage y subsiste, sur lequel les Jésuites ont organisé la conspiration du silence.

Le corps fut ramené, plus tard, à La Louvesc, au premier éclat de la mort et des miracles: une magnifique église y a été établie par les Jésuites, qui, naturellement, se sont bien gardés de divulguer l'exclusion prononcée contre leur glorieux confrère; et la presse religieuse retentit tous les ans de l'écho des fêtes organisées par la Société autour de cette pieuse supercherie.

Cependant les Jésuites sont inquiets. Soit par peur d'une indiscrétion, soit en raison de l'évidente pénurie des bénédictions divines sur ce sanctuaire, ils commencent à préparer un substitut à ce faux lit de mort, qui n'est que le tombeau convenu du saint, en lançant ces dernières années la dévotion à son berceau. Au besoin, l'un remplacera l'autre, et Moux-Fontcouverte (Aude) palliera le déclin de La Louvesc (Ardèche). (Cf. les communiqués officieux du P. Lafon, *Libre Parole* du 6 juillet 1922, *Croix* du 4 juillet 1922, etc...).

(2) Voir *Autobiographie*, n° 79. — « Aussi l'affaire aboutit-elle en très peu de temps, tandis que si elle n'eut

de faire de lui un Docteur (1) : le projet ne pouvait aboutir. Pie XI s'est décidé, il est vrai, à le déclarer « Patron des Exercices spirituels » (2) : ce qui n'engage personne à rien, je veux dire, ni les autres à suivre sa manière authentique de « donner » les *Exercices* ni même les promoteurs de ce patronage honorifique à lui souhaiter une autre portée que celle d'un hommage pieux à une illustre renommée (3).

Ce que la Compagnie voudrait cependant à tout prix de nos jours, c'est un garant dûment autorisé pour ses doctrines. Les Jésuites ont tenu à avoir, en effet, leurs auteurs à eux en dogmatique et en morale, comme leur spiritualité (4) et leur discipline religieuse très particulière. Or, quant à leurs moralistes, l'affaire est

pas été conclue alors, grâce surtout à mes instances, etc... Dieu sait quand cette Béatification eût été obtenue. »

(1) Cf. Mir, tome I, p. 486 de l'adaptation française.

(2) Constitution apostolique du 25 juillet 1922.

(3) Voir Mir, tout le chapitre sur les *Exercices spirituels*, pp. 489-535, et comparer Mgr Achille Ratti, *Saint Charles Borromée et les Exercices de Saint Ignace*; 2e édition, Lethielleux, 1922. Pour des yeux avertis, rien de plus lumineux que cette substantielle étude. Elle démontre à l'évidence que Saint Charles a tiré du livre de Saint Ignace une pratique de la retraite et de l'oraison, au rebours précisément de l'esprit original et essentiel des données primitives : ce n'est pas une application, c'est un remplacement.

Quant à la brochure du P. Brou, *Les Exercices spirituels de Saint Ignace de Loyola*, Téqui, 1922, elle est indigne de son auteur : c'est une médiocre amplification des banalités courantes.

(4) Sur le caractère propre de la spiritualité jésuitique (en dehors de la méthode primitive des Exercices et de l'exclusive prononcée par les Constitutions contre tous les anciens mystiques, étrangers à la Compagnie), voir par exemple Henri Bremond, *Histoire littéraire du sentiment*

jugée. Molina, leur théoricien de la Grâce, père de toutes les déviations qui suivirent, doit se tenir pour satisfait de bénéficier dans l'Eglise d'une sorte de prescription (1) : il lui serait fatalement arrivé pis, comme novateur, s'il n'eut été de la Compagnie. Un Escobar et un Pirot sont aujourd'hui sacrifiés : même en ressuscitant leur esprit, on se garde de trop insister pour la réhabilitation de leur mémoire; et il faut convenir que rêver d'un patron de la morale relâchée dépasserait les bornes du paradoxe. Reste donc la ressource d'un Docteur spéculatif. Suarez — *Doctor eximius* — en serait le type idéal. Mais il n'est pas question de canoniser Suarez, malgré ses vertus (2). Sa métaphysique a eu des malheurs. Aux fêtes de son troisième centenaire, par une ironique condescendance, c'est comme canoniste uniquement que le Saint-Siège a voulu que fût célébré ce théologien; et cet hommage restreint en dit long sur le genre d'estime qu'a mérité dans l'Eglise, à part le clan des bons confrères, ce chef d'école, sur lequel s'ap-

religieux en France et les comptes-rendus qu'a donnés de ce livre la *Vie spirituelle* : le centre de gravité, pour ainsi dire, de la spiritualité catholique s'est trouvé ramené de Dieu à l'homme, grâce à cette véritable révolution dans l'ascèse.

(1) C'est un des arguments de Joseph de Maistre en faveur du molinisme : « Système qui n'a jamais été condamné et qui ne le sera jamais; car tout système publiquement enseigné dans l'Eglise catholique durant trois siècles, sans avoir été condamné, ne peut être supposé condamnable » (*De l'Eglise gallicane*, l. I, ch. IX). Il faudrait voir. De Maistre est parfois plus tranchant qu'exact.

(2) Hurter dit bien : « A multis vocatum in dubium est doctiorne esset Suarez an sanctior » (*Nomencl. litter.*, t. I, p. 139). Mais justement, sa cause paraît aussi compromise aujourd'hui comme docteur que comme saint.

puie encore une obstinée rébellion aux décrets les plus pressants de la Chaire infaillible (1).

Seul reste possible, par conséquent, Bellarmin (2), comme saint qui n'ait pas gagné sa cou-

(1) Cf. La lettre de Pie X en date du 28 juin 1914, le Syllabus en 24 propositions du 27 juillet 1914, la décision du 21 février 1916 (*Acta Apostolicæ Sedis* du 7 mars 1916) et les dispositions du nouveau Code de Droit Canon sur les « normæ tutæ directivæ » pour l'enseignement de la scolastique. La plupart de ces règles visent les déviations du suarézisme, perpétuées par la Compagnie de Jésus, déjà grevée de l'autre boulet du molinisme.

Passons sur les difficultés que Suarez eut avec le Saint Office à propos de la confession auriculaire.

Benoît XV, en personne, malgré ses complaisances pour la Compagnie, par lettre publique, à l'occasion du troisième centenaire de Suarez à Grenade, dut interdire aux congressistes de glorifier en Suarez le métaphysicien, pour se borner à célébrer les mérites éminents de son Traité *De Legibus et Censuris*.

Cf. *François Suarez, sa philosophie et les rapports qu'elle a avec sa théologie* par l'abbé Léon Mahieu, professeur suppléant à la Faculté de théologie de Lille, chez Picard et chez Desclée, 1921. *L'Ami du Clergé*, 13 nov. 1921, la *Revue des Jeunes*, etc... ont donné de cet ouvrage, très didactique, les comptes rendus les plus favorables. Mais les *Etudes* (30 oct. 1921) posent nettement à l'auteur un ultimatum : « M. Mahieu rendrait maintenant *loyal* service à la vérité (après avoir souligné les divergences) en étudiant les substantielles ressemblances du Maître angélique et de son disciple. » Sinon, cette incorrection lui coûtera cher.

(2) Sur Bellarmin, voir : *Op.*, édit. Sirmond, Paris, 1630. Biographie par Frizon, 1709; Couderc, 2 vol. in-8, Paris, 1893. Le Bachelet, article Bellarmin, dans le *Dict. Théol. de Vacant*. Du même auteur: *Bellarmin avant son Cardinalat*, correspondance et documents; *Bellarmin et la Bible Sixto-Clémentine*, études et documents inédits. Paris, Beauchesne. Quant aux anciens biographes, les diverses éditions sont pleines de variantes selon les besoins de la cause. La *Vie* italienne de Bellarmin du P. Fu-

ronne exclusivement au noviciat ou dans le ministère des âmes, et comme candidat au Doctorat ecclésiastique.

Il est déjà Vénérable, — trois fois Vénérable en un sens, — puisque par une exception unique dans les annales de la Congrégation des Rites, c'est la troisième fois que sa cause de béatification est introduite, ayant été deux fois différée, non sans motifs. Un autre « saint » en serait resté là à jamais (1) ; mais la Compagnie n'ayant pas le choix, tient à Bellarmin, envers et contre tous. Il faut et elle veut qu'on lui voie enfin l'auréole : et elle obtiendra vite de teindre celle-ci d'une couleur de choix. Il n'y a en effet que le premier pas qui coûte. A peine bienheureux, Bellarmin sera facilement canonisé ; aussitôt saint, que coûtera-t-il d'en faire autre chose?

ligatti, par exemple, est de 1624. En 1654, nouvelle édition fortement corrigée (voir en particulier le chapitre XI). La traduction latine de Pietrasanta a paru à Anvers en 1631 ; elle suit très librement le texte italien (Cf. *Saint Joseph Calasanz*, p. 59). Le P. Bartoli a remanié à son tour ces données primitives dans le sens de l'apologie. Refonte complète également du P. Morin par le P. Frizon, à Nantes, en 1708 ; l'histoire de la controverse *De Auxiliis* y est spécialement l'objet de déformations savantes. Couderc a mis à profit pêle-mêle toutes ces « sources » ; seul le P. Le Bachelet y surajoute une abondante contribution originale et de patientes recherches.

(1) Cf. la bizarre notice que l'*Annuaire pontifical catholique* de Mgr Battandier, en 1921, consacrait par exemple au Vénérable Palafox. (Voir *Saint Joseph Calasanz*, p. 20-21). La cause du Vénérable Innocent XI reste elle-même en instance, faute d'argent, pour avoir été retardée uniquement, à l'heure favorable, par la sourde hostilité de la Compagnie ; et le Saint-Siège, évidemment, ne dispose pas d'autant de ressources privées que le Gesù,

Son surnom même est déjà prêt : car lorsqu'on prend du galon, on n'en saurait trop prendre. Et la Compagnie a trop attendu pour se contenter d'un simple Docteur, après tant d'autres Congrégations, moindres ou plus récentes, comme les Rédemptoristes avec Saint Alphonse de Liguori. Les Jésuites espèrent mieux. Et de même que les Dominicains ont en Saint Thomas le « Docteur angélique », les Franciscains en Saint Bonaventure le « Docteur séraphique », Bellarmin docteur sera décoré d'un titre particulier. Ou plutôt, à en croire de mauvaises langues, il l'arbore déjà. Sans charte authentique, Duns Scot est dans l'Ecole le Docteur subtil et Bacon le Docteur admirable : Bellarmin pour le Gesù s'appelle le « Docteur immaculé ». Il s'agit de l'introniser dans l'Eglise sous ce vocable.

C'est un peu un défi; mais tel s'affirme précisément le caractère particulier de toute cette entreprise. Caractère évident, avoué, comme nous l'allons voir, et qui donne tout son sel à l'affaire. Les autres Saints du Paradis ont été canonisés pour leurs vertus; seul, Bellarmin semble, au jugement de la Compagnie, devoir l'être contre quelqu'un. Plus qu'un saint individuel, c'est pour elle un témoin, un symbole : il représente les « Nôtres » (1). Sa couronne

pour activer le procès d'un des plus illustres pontifes d'après la Réforme.

(1) Il est vrai que c'est un peu le cas pour tous les saints de la Compagnie. Par exemple pour nous en tenir à un exemple moins connu, tout de suite après avoir parlé de l'échec du procès de Bellarmin sous Benoît XIV, l'ineffable Brucker. (*La Comp. de Jésus*, page 716) ajoute à propos du P. Jean de Britto :

« Cependant Benoît XIV préparait, en dépit d'une furieuse agitation antijésuitique, une autre béatification, qui attestera moins ses vertus propres que l'excellence de la Compagnie, la prééminence des doctrines de la Compagnie, l'espèce de consécration divine accordée aux exemptions et aux privilèges qui mettent la Compagnie au-dessus des règles communes et des traditions les plus autorisées.

*
* *

Or, c'est contre ces procédés que nous entendons protester. La sentence finale de la Papauté n'est pas en cause : quelle qu'elle soit, nous l'acceptons d'avance avec docilité. Bellarmin ne sera donc saint, ou même Docteur, ni contre nous ni pour d'autres, mais pour son propre compte. Mais, s'il l'est vraiment, lui-même ne saurait agréer que des partisans trop vifs présentassent ses mérites sous l'aspect d'un argument de guerre intestine, — *plus quam civilia bella,* — et compromissent impunément dans cette procédure inouïe et la personne des Pontifes et l'autorité même du Siège apostolique.

devait constituer une apologie, la plus autorisée possible, des jésuites et de leurs missionnaires. »

Un peu plus bas, même page, Brucker écrit, toujours au sujet de Benoît XIV :

« La même main qui a signé la bulle *Ex quo* a signé d'autres documents qui témoignent que ce grand pape, s'il a été mécontent de quelques particuliers jésuites, n'a pas varié dans son estime et son affection très réelle pour leur Ordre en général. »

Bref, d'après Brucker, quand le Pape condamne certaines pratiques jésuitiques, répandues, admises, glorifiées par toute la Compagnie, cette censure n'atteint strictement que les inculpés; mais tout éloge d'un jésuite rejaillit immédiatement sur la Société toute entière. Et ces

Ni dans les documents qui suivent ni dans nos commentaires, qu'on ne voie donc, encore une fois, d'arguments directement dirigés contre la canonisation du Serviteur de Dieu. Il s'agit seulement de donner la réponse exacte des faits à certaines allégations audacieuses de la Compagnie, en faveur d'une insoutenable thèse.

Cette thèse, nous avons tâché de l'établir strictement d'après les textes; notre réponse, nous ne la pousserons jamais, pour notre compte, au delà des strictes limites où nous venons de circonscrire le problème; et celui-ci, pour nous, est exactement de savoir, non pas : *Si Bellarmin mérite d'être canonisé ou même d'être déclaré Docteur de l'Eglise*, mais : *Tels arguments fournis par la Compagnie de Jésus, tels procédés employés par elle pour arriver à ce résultat passionnément souhaité, sont-ils légitimes ou même tolérables?*

Le lecteur en jugera : car c'est un point d'histoire dont la discussion appartient à tous

Même, nous nous sommes volontairement abstenus, comme de coutume, de toutes recherches nouvelles, de tout appareil d'érudition pure, pour la mise au point de ce nouveau travail de vulgarisation. Notre unique souci est de placer, à la portée du public, une question difficile, débattue depuis trois siècles, agitée par les meilleures têtes du monde chrétien; et nous rééditons, sans plus, à cet effet, les pièces principales du procès : à savoir, l'*Autobiographie* de Bellarmin, le *Votum* du cardinal Passionei et la *Lettre*

apologistes qui répondent si haut à Pascal : *Un casuiste n'est pas la Société*, tiennent absolument à faire croire ici que l'apothéose d'un de leurs religieux canonise tous les Jésuites.

à Clément VIII qui ne sauraient causer aucune surprise aux esprits avertis. Ces dossiers furent largement distribués déjà au temps de Benoît XIV, et ils ont été réimprimés pour les intéressés, lors du récent procès, sous Benoît XV. A peine avons-nous ajouté, pour le commun des lecteurs, les éclaircissements strictement nécessaires.

L'œuvre publique de Bellarmin, en effet, est immense; plusieurs de ses confrères se sont fait une spécialité de l'étude de sa vie et de ses ouvrages; d'autres savants écrivains, fort orthodoxes pour la plupart, se sont permis souvent de les contredire (1). Nous ne saurions entrer dans le détail de ces controverses, sans y consacrer plusieurs volumes, ce qui n'est pas notre affaire.

Notre unique but à nous est d'être entendus même des profanes et de faire appel à la droiture de toutes les consciences.

(1) Ne parlons pas ici de Dœllinger; mais Mgr Baumgarten et le P. Lagrange sont des auteurs catholiques qui ne font pas « écho à Dœllinger », comme écrit perfidement le P. Dudon, mais aux cardinaux Passionei, Azzolini, Casanata et Bienheureux Barbarigo, tous aussi orthodoxes que le rédacteur des *Etudes* et même son Vénérable confrère.

Notons encore, au passage, que si Dœllinger peut passer, en un sens, pour un héritier de la tradition janséniste ou gallicane, Mgr Baumgarten ne saurait être soupçonné des mêmes préventions ni le R. P. Lagrange de préjugés en faveur de Port-Royal. La variété même des origines et des tendances, chez les opposants, fait ressortir au contraire le caractère unilatéral de la postulation.

D'autre part, sur Bellarmin, en général, et plus particulièrement sur la question de son rôle dans l'affaire de la Bible Sixto-Clémentine, dont nous traiterons plus loin, il nous serait facile de dépouiller toute une bibliothèque.

Ainsi, à partir de 1912, se trouvent plusieurs articles à

Et si certains passages des pièces invoquées semblent porter plus loin que nous ne l'indiquons ici, c'est qu'ils ne nous appartenait pas de mutiler ces monuments du passé. Passionei, par exemple, était plus libre que nous ne le sommes aujourd'hui d'exprimer un avis extrême ; et certaines circonstances ont changé qui restreignent pour nous le champ de la discussion.

Bref, ce n'est pas contre la sainteté de Bellarmin que nous avons écrit ; c'est contre les menées de la Compagnie acharnée de tout temps à exploiter outre mesure la gloire de son nom. Nous consentons sans peine qu'on exalte le Vénérable écrivain ; mais rien ne saurait à cette occasion absoudre de leurs manœuvres, aux yeux de l'opinion, certains de ses confrères : tels sont les termes étroits de notre discussion.

ce sujet dans la *Zeitschrift für Katholische Theologie*, Innsbruck, par le père Nisius.

Dernièrement Kneller a publié, *Analekten zur Vulgata Sixtus V*, ibidem, 1922, II, 313.

Amann, *Die Vulgata Sixtina von* 1590. Freiburg, Herder, 1912.

Hœpfl, *Beitræge zur Geschichte der Sixto-Klementinischen Vulgata*. Freiburg, Herder, 1913.

Baumgarten, *Die vulgata Sixtina und ihre Einführungsbulle*. Munster, Aschendorff, 1911. Cf. *Die Verœffentlichung der Bulle Eternus ille celestium vom* 1 *Marz* 1590, *Das Original der Konstitution Eternus ille celestium vom* 1 *Marz* 1590. — *Forschungsbeitræge zur Geschichte der Vulgata Sixtina*, dans *Theologie und Glaube*, 1921, 168. Paderborn.

Buschbell, dans *l'Historische Jahrbuch der Gœrres-Gesellschaft*, 1902, pages 52 et ss.

Buschbell, *Zwei ungenruckte Aufzeichnungen zum Leben Bellarmins*. Dans la *Festgaue für Heinrich Finke*, 1904.

Buschbell, *Zur Characteristik des Kardinals Bellarmin*. Dans la *Jahresbericht* (*der Gœrres-Gesellschaft*) *für* 1921 :

Or, voici, en l'espèce, l'une des dernières manœuvres jésuitiques exposée dans tout son jour.

II. — Comment la cause vient d'être reprise.

Dans une brochure intitulée : *De la distinction entre l'Essence et l'Existence, à propos d'un*

Abhandlungen der Herren Buschbell, Engert, Kalt, Kirsch, Mohler. Kœln, Bachem, 1921.

R. P. J. Lagrange, O. P. *La Revision de la Vulgate.*

Abbé Joseph Turmel. *La Bible de Sixte-Quint* et diverses *Chroniques* de la *Revue du Clergé français.*

Mangenot, *La Vulgate de Sixte-Quint. Questions Ecclésiastiques,* n° 39, 1913.

(Nestle), *Ein Jubilæum der Lateinischen Bibel,* Tübingen, Heckenbauer, 1892.

Heer, *Zu: Kontroverse über die Sixto-Clementinische Vulgata.* Dans *Der Katholik,* 1912, 6, 418-426

Raffl, *Die Vulgata Sixtus* V. dans la *Katholische Kirchenzeitung,* n° 43 et 44, 1911, Salzburg.

Ibidem, n° 51, 1912, Nisius, *Neuestes zur Kontroverse über die Sixtusbibel.*

Revue biblique, 1912, p. 311.

Etudes, 1912, 5 octobre, pp. 64-68.

Civiltà cattolica, 1912, 20 juillet, pp. 171-177; décembre, p. 599.

Etudes, 1896, LXVII, pp. 663-676.

Revue du Clergé français, 1905, XLI, p. 428.

Etudes de théologie historique, 1911, fascicule 3e.

Etudes, 1890, L, p. 565, LI, pp. 35 et 205.

Le livre de Hœpfl donne, par surcroît, une bibliographie très complète. De bonnes bibliographies se trouvent également dans les monographies de Amann, de Le Bachelet et de Baumgarten. On y trouve tout ce qu'il faut pour s'orienter dans cette controverse. Les études citées ici sont seulement les plus remarquables.

L'énorme volume publié par le Postulateur de 1920, contient également des renseignements très curieux.

Mais le lecteur peut juger, d'après la simple bibliogra-

décret émané du P. Ledochowski, Général de la Compagnie de Jésus, Mgr Ermete Binzecher, secrétaire de l'Académie pontificale de théologie à Rome, avait écrit en passant (page 10, de la traduction française) :

Il est même à propos de le noter ici. Personne ne nie que la Compagnie de Jésus soit une Société qui, plus que toute autre, si l'on veut, a produit d'insignes écrivains en tous genres. Pourtant, nombre d'autres ordres ont leur saint docteur. Les Bénédictains ont Saint Anselme, les Franciscains Saint Bonaventure, les Dominicains Saint Thomas d'Aquin, les Camaldules Saint Pierre Damien, les Cisterciens Saint Bernard, etc...; les Jésuites, au contraire, n'ont personne.

Bien plus, observe-t-on, les Jésuites comptent, il est vrai, nombre de leurs confrères gratifiés du titre de Saint ou de Bienheureux; et il est juste de considérer le temps où ils ont paru. Leur Ordre n'est pas de beaucoup antérieur à Urbain VIII, qui a fixé la rigide procédure qui règle désormais les procès de Béatification et de Canonisation. La Compagnie de Jésus a réussi cependant à faire béatifier et canoniser, à elle seule, un plus grand nombre de ses membres qu'aucune autre Congrégation.

Toutefois, aucun de ceux qui se sont illustrés dans son sein comme savants, n'a été déclaré Bienheureux. Au contraire, ses saints sont tous des religieux qui se sont cantonnés dans l'ascétisme ou dans l'exercice des ministères ecclésiastiques.

La Compagnie s'est efforcée, par exemple, de faire mettre sur les autels le Vénérable cardinal Bellar-

phie de cette question de détail, où nous entraînerait une discussion complète et minutieuse. Un spécialiste y consacrerait sa vie entière, sans peut-être en sortir. Et pendant ce temps-là, de véritables énormités continuent de se donner cours impunément.

min; mais le procès concernant l'héroïcité des vertus ne put aboutir favorablement. On réussit à le faire remettre à l'étude et soumettre par trois fois à la consultation. Fait unique dans les annales romaines ! Le dernier examen eut lieu sous Benoît XIV. Mais dès le premier jour, le Cardinal Gregorio Barbarigo, que nous vénérons aujourd'hui comme Bienheureux, avait pris parti et voté contre l'approbation des vertus héroïques du Vénérable Bellarmin. Et je ne crois pas m'écarter beaucoup de la vérité en affirmant que cet insuccès répété tint à ceci : que les théologiens de la Compagnie n'ont pas été assez fidèles à la doctrine de Saint Thomas d'Aquin et qu'il n'en est pour ainsi dire aucun qui ne s'en soit écarté sur les points les plus essentiels.

Or, Dieu ne peut vouloir que soit honoré sur les autels quiconque a professé des doctrines contraires à celles de l'Ange de l'Ecole, envoyé par lui au monde et accordé à son Eglise pour qu'il fût le maître commun de tous.

L'original italien de cette brochure est de 1916; une version française en a couru, imprimée en 1920, mais elle n'a pas été mise dans le commerce. Sans doute l'éditeur n'avait-il pas jugé à propos de créer à Mgr Binzecher des embarras en sollicitant de lui une autorisation compromettante. Ce prélat, aujourd'hui presque octogénaire, consulteur de plusieurs Congrégations romaines, parfaitement modéré, érudit, apprécié de tous et pour son caractère et pour son talent, n'avait nulle part dépassé les bornes d'une libre discussion, très orthodoxe et la plus respectueuse qui soit de toutes les susceptibilités des oreilles pies. Son travail était revêtu de l'imprimatur de l'évêque d'Orvieto; et son opinion sur Bellarmin, en s'efforçant de découvrir, par zèle pour les « directions » pontificales, une raison providentielle et spéculative à un échec malheureusement trop explicable par tant d'autres motifs, plus graves encore, de l'ordre historique, ne paraissait pas devoir attirer sur sa tête de bien nécessaires représailles. Mais il faut toujours compter avec la Compagnie!

***

Dans les *Recherches de Science religieuse* (supplément technique des *Etudes*), 12e année, nos 3-4, mai-août 1921, pages 166-167, nous avons lu avec stupeur cet incroyable récit :

Complexe en ses éléments intrinsèques, provoquant l'ombrage des hommes d'Etat et des légistes, traversée par des circonstances contraires, entravée par les formalités exigeantes de la Congrégation des Rites, la Cause de Bellarmin (pendante depuis 300 ans) était forcément condamnée à subir des délais plus ou moins prolongés.

Au surplus, il est des centaines de candidats aux honneurs des autels, dont les dossiers dorment, depuis des siècles, dans les chambres de la chancellerie apostolique où s'entassent silencieusement tant de papiers venus de tous les coins du monde. Pourquoi dorment-ils ainsi ? *Hominem non habeo,* pourraient-ils dire comme le paralytique de la piscine de Siloé. Leur malheur est qu'ils n'ont pas à leur service un homme résolu à les éveiller et qui ait puissance de le faire.

Si Benoît XV n'avait pas rédigé et signé le rescrit du 20 novembre 1918, la Cause de Bellarmin serait restée enveloppée, *sine die,* dans le linceul où l'avait laissée Benoît XIV en 1753.

Et comment le Saint Père a-t-il été amené à prendre cette initiative ? L'histoire est curieuse. Elle a été contée discrètement par le P. Rosa dans la *Civiltà cattolica* (15 janvier 1921); elle peut l'être dans les *Recherches,* pour l'instruction de nos lecteurs.

Tous ceux que leurs fonctions ou leurs goûts intéressent à la scolastique savent qu'un syllabus de vingt-quatre propositions fut édicté en 1914, par la Congrégation des Etudes, avec l'approbation de Pie X. Parmi les brochures que cette question a provoquées, il y en a une du secrétaire de l'Académie de Saint-Thomas à Rome. Ce prélat n'hésite pas à écrire:

« *La Compagnie de Jésus s'est efforcée de faire mettre sur les autels le Vénérable cardinal Bellarmin, mais le procès concernant l'héroïcité des vertus n'a pu aboutir favorablement... Je ne crois pas beaucoup m'écarter de la vérité en affirmant que cet insuccès répété* (de la cause de Bellarmin) *tient à ce que les théologiens de la Compagnie n'ont pas été assez fidèles à la doctrine de Saint Thomas d'Aquin.*»

Ayant lu l'opuscule de Mgr Benzicker (1), le Saint-Père interrogea le P. Rosa, recteur de la *Civiltà cattolica,* sur la valeur de l'assertion hardie du prélat. Le P. Rosa n'eut pas de peine à répondre — le P. Brucker avait publié les textes dans les *Etudes* du 15 avril 1896, — que la cause de la suspension du procès de Bellarmin était énoncée en toutes lettres dans la correspondance de Benoît XIV avec Tencin, dont les originaux subsistent aux Archives vaticanes. Benoît XV se fit apporter les volumes. Il lut les feuillets jaunis. Sa décision fut prise d'achever l'œuvre que Benoît XIV, bien malgré lui, avait laissée inachevée.

(1) *Sic.* Dans une Revue placée, elle aussi, sous la haute direction du P. de Grandmaison, dont le vrai patronymique est, je crois, Loyseau et qui pourtant s'élève avec tant d'énergie contre la moindre coquille qui l'ampute de la particule, il conviendrait de veiller avec plus de soin à l'orthographe des noms propres. Cf. *Lettres de l'abbé de Margon*, pp. 98-99, note.

Et voilà à quel incident banal la Providence a accroché la reprise de la Cause de Bellarmin.

Sur le désir du Pape (1), le P. Rosa écrivit dans la *Civiltà* (1918) une série d'articles sur le rôle de Passionei en 1753; les *Etudes* (1918) esquissèrent toute l'histoire de la Cause; Mgr Salotti publia une brochure historico-juridique (1918) qui précisait la procédure à instituer. La route était tracée, lumineuse et libre. Benoît XV s'y engagea sans plus tarder. Un rescrit de sa main, en date du 18 novembre 1918, demanda à la Congrégation des Rites un vote sur les vertus de Bellarmin. On sait ce qui suivit.

Dans son discours du 22 décembre 1920, le Saint-Père a dit qu'il n'avait été en l'occurrence qu'un « instrument de Dieu ». Nous pensons, avec reconnaissance, que cet « instrument » n'a été ni inerte ni inefficace.

Cette page, signée du P. Dudon, S. J., peut suffire à étayer la seule discussion où nous voulions entrer.

Nous laisserons par conséquent de côté et les dernières nouvelles de la Congrégation des Rites concernant les progrès rapides de la cause, et en général les diverses publications plus ou moins officielles ou officieuses qui ont présenté la question sous un tout autre jour. Mais il n'est personne qui, à première vue, ne soit frappé comme nous, sans doute, de l'impertinence avec laquelle nos deux jésuites, Rosa et Dudon, découvrent ici la personne même d'un Souverain Pontife, pour l'« instruction » du lecteur, afin de lui apprendre, évidemment, comment sera répri-

(1) C'est à quoi probablement s'est réduite toute la scène imaginée par le P. Rosa. Celui-ci avait été reçu, à l'ordinaire, par le Pape, en qualité de directeur de la *Civiltà*. Il en avait profité pour demander la tête de Mgr Bin-

mée toute « hardiesse » qui n'aura pas « hésité » à avancer une opinion désagréable à la Compagnie (1).

On admirera surtout avec quelle désinvolture ces religieux semblent triompher de pouvoir donner, pour pendant à un essai d'explication transcendante de l'abandon répété de la cause de Bellarmin, un « incident banal » comme origine de la reprise victorieuse!

*
* *

Quant à l'argumentation que le P. Rosa a osé opposer, en présence du Pape, à une digression de théologien, sans lien juridique avec la Cause

zecher. A quoi Benoît XV dut répondre qu'en effet, lui, Rosa, était parfaitement libre de réfuter dans la Revue la thèse adverse s'il avait à lui opposer de si bonnes raisons... En traduisant ainsi les expressions outrées à plaisir par les deux Jésuites, tout se trouve ramené à des proportions plus décentes et plus vraisemblables.

(1) Mgr Salotti, prélat politique de carrière et de tempérament, sous-promoteur de la Foi à la Congrégation des Rites, s'est appliqué précisément, dans sa brochure de 1918, à démontrer qu'il n'y a plus d'opposition : toutes les résistances à la canonisation de Bellarmin, à l'en croire, sont désormais « brisées ». B. Sienne, à la *Croix*, Cecil, à la *Libre Parole* du 6 janvier 1921, — c'est-à-dire le même éternel correspondant romain de la médiocre presse catholique française, Mgr Vanneufville, — se sont empressés là-dessus de tirer le canon des grandes réjouissances :

— Plus d'opposition. Donc, vœu unanime. L'Église n'a dorénavant qu'à sanctionner le mouvement général de l'opinion catholique.

Mais quelqu'un essaie-t-il de faire entendre une timide réserve, non sur le fond, mais sur les formes singulières du procès :

— Pamphlet scandaleux, impie. L'Eglise doit défendre

en soi, c'est un modèle de bonne foi jésuitique (1). Mgr Binzecher, dans sa brochure, vise en premier lieu une fantaisie doctrinale selon Suarez : on lui répond Bellarmin, Passionei et Benoît XIV. Quand nous parlerons des vertus de Bellarmin, on nous répondra jansénisme, gallicanisme ou autre chose ; et ainsi de suite à perpétuité.

Or, même en admettant la parfaite sincérité des coupures assez arbitraires des lettres de Benoît XIV au cardinal de Tencin, publiées par le fâcheux P. Brucker, — nous reparlerons tout à l'heure de cette autre « discrète » histoire, — il n'est pas difficile, à l'esprit le plus prévenu, de réfléchir, ne serait-ce que sur les données du P. Dudon :

— Soit ! Benoît XIV n'a cédé en 1753 qu'à la pression de la Cour (2) de France déjà déchaînée

ses propres décisions et cette Compagnie si méritante qui fait corps avec elle.

Bref, on invoque, auprès de la Cour de Rome, pour aboutir plus vite, l'opinion du monde chrétien ; mais on traite d'abord d'hérétique tout écho dissonant. Le procédé, hélas, ne date pas d'hier.

(1) Cf. Enrico Rosa, *Il cardinale Passionei e la causa di beatificazione di Roberto Bellarmino*. Roma, *Civiltà cattolica*, 1918.

(2) Le P. Dudon énumère, en effet, comme opposants, les jansénistes, les parlements et la Cour, et n'adopte donc pas, sur ce point, l'étroite version que le P. Brucker, comme nous le verrons, s'est efforcée d'établir. De même, en mentionnant le Décret d'Innocent XI contre le probabilisme (p. 154), le P. Dudon semble lâcher à nouveau son trop bouillant confrère, dont nos lecteurs n'ont pas oublié la vigoureuse exécution, à ce propos, par le R. P. Mandonnet, O. P. (Cf. *Ecrits des Curés de Paris*, p. 396). Telle est l'autorité du P. Brucker même parmi les « Nôtres » !

contre les Jésuites. Son acte de renvoi de la cause à des jours meilleurs appartient donc, si l'on veut, comme le Bref *Dominus ac Redemptor*, à la noire série des faiblesses, pour ne pas dire des forfaitures du Saint-Siège : car il est évident que les décisions les plus solennelles ne sauraient avoir aucune valeur à l'encontre des intérêts de la Compagnie, tandis que le moindre oracle de vive voix en sa faveur, même de la bouche de Benoît XV à l'oreille du P. Rosa, sans autre garant ni témoin, prend tout de suite les proportions d'une définition *ex cathedra*... Mais tout de même le Vénérable Innocent XI, par exemple, pour ne pas parler des autres Pontifes, a différé lui aussi ou même rejeté les diverses instances qui lui étaient faites. Vraisemblablement, ce n'est pas sans motif. Et le P. Dudon essaie bien de donner le change, en empruntant aux chroniques les plus imprécises quelques textes inconsistants et faciles à détruire. Néanmoins, ces renvois répétés, cette suite dans l'insuccès, cette espèce de tradition dans l'échec, en dépit des puissants enjeux qu'étale avec complaisance la Compagnie, ne s'expliquent guère sans une intervention supérieure. Il doit être permis d'y voir au moins une indication providentielle. Car si, de nos jours, dès le premier geste favorable, Benoît XV est considéré comme « l'instrument de Dieu » et l'« homme » du miracle, pourquoi les autres Papes, même d'un avis contraire, auraient-ils moins joui de l'assistance de l'Esprit Saint? Le criterium de l'infaillibilité, de la souveraineté du magistère ecclésiastique réside-t-il donc, en définitive, dans l'acceptation et le jugement de la Compagnie, plutôt que dans l'indéfectibilité des successeurs de Pierre? Tous les Papes qui n'ont pas su ou osé béatifier Bellarmin, auraient-ils manqué à leur devoir, sans raison, sans excuse et sans rémission possible, d'après le seul critérium du crime de lèse-jésuitisme, et le seul Benoît XV sera-t-il reconnu pour inspiré en raison du désaveu infligé à tant de ses plus illustres prédécesseurs? (1).

Il nous suffira de développer un peu ces doutes pour achever d'éclaircir le problème.

III. — INNOCENT XI ET BENOIT XIV, PASSIONEI ET TENCIN.

La plus sérieuse des réponses de la Compagnie à toutes les difficultés soulevées par la canonisation de Bellarmin se réduit finalement à ceci :

— Benoît XIV n'aimait pas Passionei, et ce n'est pas à cause du médiocre *Votum* de ce cardi-

(1) C'est la méthode ordinaire de la Compagnie. Le P. Couderc emprunte à Bartoli ce trait prêté à Saint Ignace. On sait que Marcel II, oncle maternel de Bellarmin, ne fit que passer sur le trône pontifical : règne de vingt-deux jours, sans éclat ni figure. Mais son successeur fut Paul IV, co-fondateur des Théatins avec Saint Gaétan de Thyène; il avait vu de près Ignace et merveilleusement saisi le vice originel de son Institut : il devait le signaler en vain à Lainez et à la première Congrégation générale. Aussi le fondateur avait-il ses raisons pour le redouter. « Que pourrais-je dire, en Flandre, du Pape Paul IV? lui demandait un jour un de ses religieux au moment du départ. — Parlez du pape Marcel! » répondit évasivement le chef de la Société nouvelle. Mais ses disciples lointains y insistent lourdement; et le P. Couderc traite de « charitable finesse » un mot qui ne serait qu'une impertinence s'il ne visait surtout à dissimuler la situation délicate de la Compagnie sous le nouveau règne.

nal qu'il s'est décidé à surseoir à la béatification de Bellarmin ; c'est en raison de l'opposition, en France, de la Cour et des Parlements.

Or, il faut réserver d'abord, comme nous venons de le faire, la question préalable.

Même si l'objection des Jésuites peut valoir quant à Benoît XIV, elle ne résout rien pour tant d'autres Pontifes ; elle apparaît ridicule en face de la continuité d'efforts impuissants, multipliés durant trois siècles par la Compagnie pour rouler au sommet ce rocher de Sisyphe d'une cause à la fois si bien défendue et perpétuellement défaite. A peine cette pierre est-elle hissée à grand effort jusqu'aux cimes, le Fatum — pour suivre la comparaison mythologique, — veut qu'à chaque fois elle retombe aux abîmes. Et c'est en ce mystérieux Destin qu'une âme catholique devrait saluer d'abord la divine volonté.

En 1677, par exemple, dans la Congrégation générale tenue par Innocent XI, le P. Dudon nous déclare bien « que les votants favorables à Bellarmin représentent l'élite de l'assemblée ». Naturellement ! Et il est difficile d'y contredire à propos d'assez obscurs consulteurs. Que le P. Dudon vante donc à son aise les « dissections » de Lauria, Capizucchi, Miroballo, Mier, Esparza, etc... ; l'on serait aussi bien tenté de s'écrier, comme Montalte : O mon père, tous ces gens-là étaient-ils chrétiens ? » Mais les arguments trop faciles ne portent guère.

Six suffrages contraires, sur seize votants, forment d'ailleurs, en pareil débat, un bloc imposant ; et le résultat surtout de la délibération fait foi de leur valeur. D'autant que le P. Dudon ne peut dissimuler que trois cardinaux, éminents entre tous, ont pris énergiquement dès ce temps-là la tête de l'opposition : ce sont Barbarigo, Casanata et Azzolino (1) ; mais leurs *votes* seraient sans portée, dit-il : « Le premier est insignifiant. Le second n'arrive pas à formuler des objections positives. Du troisième, Benoît XIV a prononcé que c'était une *satire* plutôt qu'un jugement *objectif et consistant* » (2). Notons toutefois que, d'après notre Jésuite lui-même, Barbarigo fut un saint, Casanata un savant (3) et Azzolino un

(1) Le P. Dudon écrit tantôt Azzolino, tantôt Azzolini. Comme l'orthographe ancienne présente les deux formes, nous ferons de même; mais nous préférons l'orthographe Azzolini. De même pour quelques autres noms.

(2) Benoît XIV a écrit textuellement, d'après Brucker, que « le cardinal Azzolini donna son avis d'un *ton* moqueur et satirique plus que convenable et concluant ». (Lettre du 9 mai 1753.)

(3) Et même quelque chose de plus. Aussi les modernes historiens de Bellarmin s'efforcent-ils d'affaiblir la portée de son *Votum* en en contestant l'authenticité ou en en opposant la modération de forme et de ton au prétendu persiflage d'Azzolini et à la véhémence de Passionei.

Casanata, étant assesseur du Saint-Office, fut, il est vrai, un des principaux fauteurs avec le Père Abbé Bona, depuis Cardinal, de la condamnation du laxisme par Alexandre VII. Mais il contribua aussi, pour une grande part, à la condamnation de Molinos, férocement poursuivi par les Jésuites, avides de venger leurs RR. PP. Segneri et Belluomo. (Cf. Paul Dudon, *Molinos*, Paris, Beauchesne, 1922).

« Joseph Casanate, né à Naples le 13 juin 1620, étudia d'abord le droit, puis embrassa la carrière ecclésiastique, fut camérier d'honneur d'Innocent XI et gouverna successivement plusieurs cités du domaine de Saint Pierre. Alexandre VIII le nomma inquisiteur à Malte. Créé cardinal le 12 juin 1673, il devint, vingt ans plus tard, bibliothécaire du Vatican. Il aurait voulu publier un certain nombre d'anciens ouvrages inédits, la mort ne le lui permit pas. Le premier volume publié, Casanate mourut

homme d'Etat (1). Leur accord signifie donc bien quelque chose : et il n'était peut-être pas besoin de se creuser à ce point la tête pour trouver, en face d'une opposition, aussi nombreuse, aussi vénérable et aussi armée, une explication des hésitations ou des justes scrupules d'un Pontife comme Innocent XI. Comblé de cruelle expérience quant aux influences, moyens de pression, complicités stipendiées et audacieuses indocilités de la Compagnie, il était payé pour savoir ce dont elle était capable même contre le Pape et contre un Général tel que le P. Thyrse Gonzalès. Le Cardinal Barbarigo, depuis lors et malgré son *votum*, a été béatifié sans opposition et méritait par conséquent de n'être pas exclu de l'« élite »; nous verrons que Casanata élevait contre l'« héroïcité » des indéniables vertus de Bellarmin l'objection précisément la plus positive et la plus judicieuse. Quant à Azzolino, on trouvera de larges extraits de son *votum* cités par Passionei : ils ne rendent pas du tout le son qu'on leur prête pour les besoins de la cause (2).

le 3 mars 1700. Il laissa sa riche bibliothèque au couvent de la Minerve, avec une rente de 4.000 écus romains pour son entretien, à condition qu'elle serait publique. » P. J.-B. COUDERC, *Le V. Cardinal Bellarmin*, t. II, p. 401.

(1) « Décius Azzolini, né le 11 avril 1624, à Fermo, dans la marche d'Ancône, fut successivement secrétaire de Jacques Pancirolo, nonce d'Urbain VIII en Espagne, puis secrétaire d'Etat d'Innocent X, camérier d'honneur, secrétaire des brefs aux princes, cardinal en 1654, secrétaire d'Etat de Clément IX et d'Innocent XI, gouverneur de la maison de Christine de Suède et son héritier universel, pendant cinquante jours seulement, au bout desquels il mourut, le 8 juin 1689. » — P. J.-B. COUDERC, *Le V. Cardinal Bellarmin*, t. II, p. 402.

(2) Même en admettant que le « ton » ou style adopté par Azzolini, pour donner communication à ses collègues

*
* *

Un peu plus tard, après qu'en 1711 Clément XI eut décidé de reprendre l'affaire, Prosper Lambertini se trouva, il est vrai, promoteur de la foi c'est-à-dire, d'office, l'« avocat du diable ». Et Dieu nous garde de dire qu'il plaida mal sa cause, dans ses *Animadversiones*. Mais enfin, pas plus que Prosper Bottini, en 1675, il ne semble avoir mis beaucoup d'ardeur à sa tâche. Soyons francs ; au lieu de soutenir de leur autorité et de leur talent une véritable opposition sérieuse, sincère et vivante, ces « procureurs » désignés par leurs fonctions pour plaider *contre* se sont acquittés de leur rôle de la façon la plus tiède. Acquis qu'ils étaient d'abord à une heureuse issue, ils se montrèrent d'accord à l'avance avec les postulateurs pour mener à bien le duo rituel, protocolaire. Véritable déformation des mœurs par le métier, dont la tradition ne semble pas, hélas ! s'être perdue. Car le cardinal Cavalchini l'a perpétuée, sous Benoît XIV, et de nos jours encore, c'est le promoteur de la foi, Mgr Angelo Mariani, qui rédigea en 1919 la Relation qui décida, avec la brochure de Mgr Salotti, sous-promoteur, de la nouvelle procédure. Singulière conception du devoir d'état, abus évident des situations acquises, routine professionnelle qui prend la place de

de son avis, n'ait pas été suffisamment mesuré, selon l'impression qu'en a conçue Benoît XIV, cela prouve seulement à quel point le Cardinal estimait absurde et déplacée la reprise de la Cause. Il faut bien convenir en tout cas qu'autre a pu être le « ton » moqueur sur lequel l'éminent consulteur aurait parlé, autre est le fonds substantiel du *Votum*, très objectif et très modéré, qu'il avait rédigé et que nous connaissons.

la conscience ingénument honnête et qui permet de se charger ainsi, sans conviction, d'un rôle difficile, au risque d'écarter justement du débat les réelles objections qui se pressent ailleurs sur les lèvres et dans les esprits (1).

Bernardini, Bouillaud, les PP. Alarcos et Fabri, les anciens défenseurs de la cause avaient donc riposté à Bottini sans beaucoup se mettre en peine; et Montecatini, en face du futur Benoît XIV, se contenta de répondre vaille que vaille à Azzolino. Tout ce monde en un mot d'officiers supérieurs et subalternes de la Congrégation était plus ou moins d'accord et le resta davantage encore, sous le Pontificat de leur ancien confrère, pour une solution amiable! Mais l'intervention du cardinal Passionei devait renverser en 1753 ces beaux projets.

Quoi qu'on dise, en effet, pour ruiner son autorité, Passionei (2) avait à Rome une haute

(1) Notons, d'ailleurs, que le cardinal Zurla et plusieurs panégyristes après lui, se sont trompés en attribuant finalement à Benoît XIV, avant son élévation au Pontificat, un vote favorable dans la cause de Bellarmin. C'est pour Saint Joseph Calasanz que Lambertini vota *pour* après avoir plaidé *contre* comme promoteur de la foi. Le votum dont parle Zurla est du précédent promoteur Bottini.

(2) Couderc donne (tome II, p. 404) quelques lignes de biographie sur Passionei; il s'efforce naturellement d'y faire entrer les insinuations les plus malveillantes, notamment sur les relations « jansénistes » nouées à Paris par le futur cardinal et sur son refus d'accepter la légation de Malte, « à une époque où les Turcs la menaçaient. »

Passionei fut en réalité un homme supérieur. Il servit efficacement en Suisse les intérêts du catholicisme. La relation qu'il a donnée de sa mission à Soleure, *Acta Apostolicæ Legationis helveticæ ab anno* 1723 *ad annum*

situation, de grosses influences au dehors, la réputation, non pas certes d'un auteur et, si j'ose dire, d'un spécialiste des questions juridico-théologiques, comme Lambertini, mais mieux peut-être, la renommée d'un de ces Princes de l'Eglise, à l'esprit ouvert, cultivés, rompus aux grandes affaires, que les « scribes » sont seuls à traiter dédaigneusement d'amateurs, car ils sont les vrais maîtres de la politique et les grands conseillers des puissances. Benoît XIV, monté sur le siège de Pierre, n'a pas su s'abstraire entièrement de son ancien rôle de tiède Promoteur de la foi (1). Plus d'un trait, décoché par Passionei aux mauvais metteurs en scène de l'affaire, l'atteint en pleine poitrine; la vigueur de ce *Votum*

1729 (Zug, 1735) est un des modèles du genre. On y trouve un décret interdisant aux prêtres de célébrer la messe en perruque poudrée : nouvelle preuve, sans doute, de sa sévérité « janséniste ».

Nous donnons, page 124, la notice que lui consacre un ouvrage dont l'esprit ne saurait être tenu, pensons-nous, pour trop accentué ni dans un sens ni dans l'autre, au point de vue qui nous occupe. C'est le *Lessico ecclesiastico illustrato* de la librairie Vallardi, à Milan. L'article a été compilé de toutes mains, et il en a gardé des traces; l'ensemble n'en forme pas moins un portrait assez exact.

(1) « Le cardinal (secrétaire d'Etat, Valenti)... avoua que le Pape avait un goût infini pour les canonisations difficiles, et me dit que c'était un goût de son premier état. » Lettre de Choiseul, ambassadeur à Rome, au ministre Rouillé, le 18 novembre 1754.

C'est dire que cette manie du tour de force était bien connue, et la fable même des collaborateurs les plus intimes du Pontife. Celui-ci aimait, en dilettante, à jouer les difficultés, à collectionner les circonstances inédites et à débrouiller les cas les plus emmêlés qui pouvaient enrichir d'exemples ses doctes in-folios. C'est la pente de tous les techniciens, passionnés et suggestionnés par leur travail.

éveille en lui un sourd remords au souvenir de ses « Animadversions » trop complaisantes. L'érudit Pontife professe d'ailleurs pour le Cardinal, plus « honnête homme » et grand seigneur d'Ancien Régime que fonctionnaire ou gendelettre, un certain dédain, où il entre sans doute une pointe de trissotinisme. Et voilà ce que le P. Brucker a précieusement ramassé : le butin est digne de lui (1).

Que le Pape, en effet, dans des lettres privées au cardinal de Tencin, raille le « savoir superficiel » de Passionei (2), qu'il ait percé à jour ses

(1) Le P. Brucker, dans son article des *Etudes* du 15 avril 1896 sur Passionei et Benoît XIV, écrit, à propos d'une rivalité du même genre, entre le Pape et un autre membre du Sacré-Collège :

« Il faut observer que le cardinal Querini n'aimait pas Benoît XIV et n'en était pas aimé; d'après Cordara, il y avait entre eux une espèce de jalousie de savants, *tacita quædam æmulatio doctrinæ.* »

Je pense qu'il nous sera permis de rappeler ici cette formule, assez heureuse. Car Passionei, diplomate de carrière, est, sans doute, en comparaison de Benoît XIV, en matière de jurisprudence, un amateur, mais de la meilleure race des grands connaisseurs en fait d'affaires d'Eglise. Le dédain de Lambertini ne l'écrase pas. Il semble même d'un esprit plus étendu comme culture, et moins livresque. Peut-être aurait-il pu cribler quelquefois, lui aussi, d'épigrammes faciles le trop caustique homme d'Etat que fut Prosper Lambertini.

Brucker et Couderc, peu qualifiés en cette matière, trouvent au Pape de l'esprit dans ses boutades contre deux Cardinaux, d'ailleurs tout opposés d'esprit. Cela ne prouve peut-être que les complaisances du Pontife pour sa propre et joviale personnalité! Une pasquinade de prince contre de trop brillants courtisans.

(2) « C'est un homme, écrit-il, qui a la tête pleine de connaissances en fait de lettres et d'éditions de livres. Il a beaucoup lu, mais il n'a jamais étudié... Il s'y prend de toutes les manières pour avoir la réputation de

« intrigues » et traité de « pauvretés » et de « bavardage » sans portée le copieux et péremptoire *Votum* d'un cardinal contre lequel il avait publiquement et vigoureusement pris parti dans sa « *parlata nel congresso* » du 5 mai 1753 (1), qu'est-ce que cela prouve? On trouverait aussi bien à publier, contre Lambertini, des appréciations plus cruelles encore. Et si nos adversaires daignaient raisonner, ils devraient bien plutôt admettre cette autre évidence :

— Malgré ses sentiments et ressentiments personnels, le Pape a dû se rendre finalement à l'avis, presque isolé, d'un Cardinal qu'il n'aimait guère : c'est donc que ce meilleur avis a forcé sa plus haute conscience pour triompher finalement sans appui (2).

grand homme de lettres... » (Lettre du 7 mars 1753). Bref, pour qui sait lire entre les lignes, le Cardinal excellait en érudition bibliographique : tout ce qui nous reste de lui en témoigne. Mais il était « janséniste » ! Les mêmes critiques, qui le huent, n'auraient pas assez d'éloge pour lui s'il avait gardé le goût qu'il avait professé d'abord à l'égard de Bellarmin.

(1) «... Comme si nous nous laissions épouvanter de deux suffrages contraires qu'il y a eu dans la Congrégation des Rites, et que nous réfutâmes avec la dernière évidence quand nous parlâmes dans l'assemblée qui se tint à ce sujet. » (Lettre du 25 juillet 1753).

(2) Ajoutons que s'il y a un monument public des sentiments vraiment avoués de Benoît XIV, c'est son grand ouvrage, l'*Opus de Servorum Dei beatificatione et Beatorum canonizatione*, composé avant son cardinalat, mais qu'il a si bien fait sien sur le trône pontifical, qu'on l'a inséré au Bullaire de Prati. Or, on y rencontre les détails les plus suggestifs et les plus circonstanciés, aux livres II, III et IV, sur les origines et les progrès de la cause du Vénérable Bellarmin; nulle part, il n'y est question des « oppositions difficiles à briser » dont parle encore une dépêche de Rome, en date du 19 dé-

Toutes les perfidies amassées contre Passionei par le trio Brucker-Rosa-Dudon se retournent ainsi contre eux, avec l'événement ; et plus leurs inculpations sont violentes, plus le résultat apparaît inattendu. Qu'ils forcent encore un peu la note, et il faudra croire à un miracle de l'Esprit-Saint.

*
* *

Il est vrai que la Cour de Versailles, déjà en guerre ouverte avec les Jésuites et représentée à Rome par Choiseul, le futur ministre, comme ambassadeur, est accourue à la rescousse, et que

cembre 1920, à la *Croix*, à l'occasion de la reprise du procès. On y surprend plutôt l'attention éveillée, mais toute objective du canoniste, sur l'indiscrétion perpétuelle des démarches de la Compagnie de Jésus, l'irrégularité fréquente de certaines procédures, l'insuffisance des votes émis jusque-là, les continuelles dispenses, grâce auxquelles avançait cahin-caha une cause toujours reprise et toujours croulante, quelques observations glacées sur les points faibles mis en lumière par les débats, sur un singulier miracle invoqué par les avocats, etc., etc... Bref, aussi peu d'enthousiasme qu'il est permis.

Il suffit de jeter, pour s'en convaincre, un coup d'œil sur la table alphabétique des matières, notamment livre II, c. 2, n° 9 ; c. 12, n° 13 ; c. 27, n° 14 ; c. 47, n° 2 ; c. 49, n°s 1-19, etc...

Ici et là, nous nous permettrons de donner quelques extraits de ces réflexions, qui éclairent d'une lueur toute particulière les sentiments publics de Benoît XIV à l'égard de Bellarmin ; et l'on pourra constater que si les réclamations de la Cour de France n'ont pas été étrangères à sa résolution de différer cette épineuse affaire, les difficultés que les opposants lui firent jusqu'au sein de la Congrégation des Rites, avaient plus d'un écho dans son esprit et dans son cœur.

Qu'un exemple suffise ici (liv. III, c. 24, n° 30) :

« Dans la cause du Vén. Serviteur de Dieu, le Cardinal

c'est à cette intervention que peut être attribuée au for externe l'hésitation de Benoît XIV (1).

La reculade était ainsi moins cuisante pour son amour-propre; elle accablait moins la Compagnie (2).

Robert Bellarmin, alors que je remplissais l'office de Promoteur de la foi, j'opposai qu'il avait transféré en faveur de ses parents des pensions ecclésiastiques, l'une de 400 écus sur l'Eglise de Capoue, l'autre de 200 écus sur l'abbaye de Nonantule. A cette observation, les Postulateurs *s'efforcèrent* de satisfaire, en démontrant que les susdits parents souffraient de la pauvreté... »

Fausse excuse, que Passionei réduit à néant (n° 41), et Benoît XIV n'a pu s'y tromper. Le ton même de sa phrase le laisse assez deviner, en dehors de cette démonstration péremptoire.

On peut juger par là du reste.

(1) Brucker, en effet, dans son fameux article des *Etudes*, en date du 15 avril 1896, attribue le renvoi de la cause au souci que le Pape a pris surtout de l'opposition des Parlements, en particulier de celui de Normandie. Mais c'est là, croyons-nous, un moyen diplomatique, de la part de Benoît XIV et de Tencin, pour sauver la face. Choiseul, impérieusement, l'archevêque de Lyon, amicalement, faisaient valoir ce prétexte pour motiver l'intervention de la France; et, finement, Benoît XIV, sacrifiant d'un cœur léger Bellarmin à la cordialité de ses rapports avec Versailles, feint de répondre : « A Dieu ne plaise que je vous suscite des difficultés pour faire un saint de plus? Suis-je un énergumène? » Mais il est évident que si la Cour, qui savait assez vigoureusement résister sur d'autres points aux parlementaires de Rouen et d'ailleurs, n'avait pas entièrement partagé leurs préventions, celles-ci auraient beaucoup moins pesé dans les conseils du Pape.

Benoît XIV et le Roi Très Chrétien se font donc manifestement des grâces en choisissant pour bouc émissaire ce « spectre anticlérical », responsable de la disgrâce de Bellarmin; et il faut être le P. Brucker pour vouloir s'y tromper, en publiant d'ailleurs soi-même les textes qui éclairent cette situation du jour le plus cru.

(2) Le Préposé Général, qui était alors Visconti, a

Mélancoliquement, Passionei lui-même finit par attribuer à cette pression plus d'efficacité qu'à

pourtant du mal à saisir la « combinazione » qui s'oppose à la réussite de ses instances. (Lettre du 29 août 1753).

Quant aux Pères de la Compagnie, Benoît XIV ne connaît « parmi eux, qui que ce soit capable de prendre la chose du bon côté ». (Lettre du 25 juillet 1753). Ils dépêchent même au Pape un « piquet de Jésuites » qui, forts du témoignage d'un de leurs confrères d'Avignon nouvellement débarqué dans la Ville Eternelle, tiennent à lui certifier qu'« il n'y a rien à craindre de la part des Parlements ». Mais ils se retirent, « étonnés », comme leur Général, et « pas tout-à-fait persuadés », « avec la patente de gens trop crédules », (Lettre du 26 septembre 1753), convaincus du moins, eux aussi, que le Pape tient à son « système » de ne rien faire. (Lettre du 19 septembre).

C'est ce « système », tour à tour exposé aux Jésuites, à Choiseul, au cardinal de Tencin, son système diplomatique de retraite devant l'opposition parlementaire, qui sert de paravent au vrai conflit de l'autorité royale avec l'ancienne « propension » du Pape, fort ébranlée par les raisons de l'antipathique Passionei.

Brucker encore une fois se devait de ne rien comprendre à ce prétendu *imbroglio*, l'un des plus ordinaires qui se puissent rencontrer dans les affaires humaines; mais lui seul était capable de pousser, devant sa propre découverte, ces cris de triomphe :

« D'après l'opinion accréditée de ce temps-là et généralement admise jusqu'à présent, cet arrêt (de la cause de Bellarmin) aurait été causé par l'opposition du gouvernement de Louis XV... Ce n'est pas là l'exacte vérité... La conclusion, qui en ressortira d'elle-même (des pièces qu'il reproduit), c'est que l'arrêt du procès n'a été déterminé ni par des difficultés intrinsèques à la cause (les raisons de Passionei), ni par une pression exercée du dehors sur le Pape (le veto de Versailles), mais bien par des considérations de prudence, notamment par le désir de ne pas fournir une nouvelle matière au feu des « fureurs » gallicanes et jansénistes dans le Parlement. »

Thèse mal établie, sans intérêt pour la cause de Bellar-

ses meilleures raisons : ce qui témoigne tout au moins de sa modestie (1).

Et la question n'est pas de savoir s'il faut approuver en principe cette intervention des Princes. On a soin, lorsqu'ils sont favorables, de mentionner leurs sollicitations en vue des béatifications désirées? N'ont-ils donc d'avis à donner, comme témoignage et pour le bien de la paix, qu'en faveur et jamais à l'encontre des innombrables causes en instance? C'est une étrange conception des droits et des devoirs des Rois chrétiens. Passons.

En tout cas, le gouvernement français avait ses raisons, assez mêlées, mais sérieuses, pour ne pas désirer la glorification d'un écrivain jésuite contesté. Cependant le Pape restait libre d'admettre ou non la réclamation. Feindre qu'il l'a subie n'est pas faire honneur au Saint-Siège ni beaucoup rehausser le caractère d'un Pontife que les Jésuites veulent se donner pour favorable.

Vienne et Madrid, à la demande des Jésuites, lui fournissaient un point d'appui solide pour résister aux exigences de Versailles; et si Versailles l'a emporté, c'est que le Pape par conséquent l'a bien voulu (2).

min et de la Compagnie; mais ce Jésuite est pétulant et bruckérise au besoin pour rien, pour le plaisir.

(1) Lettre du 14 mai 1759, citée dans l'*Eloge historique du Cardinal Passionei*, par l'abbé Goujet. (La Haye, 1763, pp. 201-203) :

« De sorte que, pour parler en toute vérité, on doit plutôt attribuer à la Cour de France qu'à mon *votum*, de ce que l'affaire ne réussit pas malgré le désir et l'empressement qu'avait Sa Sainteté qu'elle réussît. »

(2) « La Cour de Vienne et celle de Madrid, pressées par les Jésuites, nous tourmentent sans cesse, mais il n'en sera rien de plus. » (Lettre du 28 août 1754).

Combien n'est-il pas d'ailleurs d'une vérité plus consolante et sans doute plus humaine, que Benoît XIV, malgré ses faiblesses et les murmures de son tempérament ou de ses souvenirs, se soit à demi rendu, pour finir, aux représentations d'un contradicteur, que sans doute il n'aimait pas, qu'il pouvait accabler dans son quasi-isolement, mais dont les raisons travaillaient pourtant sourdement sa conscience assistée d'En-Haut! Nous n'avons pas, c'est vrai, de cette hypothèse, la preuve péremptoire; mais la décision finale de Benoît XIV témoigne en soi, à l'encontre de lettres plus politiques que confidentielles (1). Celles-ci ne développent qu'un aspect,

(1) Il faut bien noter, en effet, pour en finir à ce sujet, que l'abbé Guérin de Tencin, chargé d'affaires de France à Rome, de 1721 à 1724, archevêque d'Embrun et créé comme tel cardinal en 1739, revient à Rome, comme ministre en 1740, vote pour Benoît XIV au Conclave et reçoit, en récompense de ses services l'archevêché de Lyon. Il rentre en France en 1742, est nommé ministre d'Etat, et ne se retire dans son diocèse qu'en 1751, où il meurt en 1758. C'est donc surtout un prélat de Cour, diplomate et homme d'Etat autant qu'homme d'Eglise : un organe par conséquent de la Cour opposante à la béatification de Bellarmin.

Or, les lettres de Benoît XIV datent, il est vrai, d'après son ministère : elles s'adressent pourtant moins à l'archevêque de Lyon, qu'au personnage politique. Elles sont une correspondance semi-privée, semi-diplomatique, par laquelle le Pape, en butte à mille difficultés, s'efforce de se rendre favorable quelqu'un de France; et s'il y traite en ami et en confident le prélat naguère apprécié à Rome, le Chef de l'Eglise n'y perd nulle part de vue le souci des intérêts supérieurs dont il a la charge. Assez sceptique et peu scrupuleux en matière politique, Benoît XIV n'oublie même pas que derrière l'ami qu'il comble de marques d'abandon, veille le partenaire qui n'a cessé d'être plus ou moins le porte-parole d'une Puissance d'humeur difficile et qui, demain, peut devenir l'adver-

évidemment factice de part et d'autre, de la question, plutôt que les conclusions vraiment intimes du Vicaire de Jésus-Christ.

Il convient du reste d'observer que ce même

saire, en cas de conflit plus aigu, toujours possible, toujours menaçant, entre Rome et la France.

Aussi, le Pape, dans ses lettres, tout en feignant de tenir par point d'honneur à la Cause de Bellarmin, se moque des Jésuites, qu'il sait peu en faveur à Versailles :

« Si les P. Jésuites ont la bonté de se laisser conduire, la cause pourra aller à son terme; mais, à dire vrai, la docilité n'est pas leur fort. »

Il les connaissait donc bien et pouvait reconnaître, jusque chez Bellarmin, malgré sa « propension » à le canoniser, ce trait caractéristique de la Compagnie.

Un peu plus loin :

« Notre peine serait bien adoucie, si nous pouvions parler aux Pères de la Compagnie, mais nous ne connaissons parmi eux qui que ce soit capable de prendre la chose du bon côté. Ils ne savent que se lamenter, implorer, solliciter et faire solliciter de toutes les façons. ». Etc...

Et il se moque aussi de Passionei, parce que « janséniste » et que le Cardinal de Tencin n'aime pas les jansénistes. Hélas! l'archevêque de Lyon serait plutôt un peu « philosophe », et Benoît XIV, lui-même, n'est pas sans reproche de ce côté-là.

Mais le dossier, publié à grand fracas par le P. Brucker ne laisse guère apercevoir de qui les deux correspondants ne se moquent point. Peut-être même se moquent-ils un peu l'un de l'autre. Il semble, en effet, que Tencin « tâte » le Pontife, s'efforce d'explorer et même de lui escroquer sa pensée intime, en feignant de s'intéresser contre la pensée du Prince qu'il a servi et sert encore à la cause de Bellarmin. Et Benoît XIV, de répondre, pour traduire ces finesses en style vulgaire :

— « Comment donc? Je ne souhaite comme vous que cette béatification-là. Non pas pour plaire aux Jésuites qui sont des sots. Je serais seulement content d'apprendre à ce fâcheux Passionei à ne pas me faire la leçon en jouant maintenant à ma place l'avocat du diable... Mais je suis bien trop prudent pour commettre aucun

Benoît XIV a écrit les plus accablantes Encycliques contre le trafic éhonté des Jésuites aux Indes et contre leurs brutalités à l'égard des Indiens de l'Amérique du Sud réduits au servage; il a fait mettre à l'Index la *Bibliothèque* du P. de Colonia et l'ouvrage du P. Pichon sur la *Fréquente communion;* il a confié enfin au Cardinal Saldanha, à la demande de Pombal, la visite répressive des maisons de la Compagnie au Portugal. Si vraiment il a pensé à canoniser Bellarmin, ce n'est donc pas, évidemment, parce que Jésuite.

D'un caractère facile, ennemi des difficultés, soigneux de sa réputation de prudence et de coup d'œil politique (1), friand de popularité, ménager de toutes les opinions, jusqu'à accepter la dédicace du *Mahomet* de Voltaire, Benoît XIV, en dépit des rognures de lettres brandies par Brucker, ne semble donc guère avoir confié à Tencin que ce qu'il plaisait à celui-ci d'entendre.

impair. Et je ne parle pas, puisque vous ne m'en dites rien, de l'opposition de votre Cour. Toutefois, puisque cela vous susciterait des difficultés avec vos mécréants de Parlements, brisons-là, et n'allons pas réciproquement nous créer d'ennuis. »

Bref, les deux politiques se surveillent et, tout en ayant l'air de se livrer tout entiers, se payent réciproquement de leurs moins bonnes raisons, pour mieux dissimuler leur pensée profonde.

(1) « Il y a cependant des (gens) qui devinent la véritable cause de notre conduite, et qui font tout ce qu'ils peuvent pour nous exciter à sauter le fossé, bien résolus de nous abandonner si notre démarche venait à être malheureuse: et ils nous laisseraient, comme on dit, exposés aux coups au milieu du chemin, en se contentant de lever les épaules. Ce n'est pas d'aujourd'hui que nous sommes en ce monde et que nous connaissons la laine de nos moutons. » (Lettre du 25 juillet 1753).

Sa correspondance n'est qu'un acte de l'universelle comédie politique. Et de sa pensée intime et profonde, en ce repli obscur où les Puissances supérieures livrent combat aux penchants du cœur, nul ne sait rien, sinon que l'aboutissement est le critérium souverain de pareils débats. Or, encore une fois, Benoît XIV détestait Passionei et pourtant n'a pas canonisé Bellarmin qu'il a feint d'aimer.

Supposez un moment, à la place de ces noms-là, ceux du Vénérable Palafox, de Clément XIV et d'un Cordara par exemple : quel argument d'évidence n'en tireraient pas les Jésuites contre la reprise d'une cause pourtant moins obstinément repoussée?

IV. — De la doctrine et des vertus du Vénérable

Au surplus, les difficultés soulevées par la Cour de France contre Bellarmin concernaient surtout la doctrine du Vénérable; et comme dit le P. Dudon, on se faisait de ses opinions un argument contre ses vertus.

Cependant, Benoît XIV « écrivait à Tencin qu'avec la volonté très ferme de proclamer l'héroïcité des vertus de Bellarmin, il avait la non moins ferme volonté de ne point canoniser par là ses doctrines » (1). L'affaire, politiquement,

(1) « Dans la question des vertus héroïques, ce ne sont pas les écrits qui passent en revue, mais les actions, et si l'on y veut parler des écrits, ce ne peut-être que de ceux qui ont été faits contre les hérétiques, et non de ceux qui ont pour objet des opinions dont les catholiques disputent entre eux sans intéresser l'intégrité de la foi. »

diplomatiquement, se montrait par conséquent fort arrangeable, s'il n'y avait pas eu d'autres objections, et le Pape s'était fort habilement tiré d'autres embarras, plus graves et plus pressants.

De tant de contradictions, il faut bien encore une fois conclure que le nœud de la discussion tenait tout de même un peu aux vertus et, plus exactement, au défaut d'héroïcité des vertus.

Et la question est aujourd'hui tranchée en faveur de Bellarmin; encore faut-il veiller à ce que, précisément, de l'authentique reconnaissance des vertus, les Jésuites n'aillent pas conclure à l'excellence des doctrines.

Continuons donc à combattre, d'une part comme de l'autre, cette confusion intéressée et l'induction qu'on tire des mérites de Bellarmin en faveur de ses ouvrages ou inversement.

Le P. Dudon, dans un ordre à lui, résume assez bien — sans y répondre rien de sérieux, — les principaux chefs d'opposition.

*
* *

A nos yeux, le premier de tous est l'*Autobiographie* de Bellarmin (1). Le P. Dudon esquive merveilleusement là-dessus la difficulté :

(Lettre de Benoît XIV au cardinal de Tencin, du 20 juin 1753).

(1) C'est la première des pièces importantes de ce procès que nous publions un peu plus loin, d'après le texte latin de Dœllinger : Joh.-Jos-Ign. von Dœllinger et Fr. Heinrich Reusch, *Die Selbstbiographie des Cardinals Bellarmin lateinisch und deutsch mit geschichtlichen Erlæuterungen*, Bonn, 1877.

L'autobiographie du cardinal, où sont consignés des faits à son avantage, soulève la question de savoir s'il n'a pas cédé à la vanité, en écrivant. L'objection est classique, dans les causes de béatification. Dans le chapitre de son traité, où il s'explique là-dessus, Benoît XIV, en même temps qu'il énonce le principe de la solution, relate des cas nombreux d'autobiographie. Ici encore, Azzolini et Passionei ont mis beaucoup d'acharnement et de mauvaise humeur. Mais ils n'auraient rien dit que le problème existerait.

En effet! Et l'on trouvera dans le *Votum* de Passionei que nous donnons un peu plus loin une très sérieuse discussion du droit et du fait sur ce point. Nous ne la jugeons pour notre part ni redondante ni chagrine, pleine au contraire de verve, de bon sens et de sens chrétien. Mais surtout ce qu'il convient d'abord de lire d'affilée, pour en savourer l'écrasante impression d'ensemble, c'est le texte même de l'*Autobiographie*, que nous publions *in extenso* en premier lieu, comme base de la discussion.

Quoi donc! voilà un homme, un vieillard, cardinal de la Sainte Eglise, qui a passé par tous les ministères, écrivain illustre, mêlé aux plus grandes affaires, deux ou trois fois candidat à la tiare, et qui, à la veille de paraître devant Dieu, prend la plume, à la demande d'un ami, pour lui laisser, non pas, certes, ses Souvenirs ou ses Mémoires, mais une sorte de sommaire, de *curriculum vitæ* (1). Et voilà tout ce que ce Véréra-

(1) Quelque chose comme un article nécrologique, tout prêt, pour les *Etudes*, à la mémoire d'un cardinal de la Société qui ne serait pas le cardinal Billot, dont le P. Lebreton ne sera jamais l'Eudémon-Jean. Voir *Une vic-*

ble, qu'on veut canoniser à tout prix, trouve à rappeler au souvenir de la postérité : des enfantillages, des fatuités d'une mesquinerie déconcertante (1). Il a passé par les plus rudes traverses, remué à grand tracas les plus vastes pensées, pris part, quelle qu'ait été la pureté de ses in-

time des Jésuites : Saint Joseph Calasanz, par I. de Récalde, p. 40, en note (où il faut lire 20 *nov.* 1912 au lieu de 1921).

(1) Notre appréciation de l'Autobiographie pourra paraître, à première vue, assez dure : hâtons-nous d'y préparer l'esprit du lecteur, grâce à une autorité que personne ne récusera et que les RR. PP. Brucker, Rosa, Dudon ont si bien travaillé à rendre sans réplique. Voici l'avis de Benoît XIV : *De... beatorum canonizatione*, lib. II, c. 28, n° 4 :

« On peut citer, en exemple, la cause du Vén. serviteur de Dieu le Cardinal Robert Bellarmin, qui composa plusieurs écrits sur sa vie et sur les affaires qu'il avait pratiquées. Car on ne trouva rien dans ces Mémoires qui offensât la saine doctrine; mais *une note de jactance contraire à la vertu d'humilité et la révélation de certains secrets contraire à la fidélité* avaient été découvertes dans ces écrits, tant par l'archevêque de Myre que par moi, alors que j'étais Promoteur de la foi. Et, sans doute, les éminents Postulateurs de la cause satisfirent de toutes leurs forces à ces difficultés; mais la Sacrée Congrégation, etc... »

Le reste vise une difficulté de procédure, où Lambertini se lance à corps perdu, en spécialiste, comme nous l'avons dit, amoureux de ces « espèces » exceptionnelles, en dilettante des obstacles à surmonter. Quant à la question de for interne qu'il a soulevée en passant (car ce n'était pas le lieu de la résoudre), son sentiment ou du moins son embarras apparaît : évidemment le ton de l'*Autobiographie* l'a choqué.

Et il est vrai que dans sa lettre au cardinal de Tencin, en date du 29 août 1763, il semble devenu plus indulgent :

« Le serviteur de Dieu dont il est question avait par l'insinuation de ses amis, fait des mémoires de sa vie

tentions, aux conflits les plus aigus d'ambition, avec des revers sanglants succédant à d'illustres triomphes : et il ne sait que nous conter qu'il prêchait bien gentiment pour rire, étant tout petit; quels remarquables vers latins il faisait en se jouant au collège; comme les vieilles dames ou les bons chanoines le prenaient, encore imberbe, pour un ange en chaire; comme il morigénait de bonne encre le Pape ou prédisait à coup sûr l'avenir, comme ça, sans même y prendre garde, à chaque instant, etc... Car j'en passe, et des meilleures, que nous retrouverons en leur lieu, et qui frisent le ridicule ou l'inconscience, sans un répit ni un remords, pas même un retour mélancolique sur cette vie chargée de tant de travaux et d'honneurs, — à l'origine desquels, comme de toute grande fortune ici-bas, selon le mot de son confrère Bourdaloue, il y a des choses qui font trembler, — sans un cri, enfin, qui rende le son plein, franc et pur d'une âme. De la part d'un esprit de cette envergure, d'un prêtre de cette valeur, quelle petitesse inattendue! Toute parole affaiblit, toute discussion de détail atténue

pour être laissés dans les archives de la maison professe. Bottini, promoteur de la foi immédiatement avant Nous, en ayant eu connaissance, voulut que ces mémoires fussent produits, et selon le devoir de sa charge, il fit quelques remarques désavantageuses, en taxant le Serviteur de Dieu d'une *espèce de vanité* et d'avoir imprudemment inséré dans sa vie certains articles *qu'un peu de circonspection* lui devait faire tenir cachés. Toutes ces difficultés ont été réunies au suffrage que le Cardinal Azzolini porta autrefois dans la même cause. Le tout a été présenté aux postulateurs actuels qui ont parfaitement répondu aux objections, mais le cardinal Passionei n'a pas été content de ces réponses. »

S'il y a contradiction entre les deux passages, le lec-

la stupéfaction où plonge cet amas de futilités (1). Voilà, certes, l'un des ouvrages fameux que nul esprit d'un peu de délicatesse morale et de goût ne voudrait avoir écrit. Et pour laver de cette tache la mémoire de Bellarmin, s'il est jamais placé sur les autels, il faudra, plutôt qu'invoquer pas à pas les maladroites excuses de ses avocats, supposer chez lui une de ces extraordinaires candeurs, prodigieusement vaniteuses et personnelles à leur insu, qui pratiquement s'allient parfois vaille que vaille avec de véritables dons esthétiques ou mystiques : mélange déconcertant de facultés hypertrophiées aux dépens d'une conscience critique demeurée en enfance (2).

teur sait du moins comment les concilier et où perce la vraie pensée de l'illustre Pontife.

(1) Il est vrai que toutes les dépêches des ambassadeurs à leur Cour signalent sa formation toute livresque et son évidente incapacité aux affaires. Ce ne fut toute sa vie qu'un régent, sans un don supérieur, en dehors de sa pédagogie.

(2) Le P. COUDERC lui-même (t. II, p. 171), après avoir présenté une bien suggestive défense de cette indéfendable *Autobiographie*, se voit contraint d'y faire au moins la part de la sénilité :

« Cependant, pourquoi le taire ? des hommes vertueux, sincères admirateurs de Bellarmin, ont cru apercevoir dans ces pages naïves, non de l'orgueil, mais un peu de complaisance sénile. C'est l'impression de juges respectables, mais trop jeunes encore. Saint François de Sales ne l'aurait point partagée. Il fait quelque part un parallèle rapide entre la pudeur et l'humilité. Ces deux vertus revêtent des caractères différents dans l'enfant, dans l'homme fait et dans le vieillard. Un enfant, par exemple, ne peut, sans danger pour son humilité, raconter ou entendre louer certains traits de sa propre vie. Un vieillard pourra les rappeler impunément. D'une humilité plus forte et plus clairvoyante, il ne peut guère être ébloui par le souvenir de ses succès. Il sait trop bien ce qu'ils lui ont coûté; il

En tout cas, nul ne pourra nier cette évidence. De même que le cas de la Compagnie de Jésus, comme Ordre religieux, est unique dans l'Eglise de Dieu ; de même que l'histoire du procès de béatification de Bellarmin reste jusqu'ici sans précèdent dans les Annales de la Congrégation des Rites : cette *Autobiographie* offre un autre exemple original du « solipsisme » jésuitique. Car d'autres saints ont écrit leur vie ; mais on peut défier de présenter à l'examen du public ou des juges qualifiés le pendant de celle-ci. Pour oser le mot propre, elle est en son genre un monstre.

*
* *

« Quelques faits de sa vie spirituelle, reconnaît également le P. Dudon, pouvaient, au moins de prime abord, offrir matière à une discussion sur sa vertu » : et c'est exactement le sujet de la seconde partie du *Votum* de Passionei (1), après qu'il a, dans la première, passé au crible l'*Autobiographie*. « N'aurait-il pas été partial, obstiné

voit qu'ils ont passé comme une ombre ; il sent, par la faiblesse même qui l'a réduit au repos, qu'il y a eu très peu de part ; il est, qu'on nous permette ce mot, humblement et saintement blasé, et, pour cette raison même, plus les succès qu'il raconte sont chétifs, moins on a le droit de craindre pour son humilité. »

Ç'aurait été le cas pour Bellarmin, même lorsqu'il raconte son exemplaire apostolat comme archevêque de Capoue et les leçons qu'il a prodiguées au Pape. A la bonne heure ! et voilà enfin un plaidoyer original.

(1) C'est la seconde pièce importante de notre recueil. Nous l'avons prise de l'ancienne édition italienne : *Voto dell'Eminentissimo e Reverendissimo Signor Cardinale Domenico Passionei a Nostro Signor Papa Benedetto XIV, nella causa della Beatificazione del Venerabile Servo di Dio Cardinale Roberto Bellarmino*. In Venezia, MDCCLXI,

et irrespectueux dans les disputes *de Auxiliis* ? (1) N'aurait-il pas menti, pour couvrir l'édition sixtine de la Bible » (2) ? Il paraît que « Azzolini et Passionei ont envenimé ces deux questions par

presso Giuseppe Bettinelli. Les divisions principales y correspondent exactement aux diverses difficultés rappelées par le P. Dudon.

(1) Voir *Autobiographie*, n° 77; *Votum* de Passionei, n°s 20-24. Une lettre surtout de Bellarmin à Clément VIII a soulevé de longues protestations. Elle roule sur ce thème que le Pape n'étant pas théologien n'est pas qualifié pour trancher de son propre mouvement la controverse : qu'il consulte les docteurs patentés! Et naturellement Brucker (*La Compagnie de Jésus*, n° 125, p. 466) relève le grief de son confrère contre la mauvaise « méthode de travail » du Pape :

« Bellarmin eut le courage de le lui dire; mais Clément VIII, qui avait promu le grand controversiste cardinal en 1599, *parce que*, disait-il, *l'Eglise de Dieu n'avait pas son pareil pour la doctrine*, le punit de sa franchise en le nommant archevêque de Capoue pour le faire sortir de Rome. »

De quoi Bellarmin ne souffle mot d'ailleurs, dans son *Autobiographie*.

Quant à Brucker, comme il a su entrer dans l'argumentation de la Compagnie! Oui, le Pape est bon juge et fin connaisseur, quand il proclame Bellarmin un docteur sans pareil; mais qu'il s'avise de vouloir s'acquitter de sa tâche apostolique en départageant Jésuites et Dominicains sur une question de doctrine, il n'est plus qu'un incompétent. Ce n'est ni la fonction ni même l'homme, c'est la relation de ses actes avec le « bien de la Compagnie » qui mesure la valeur des interventions pontificales, même dans leur domaine le plus réservé. Bellarmin juge Clément VIII, comme les Jésuites de nos jours ont exécuté Pie X. (*Etudes*, nov. 1914. *Stimmen der Zeit*, n° spécial du jubilé, etc...) Cf. J. Rocafort, *Les résistances à la politique religieuse de Pie X*, Paris, Victorion, 1920, pages 257-259.

(2) Voir *Autobiographie*, n° 50; *Votum* de Passionei, n° 26-32. A consulter particulièrement, en dehors de la longue bibliographie du sujet déjà donnée page 16 : Le

leurs commentaires. Mais elles se posent d'elles-mêmes, à l'occasion de certaines pages de Bellarmin. On en dispute encore de nos jours. Döllinger fait écho aux accusateurs des siècles pas-

BACHELET *Bellarmin et la Bible Sixto-Clémentine*, in-8. Paris Beauchesne, 1911. PRAT, *La Bible de Sixte V*, dans les *Etudes*, t. L, pp. 565-581, et t. LI, pp. 35-60 et 205-224, Cf. *Les Nouvelles religieuses*, 15 fév. 1918; l'*Ami du Clergé*, 17-24 avril 1919, pp. 774-776 et 9 mars 1922, p. 145. La discussion la plus sérieuse et la plus complète de cet incident délicat se trouve en français dans LE BACHELET : chapitre IV, *Attaques portées contre Bellarmin à l'occasion de la Bible Sixto-Clémentine.* Il faudrait un volume pour répondre à cette débauche de remarques érudites. Contentons-nous de noter ici :

1° Tout l'effort du P. Le Bachelet tend à réduire à un simple « expédient » avoué le mensonge ou la mystification en cause; et lui-même n'est pas fort assuré d'y avoir réussi.

2° Toute son argumentation s'appuie sur cet *a priori* que Bellarmin est incapable personnellement d'un « mensonge pieux », officiel et couvert par l'autorité légitime, dont il a tout l'air en somme de se faire à lui-même un mérite. Cependant, à propos d'un incident il est vrai bien minime, de R. P. Le Bachelet vient d'écrire, une page à peine plus haut : « Reste à savoir s'il faut prendre à la lettre une argumentation de circonstance (dans une question de doctrine pourtant, et des plus graves), qui pourrait bien n'être qu'une manière honnête et plaisante d'écarter une demande importune. » Toujours la « plaisante » façon de voir les choses tantôt d'une façon, tantôt de l'autre, selon les besoins de la cause et le « bien de la Compagnie ».

3° Admettons l'intérêt des arguments nouveaux présentés par le P. Le Bachelet; il reste qu'il est le premier à les faire valoir. Cependant, ses devanciers, qui les ignoraient au moins en grande partie, n'en défendaient pas moins, avec la même intrépidité que lui, l'innocence de Bellarmin. C'est-à-dire que d'abord la sainteté du Vénérable est pour eux un dogme, avec lequel tout doit cadrer vaille que vaille. Mais l'impression obvie est que Bellarmin n'attachait pas à ces « adresses » autant d'impor-

sés; Mgr Baumgarten, le R. P. Lagrange et d'autres font écho à Döllinger ». Et le P. Dudon lui-même a du moins l'adresse de ne pas essayer de répondre à la difficulté; il va jusqu'à accorder à cette « chicane » ses « apparences spécieuses ». Le lecteur verra tout à l'heure si l'objection ne méritait pas davantage (1).

*
* *

Sur l'examen direct des vertus (2), le P. Dudon

tance que ses défenseurs. Et ce n'est pas de quoi nous nous scandalisons. D'autres saints ont commis de bien autres peccadilles; mais ils ont manifesté en même temps, au sens antique, d'autres vertus. Ce qui accable Bellarmin, c'est précisément la médiocrité de son tempérament, de ces débats, de l'ensemble de tout ce qu'agite son nom.

(1) Il est permis, en effet, de dédaigner certaines calomnies absurdes et grossières. C'est ainsi que le P. Alexandre Brou (*Les Jésuites de la légende,* t. I, p. 42) s'amuse de certains pamphlets protestants, notamment d'une *Nouvelle et très véridique histoire de Bellarmin,* répandue en Allemagne, d'après un soi-disant livre de confession du Cardinal, publié par son secrétaire. On y voit le *Porporato* jésuite étalant un luxe de satrape :

« Epicurien de la pire espèce, de vie si abominable qu'il avait fait 1.643 victimes, dont 563 femmes mariées; ajoutez la magie, le poison, les cadavres jetés la nuit dans le Tibre... Il était mort en damné, et on voyait son spectre, en plein jour, planer dans les airs sur un cheval aux ailes déployées. Le Pape l'avait vu et en avait été épouvanté. »

Evidemment, c'est drôle; mais s'il avait eu quelque chose à dire de sérieux touchant Bellarmin, le P. Brou eût beaucoup mieux fait d'élucider toute une série d'autres accusations au moins troublantes. C'est ici comme toujours l'éternel, déloyal et insuffisant procédé de battre Pascal sur le dos d'Eugène Sue et de réfuter les *Provinciales* par le *Juif errant*. Pauvre argument!

(2). On sait que Benoît XV, en 1920, s'est contenté

se rattrape, et l'issue au moins provisoire du procès lui a donné raison. Seulement son raisonnement n'en vaut pas mieux. Car, à Casanata qui le premier réclame à tous les échos une marque, un signe du degré spécifiquement héroïque des vertus, d'ailleurs réelles et sérieuses, de Bellarmin, le bon Père répond par cette pirouette : « Bellarmin est de cette catégorie d'âmes, dont la beauté s'épanouit dans le secret ». Quel *secret?* Celui que Bellarmin a si bien mis à la fenêtre dans son *Autobiographie?* C'est donc le secret de Polichinelle. Ou plutôt, la réplique du P. Dudon n'est elle-même qu'une arlequinade. Un secret comme celui-là n'est connu que de Dieu ou cesse d'être un secret, grâce à des signes accessibles à tous, dont l'intéressé n'a pas d'ordinaire à faire la confidence au monde. Et si Passionei, après Azzolini, a ignoré ce secret-là, un siècle après la

d'exhumer le Décret sur l'héroïcité des vertus préparé sous Benoît XIV; mais, en son for intérieur, qu'en pensait précisément Benoît XIV, qui n'a pas voulu prendre la responsabilité de fulminer cet acte solennel?

Dans son Traité sur la Canonisation des Saints, Lambertini, traitant de cette matière spéciale (Lib. III, c. 33, n° 16) cite bien, — d'après Fuligatti et Bartoli, sans autre forme de procès, — quelques dépositions des cardinaux de Sainte-Suzanne, François Dietrichstein, Scaglia et Alexandre des Ursins, sur la modestie, l'amour de la pauvreté et la charité de Bellarmin. Mais la banalité de ces témoignages saute aux yeux, dans un chapitre destiné à exalter les vertus de quelques illustres Vénérables après leur élévation au cardinalat; et le lecteur non prévenu sera frappé justement de la retenue et même de la froideur de ton de l'auteur qui ouvre ce paragraphe par un éloge autrement chaleureux et autrement mérité du Vénérable Baronius. Evidemment, le Père de l'Histoire ecclésiastique lui est tout au moins plus sympathique que le « Prince de la Controverse ».

mort du Vénérable Serviteur de Dieu, où donc les autres, voire même le perspicace P. Dudon, l'ont-il pu découvrir?

Mais la troisième Partie du Votum de Passionei se défend assez d'elle-même, à propos de ce doute *De virtutibus*; et il est inutile d'insister.

***

Quant aux doctrines, ni Passionei, ni Azzolini ni Casanata, ne s'y étendent; la question ne s'est jamais posée encore, au point de vue du Doctorat; la Congrégation n'a donc pas eu à la trancher, et les Papes n'ont rien décidé ni pour ni contre, en différant ou reprenant l'éternelle cause de ce saint si discuté, Docteur plus discutable encore et même assez risible, travesti en « immaculé ».

La véritable gloire de Bellarmin écrivain, ce sont surtout ses *Controverses*. Cet esprit plus réceptif qu'inventif, plus étendu en superficie qu'en profondeur (1), s'assimilait vite et réexposait, sous une forme accessible et commode à tous, ce qu'il avait partout butiné, avec trop de facilité parfois. C'est un excellent pédagogue, non un chef d'école. Il a beaucoup de talent, aucun génie. Il a mis au point et adroitement présenté une matière presque neuve, sans avoir besoin d'y introduire de force, comme Suarez dans la scolastique, Molina dans la controverse sur la prédestination et la grâce de Dieu, ou

(1) Lui-même s'en rend compte : « *Ingenium habuit,* écrit-il, *non subtile et elevatum, sed accommodatum ad omnia, ut æqualiter se haberet ad omnes disciplinas capiendas* ». Cf. *Autobiog.*, n° 4.

les casuistes dans la morale, pour renouveler son sujet et en faire quelque chose de propre à la Compagnie, des inventions scandaleuses. Les polémiques contre les protestants allaient alors leur train, sans que personne eût encore eu le temps d'en composer la *Somme* ni même de chercher la formule qui s'imposait. C'est l'honneur de Bellarmin de l'avoir trouvée. Et cela ne le met pas au premier rang des grands esprits. A le comparer à Saint Thomas d'Aquin, ou même à Bossuet et à Joseph de Maistre, ce n'est qu'un vulgarisateur ; comme originalité de forme ou de pensée, il n'a pas même le jaillissement de verve toujours renouvelée ni le don du style de certains de ses adversaires protestants, ou d'un Veuillot contre la libre pensée contemporaine. Mais il a compilé, clarifié, soumis à une classification méthodique l'espèce de journalisme religieux de son temps, qui va de la prédication au pamphlet et guerroie en ordre dispersé contre l'hérésie. C'est l'encyclopédiste orthodoxe de la Contre-Réforme, le grand Larousse, pour Universités d'Ancien Régime, des controverses anti-huguenotes ; il a écrit tout au moins le cours d'études supérieures, le manuel exhaustif d'une branche adventice de la science sacrée (1).

Nous verrons d'ailleurs que ce remarquable ouvrage n'est pas sans défaut ; mais surtout, ce sont les autres théories de Bellarmin qui ont

(1) A propos de *La Théologie de Bellarmin*, par J. de la Servière, Paris, Beauchesne, la *Revue historique*, n° 198, note excellemment : « Ce qui donne de l'intérêt à l'œuvre de Bellarmin, ce n'est pas son originalité, c'est son caractère de synthèse de la théologie catholique, faisant front contre la Réforme ; M. de la Servière l'a fort bien dit dès le début. »

souvent provoqué les feux croisés de la contradiction. Ses écrits sur le Pouvoir spirituel et temporel des Papes, sur les relations entre l'Eglise et l'Etat, sur l'obéissance aveugle, etc... ne sont pas exempts de reproches. Et l'on ne craint guère que la Compagnie de Jésus ressuscite ses excès de pensée; ce qui choque le plus souvent en lui, ce sont ses défaillances de caractère. La Compagnie se garde sans doute d'y insister; elle s'efforce de les gazer plutôt. Mais déjà elle souffre avec impatience qu'on en parle, sous prétexte que la réouverture de la cause de canonisation couvre tout.

Il est encore temps toutefois de s'entendre là-dessus ou du moins de s'expliquer, sans prévention ni réticences (1).

V. — Entre Rome et les rois.

Nous n'entreprenons, ici, ni un traité ni une Vie; nous n'écrivons, selon notre coutume, qu'une rapide introduction à la lecture directe de quelques pièces anciennes. Nous ne saurions

(1) Le bon Couderc ne manque pas d'invoquer, par exemple, en faveur de la surnaturelle sagesse de son Vénérable les signes d'en haut les plus inattendus : les lueurs ou l'auréole, en particulier, que des témoins enthousiastes auraient vues en diverses circonstances flotter sur sa tête, tandis qu'il parlait. Et lui-même oublie, qu'à propos de Banez et du thomisme, il a applaudi (t. I, p. 345, note) le dur sarcasme du P. Rapin, S. J., dans ses *Mémoires* (t. I, p. 195) : « *On avait vu briller des rayons sur le visage du P. de Lemos, dominicain, dans la ferveur d'une des disputes qu'il eut avec le P. Bastida, jésuite, pour faire croire que sa doctrine était autorisée du ciel.* Mais ces sortes de visions n'ont guère de cours parmi les esprits solides, comme sont les théologiens. » Pourquoi

entrer par conséquent dans l'exposé, dans la discussion ni dans le développement historique de la fameuse théorie de Bellarmin concernant l'infaillibilité et surtout le pouvoir direct et indirect des Papes sur la société civile (1). La pensée catholique était encore à ce sujet, au XVIe siècle,

Bellarmin ou le congruisme feraient-ils seuls exception à cette règle si sage et si délibérément appliquée au prochain par la Compagnie? Retournée contre elle, ne seraitce plus qu'une « charge de rapin », bonne seulement contre les Frères Prêcheurs?

(1) Même sur la souveraineté purement spirituelle du Pape, les idées de Bellarmin ne sont pas toujours justes ou du moins toujours claires.

Fénelon s'appuyait encore sur lui pour défendre sans doute l'indéfectibilité du *Siège* romain, mais aussi pour repousser l'infaillibilité *personnelle* des Pontifes : *Quam generalia Concilia, fatente Bellarmino, negant*, comme il l'écrit dans son premier Mémoire au Cardinal Fabroni (*Fénelon inédit*, par Ernest Jovy, in-8, de 486 pages chez l'auteur, 40, rue de la Tour, à Vitry-le-François, 1917. Cf. *Ami du Clergé* du 17-24 février 1921). Cependant Couderc (II, p. 205, note 1), feignant d'ignorer de quoi il retourne, prend pour un hommage à l'« infaillibilité », cette proposition faite le plus sérieusement du monde par Fénelon à Clément XI à propos des doctrines gallicanes : « On sauvera tout ce que le cardinal Bellarmin soutient être de la foi et on ne laissera à la liberté des opinions que ce qui n'est point de la foi, selon ce même cardinal. »

Il faut voir, d'ailleurs, comment le Jésuite Daubenton, assistant de France et correspondant assidu de Fénelon, dans ses lettres à l'archevêque de Cambrai, tout acquis à la Compagnie, chansonnait « nos Romains, beaucoup plus attentifs à établir l'infaillibilité du Pape qu'à détruire le jansénisme... »

Jésuites d'hier, jésuites de toujours! Soi-disant « suscités de Dieu » pour défendre l'Eglise romaine, ils se trouvent comme par enchantement, — le lendemain, — des infaillibilistes de la veille. (Cf. Lettre du Cardinal de Hohenlohe, dans les *Mémoires du Prince Chlodvig de Ho-*

à l'état de nébuleuse, comme au sortir de toutes les grandes transformations sociales; le droit des gens s'y distinguait à peine comme droit purement naturel du droit chrétien ou même du droit canonique; l'Eglise s'était acquis sur les nations nées à son ombre des droits coutumiers de patro-

henlohe-Schillingsfuerts, publiés par Friedrich Curtius, trad. par C. W. Chrystal, 2 vol. Londres, 1907).

Au cours du célèbre procès de Galilée, l'attitude de Bellarmin fut décisive, nous dit-on, dans la cause. Non pas qu'il crût la théorie nouvelle opposée à l'Ecriture. Il pensait l'Ancien Testament étranger à toutes préoccupations scientifiques. Par conséquent, « quand il se trouvera une démonstration de ce mouvement (de la terre autour du soleil), comme écrivait le P. Grassi à Giuducci, il conviendra d'interpréter l'Ecriture autrement qu'on ne l'a fait, *c'est l'opinion du cardinal Bellarmin* ». *Le Opere*, t. IX, p. 65. Mais en attendant, Galilée avait tort de mêler les Livres Saints à l'exposé de son système. Et Bellarmin contribua à cette malheureuse condamnation, sans avoir su faire ni apprendre aux autres à faire nettement la part de la vérité et de l'erreur, des hypothèses permises et des règles d'interprétation de la Bible qui se sont imposées depuis à la sagesse du Saint-Siège : « Le système est pour le moins très douteux et *in caso di dubio, non si deve lasciare la Scrittura santa esposta da santi Padri* ». (Lettre de Bellarmin à Foscarini, 12 avril 1615). Ce qui n'était pas une raison suffisante pour pousser le Saint-Office à décréter cette théorie, purement astronomique, *hérétique, erronée*, etc.... Ce manque de prudence doctrinale et de circonspection s'allie d'ailleurs avec le manque général de franchise qui paraît avoir présidé aux tractations directes entre Bellarmin et le trop confiant astronome.

Minimes défaillances, prétendent les bons Pères, sans intérêt quant à la sainteté du personnage; mais pour un docteur, surtout « immaculé », il est évident que tous ces incidents sont assez fâcheux.

Bellarmin, à vrai dire, a pu être un professeur remarquable; pour faire un Docteur de l'Eglise, on exigerait volontiers davantage.

nage et de suzeraineté plus ardemment défendus que nettement définis. L'Empereur et les rois, naguère les protecteurs, quasi les maîtres de la catholicité, et tout au moins les tout puissants « évêques du dehors », n'étaient plus, en Europe, aux yeux de l'universelle Monarchie pontificale, que des vassaux et des sujets; le Pape pouvait à son gré les établir ou les déposer. Grandiose conception du monde, et qui eût assuré l'unité supérieure du genre humain! Sa réalisation très imparfaite, pleine de fissures, n'aura été sans doute que le fragile édifice d'un moment, dans l'histoire de la civilisation; mais à Dieu ne plaise que l'inique condition des temps nous en fasse méconnaître la grandeur idéale et la foncière bienfaisance! Toutefois l'Europe adulte ne tarde pas à secouer ce joug, qui pouvait devenir celui de la plus haute discipline ethnique, en dépit des misères inséparables de toutes les grandes réalisations sociales. Les hommes de loi, juristes et parlementaires, se mettent assez vite à « défendre » les princes contre les empiètements de la Cour de Rome; et aux réclamations les plus légitimes ou les plus acceptables contre les abus du pouvoir temporel, se mêlent les premières révoltes contre la puissance spirituelle elle-même. La rivalité du sacerdoce et de l'Empire aboutit à l'effroyable crise d'où procèdent Avignon et le grand schisme d'Occident. Et c'est au sortir de ce chaos que Bellarmin, obligé de prendre parti, suit l'inspiration du génie de la Compagnie. C'est un esprit éclectique. Comme Suarez, au milieu des premières décompositions de la scolastique, comme la *Ratio studiorum* entre l'esprit nouveau de la Renaissance et les routines universitaires, ce cardinal de la Sainte Eglise romaine essaie d'un juste milieu, d'une ruse de casuistique. Mais les deux pouvoirs rivaux se balancent encore trop pour agréer ce partage. Sixte-Quint met Bellarmin à l'Index (1), tandis que les Parlements font brûler un autre de ses livres par la main du bourreau (2). Querelle à double face qui va se prolonger deux cents ans jusqu'à la Révolution française; et plaisante mésaventure d'un Docteur, d'ailleurs sans audace et plus précautionneux qu'adroit!

On sait au surplus qu'il poussait loin ce genre

(1) Cf. *Etudes*, année 1870, p. 634; avril 1907, p. 227-247. C'est exactement le 1er volume des *Controverses* qui fut mis à l'*Index*, à cette occasion, par le Pape.

(2) L'arrêt du Parlement contre le Traité *De Potestate Summi Pontificis in rebus temporalibus adversus Guglielmum Barclaium* est du 26 novembre 1610. La Cour s'empressa d'ailleurs d'en suspendre l'exécution par ordonnance du 30 novembre 1610, sur les réclamations du nonce.

Emile Ollivier (*L'Eglise et l'Etat au Concile du Vatican*, t. I, p. 70), parle ainsi de cet ouvrage : « Au moment où Bellarmin *coulait dans l'airain de son style* cette théorie du pouvoir indirect... »

Or, le P. Couderc se moque du style du libelle intitulé *Tocsin au roi, à la reine régente*, etc... qui avait dénoncé Bellarmin au Parlement, cependant que le nonce Ubaldini, meilleur juge pour l'époque et plus désintéressé, hésitait à en attribuer la paternité à l'abbé Du Boys, parce qu'il n'avait jamais supposé à celui-ci assez d'esprit et de talent pour en être l'auteur.

La vérité est que l'ouvrage de Bellarmin fut froidement accueilli, méritait de l'être, et que son style, malgré le secours du latin, ne vaut guère mieux que celui du *Tocsin*.

Cf. De la Servière, S. J. : *De Jacobo I Angliæ rege cum Cardinali Roberto Bellarmino super potestate tum regia tum pontificia disputante* (1607-1609). Paris, Oudin, 1900.

de cautèle, et même l'esprit d'intrigue, pour ne pas dire de trahison. Il nous conte, dans son *Autobiographie*, son séjour à Paris, durant la Ligue. Il ne nous dit pas qu'il y compta, avec les Jésuites de la capitale, en attendant de tourner casaque, parmi les plus fanatiques adversaires du roi de Navarre avant son abjuration, et que même il composa contre le Béarnais sous un pseudonyme un pamphlet (1) dont je ne vois pas qu'on puisse lui faire grand mérite à son procès de béatification. Mais à peine le vent commença-t-il de tourner qu'il se rallia des premiers, en cachette, au vainqueur, préludant ainsi à la première grande évolution de la Compagnie qu'Henri IV nationalisa autant que faire se pouvait et détourna du rêve impérialiste germano-espagnol pour l'attacher en France au service de

(1) Sixte-Quint, pour appuyer la Ligue, avait envoyé à Paris comme légat en 1589, le cardinal Gaëtani, flanqué des deux Jésuites Bellarmin et Tyrius, avec, pour instructions, de « *pourchasser que l'on élût un Roi en France qui fût de la Religion catholique romaine* ».

Déjà, sous un pseudonyme, Bellarmin s'était appliqué d'ailleurs à prouver l'inhabilité de Henri de Navarre au trône, comme hérétique, dans une brochure qu'on s'est gardé de faire figurer dans ses œuvres complètes, mais dont l'authenticité n'est pas douteuse : *Responsio... pro successione Henrici Navarrensis, auctore Francisco Romulo*, Rome, 1586 (SOMMERVOGEL, *Bibliothèque de la Compagnie de Jésus*, t. I, p. 1,180). Francesco Romolo étaient deux des prénoms de Robert ou Rupert Bellarmin; il reprit plusieurs fois d'ailleurs, au cours de voyages particulièrement périlleux, avec les armes et l'habit de gentilhomme, ce nom de Dom Romulus. Toutefois, durant le siège de Paris, tandis que les fanatiques se faisaient tuer au rempart et que les autres mouraient de faim, le P. Tyrius, qui avait pris soin de cacher des provisions suffisantes, en sustentait son collègue; et, au moment même où la Sorbonne promettait l'enfer et le Parlement la po-

la maison de Bourbon, — sous bénéfice d'inventaire (1).

*
* *

Bellarmin a également tenté quelques apologies de sa Société en réponse aux « persécutions » du pouvoir civil. Elles n'abondent pas plus en idées claires et indiscutables que la théorie qu'il a essayé d'établir en faveur du romanisme.

L'opposition au Jésuitisme a toujours été grande, en effet, dans la chrétienté; mais c'est un mouvement d'esprit, presque aussi confus que violent, comme tous les courants d'opinion qui s'alimentent de trop d'apports. Bellarmin s'efforce seulement de brouiller, pour mieux en venir à bout, ces opinions hostiles.

La Compagnie de Jésus se présentait, surtout à ses débuts, comme une sorte de troupe ou plutôt d'état-major (1), aux ordres directs du Pape, pour toutes les missions dont il la voudrait bien charger d'un bout à l'autre du monde, en marge des hiérarchies ecclésiastiques, exempte de toute juridiction civile. Tel était du moins le motif officiel de la fondation d'Ignace et des privilèges

tence à ceux qui parleraient de se rendre, quelques personnages, soucieux de se tirer de ce mauvais pas, devinaient vite à quelle porte frapper. Ils consultèrent en cachette le P. Tyrius et le P. Bellarmin qui s'empressèrent de décréter, comme théologiens, qu'il était parfaitement licite en conscience de se rendre, même à un prince hérétique. Le P. Brou, qui nous conte ce trait (*Les Jésuites de la Légende*, t. I, p. 87) a l'air, aussi bien que le P. Couderc, d'en beaucoup admirer la « modération ». Un autre nom lui conviendrait mieux.

(1) Voir *Lettres de l'abbé de Margon*, introduction : l'institution du Confessorat.

inouïs obtenus des Clefs apostoliques, dans toute la catholicité, par ces prétendus *missi dominici*, qui savent en jouer encore, avec le même avantage, bien longtemps après que la Société a renoncé à faire illusion, du moins au Saint-Siège. Le moindre jésuite se posait ainsi, dès le début, en nonce du Pape, en légat au petit pied, couvert de toutes les immunités romaines et de l'ombre auguste de la plus haute majesté terrestre. On conçoit dès lors, notamment en France, les protestations du Parlement. Il s'y mêle, c'est entendu, des préjugés et des erreurs contre la suprématie spirituelle de Rome; mais on doit y reconnaître aussi quelques préventions, sinon tout à fait justes, du moins inévitables, contre les agents, souvent sujets ennemis, d'une Monarchie à laquelle les Cours faisaient volontiers grief d'être à la fois une paternité universelle et une Puissance temporelle, un Etat étranger en même temps que la Chaire apostolique. Enfin, le clergé séculier lui-même, de tout temps patriote, s'inquiétait des étranges nouveautés d'une règle et d'une entreprise véritablement inouïes dans l'histoire de l'Eglise.

Certes, il y avait en France, depuis les origines, des moines et des Congrégations sans nombre.

(1) La Compagnie, d'après le plan primitif de Saint Ignace, ou du moins d'après le projet soumis à l'approbation de Paul III, ne devait compter que 60 profès. On ne sait au juste si ce furent les Papes par prudence ou les compagnons d'Ignace par ambition de s'étendre, qui supprimèrent des Constitutions cette restriction caractéristique. En tout cas, à sa mort, Saint Ignace, pour un millier de jésuites environ, ne laissait que 30 profès : lui du moins, était resté fidèle à son idée première. Cf. Mir, première partie, *passim*.

Leurs rapports avec la royauté n'avaient pas toujours été pacifiques, et tous les griefs soulevés contre eux ne tenaient pas au défaut de bienveillance ou de respect dus à la vie religieuse. Les choses pourtant s'étaient, en gros, accommodées. C'est que nulle part même les grands Ordres, les plus directement soumis au Pape, comme les deux grandes familles dominicaine et franciscaine, ne perdaient tout à fait le contact avec la terre natale, n'échappaient ainsi entièrement au contrôle des souverains naturels ou de l'opinion d'une majorité autochtone. Chaque maison, sur place, élisait ordinairement son chef, sauf agrément ou confirmation des Supérieurs majeurs; les maisons élisaient le Provincial; les Provinces enfin ou leurs délégués pouvaient bien élire un Général, par le moyen duquel ils se rattachaient au Pontife universel : la pyramide, par sa base, reposait sur le sol, équilibrée, facile à atteindre pour toute enquête locale et maniable à toute expérience. Mais chez les Jésuites, il en va tout autrement. Au sommet, un Général, mystérieux lieutenant du Pape — en théorie, — conçoit les desseins temporels et spirituels les plus secrets; et de ce Général, l'autorité, découlant de degré en degré, au lieu de monter des mille groupements locaux vers le centre de l'unité, descend toute de là-haut jusqu'aux moindres bourgades, sans contrepoids, semi-occulte, étrangère aux préoccupations et aux plus justes susceptibilités nationales. Qui oserait faire à nos magistrats un grief de leurs répugnances en face de cette conception trouble et paradoxale de l'organisation monastique? (1).

(1) C'est à ce point de vue qu'il faut relire et souvent

Sous Benoît XIV, en particulier, il est d'autant plus explicable que l'accord n'ait pu s'établir sur les fumeuses apologies de Bellarmin, que celui-ci compliquait encore ses plaidoyers *pro domo* d'une des plus excessives expositions qui soient de l' « obéissance aveugle » (1), la grande vertu

admirer l'immense production antijésuitique de l'Ancien Régime. La présentation en a vieilli. Mais, pour le fond, pour qui veut bien comprendre et traduire dans la langue de ses préoccupations présentes, quel sérieux, quel sentiment vrai des antinomies fondamentales, quelle culture catholique, quelle raison ! Mir est injuste à l'égard de ces aînés. Lui-même vieillira, apparaîtra caduc sur certains points. Nous aussi. Mais ce que nous n'aurons pas su exprimer à la mode de demain, ce à quoi nous n'aurons pas réussi à donner sa forme définitive, c'est peut-être ce que nous aurons le plus vivement ressenti et pressenti, sans trouver l'articulation décisive. Car ces luttes séculaires, providentiellement suspendues, ont leur sens : un jour, tout s'éclairera, tout paraîtra simple et péremptoire. L'œuvre des sincères amis de la vérité est, en attendant, de serrer du plus près possible ce qu'il leur est possible d'en connaître ou d'en exprimer. Quant à nous, nous avons longtemps cru, puis souhaité, que la Compagnie eût raison, avant de nous rendre à deux ou trois évidences, qui ont commandé ensuite à tout le reste; et nous pouvons relire aujourd'hui, avec un véritable sentiment de gratitude, les merveilleux chapitres de quelques livres anciens. Nous disons autrement les mêmes choses, sans être sûr de les exprimer mieux. *E pur' si muove* : c'est là qu'est le point central, quoique mouvant, de la mêlée.

(1) Cf. Mir, t. I, liv. 2, ch. VI, p. 285. — *La lettre de Saint Ignace sur l'obéissance, commentée par Bellarmin*, par le P. Couderc, Limoges, 1898. — *Auctarium bellarminianum*, de Le Bachelet, Paris, Beauchesne, 1893, p. 377 : *Tractatus de obedientia quæ cæca nominatur.* — Bellarmin s'efforce dans cet opuscule de justifier l'obéissance aveugle sans faire grand effort d'ailleurs pour en éclaircir d'abord la notion, en s'appuyant sur les textes et les exemples traditionnels en faveur de la parfaite obéissance religieuse; mais l'interprétation qu'il en donne est

de la Compagnie. Don Miguel Mir nous semble d'ailleurs avoir épuisé le sujet, et il est inutile d'y revenir ici : qu'il nous suffise de noter que la théorie de cette sorte de servitude et de décervellement volontaire sous la main absolue du maître continue de nous « désimmaculer » légèrement notre Docteur.

*
* *

Et les apologistes à tout prix nous objecteront sans doute que son excuse, son mérite peut-être devant Dieu, reste d'avoir été plus jésuite que docteur. Mais alors qu'on nous le donne précisément, non comme docteur, mais comme le jé-

manifestement abusive, dès l'instant qu'il entreprend de l'étendre, au delà de la raisonnable et prudente soumission chrétienne de l'esprit et du cœur, à ce que cette docilité a vraiment d'*aveugle* et partant d'irrationnel et d'immoral dans la Compagnie de Jésus. Aussi le Pape Sixte-Quint, auquel cet ouvrage fut présenté pour répondre aux attaques d'un P. Julien Vincent, jésuite « apostat », qui avait dénoncé à l'Inquisition la *Lettre de Saint Ignace* et l'obéissance aveugle pratiquée par ses confrères; Sixte-Quint, dit-on, n'agréa point la défense, et la brochure de Bellarmin contribua à l'indisposer vivement contre le Cardinal. Lui, Pape, se serait contenté, de la part de ces religieux, liés par un vœu spécial d'obéissance au Saint-Siège, d'une docilité moins « aveugle », mais plus sincère, sans ces excès de fanatisme plus musulman que chrétien à l'égard seulement de l'autorité absolue de leur Général. Mais les Jésuites tiennent à obéir plus qu'on ne le leur demande, du moins en paroles, pour n'obéir en fait qu'à leurs propres chefs, c'est-à-dire à eux-mêmes. On sait d'ailleurs quelle opiniâtreté de sentiments, quelles violentes résistances, quelles critiques acerbes Bellarmin a opposées toute sa vie aux Papes vivants et morts, sous couleur de liberté apostolique de conseil et d'avis.

suite idéal. Car il tenait moins sans doute à l'indépendance de son propre jugement qu'au « sentiment de la Compagnie ». Jusque dans ses livres et dans son enseignement public, il a voulu se montrer plus docile que sincère. Toute sa vie, il aura, — c'est l'hypothèse la plus favorable, — sacrifié la vérité à ce qu'il a cru la perfection de sa règle : et tel est peut-être le « secret » où le P. Dudon, jésuite aussi, devine, par expérience, que l'âme de Bellarmin a pu s'exalter jusqu'à l'héroïsme. Si bien qu'on nous souhaite à présent un Docteur d'un nouveau genre, le Docteur *perinde ac cadaver*, qui n'a rien su, rien cru, rien professé de son fonds, mais par ordre, — un simple reflet de la grande Doctoresse, qu'est la Société magistrale, maîtresse de l'esprit comme du cœur de ses enfants. C'est une apothéose de cette Compagnie monocéphale qu'on cherche sous le nom d'un de ses « membres », soumis comme tous les autres à l'unique tête qui les doit régir.

Toute sa vie, Bellarmin avait professé, par exemple, les doctrines augustiniennes sur la grâce et la prédestination; Molina paraît : le Cardinal voit le danger et le vice de la fameuse *Concordia* et proteste auprès des Supérieurs. Mais sur le mot d'ordre du Gesù, tout à coup il se dérobe, il tourne; il se fait auprès du Pape le défenseur de ces nouveautés, jusqu'à l'importunité, à l'impertinence, à la menace. Aux fameuses congrégations *de Auxiliis*, il jette sa pourpre dans la balance en faveur d'un confrère, dont il continue pourtant à réprouver intérieurement les thèses, comme en témoigne sa *Vie*. Il n'est pas docteur pour éclairer sa Société, mais pour défendre, même à contre-cœur, les incartades doctrinales de la

Compagnie. Il laisse ses plus entreprenants confrères larder de corrections apocryphes les nouvelles éditions de ses Controverses. Il se dément lui-même dans un *Opusculum dilucidum* qu'on s'est empressé d'ailleurs d'égarer, malgré le prix qu'il y attachait, alors qu'on a conservé comme des reliques tant d'insignifiantes rognures. Et le P. Pietrasanta, bourreau de Saint Joseph Calasanz et traducteur latin d'une *Vie* italienne de Bellarmin, peut admirer ces beaux exemples de soumission aveugle de l'esprit aux ordres des supérieurs. Peu importe même, à ces hagiographes, que Bellarmin ait ainsi oublié ses serments de cardinal; il ne les avait prêtés qu'à l'Eglise; son grand mérite à leurs yeux est d'avoir gardé les vœux qu'il avait faits à la Compagnie! (1).

Autre exemple non moins typique! Quand les premiers rapports sur la querelle des rites chinois et malabares parviennent à la Cour de Rome, le théologien qui était en Bellarmin ne peut s'empêcher de frémir; mais il apprend que son neveu,

(1) Il faut lire à ce propos l'Introduction à l'*Auctarium bellarminianum* du P. Le Bachelet. Supérieure encore à ses études sur la Bible sixto-clémentine ou sur *Bellarmin avant son Cardinalat*, c'est un véritable monument d'examen et d'édition critiques, selon les plus strictes règles de la science historique contemporaine. Il ne nous coûte rien de rendre hommage à une conscience et à un labeur, qui écrasent justement de leur supériorité tous les Bruckers de la Compagnie.

Que ressort-il pourtant de ces doctes travaux ? La même chose que de toute sérieuse enquête :

1° Bellarmin n'a peut-être pas autant varié sur les questions controversées de la grâce que le donnent à croire ceux qui s'opposent à sa béatification. Toutefois, il a varié; l'*Autobiographie* en fait foi. En défendant outre mesure la constance de sa pensée doctrinale, ses panégyristes risquent donc de diffamer la sincérité de ses

Robert de Nobili, S. J., a poussé aux Indes le système jusqu'aux extrêmes et que la Compagnie s'est engagée toute entière à corps perdu dans le débat : il cède, il varie, il change du noir au blanc d'avis sur la question (1). Car, pour lui,

confidences. Ainsi sacrifient-ils leur personnage aux intérêts de leur opinion.

2° Cette évolution s'est faite dans le sens des nouvelles tendances molinistes de la Compagnie, que Bellarmin ait ouvert ou non les voies aux Jésuites de ce côté-là. Or, on veut à tout prix le justifier aujourd'hui d'avoir agi ainsi par ordre ou par complaisance, ou par esprit de corps. Mais il est curieux de remarquer que justement Benoît XIV et les premiers biographes, comme on l'a vu, lui faisaient un mérite de cette humble soumission de l'esprit aux directions de sa Cour généralice : « D'abord, disait Lambertini, malgré les discussions qu'elles soulèvent dans l'Ecole, les deux opinions sont catholiques, et l'on peut impunément défendre l'une et l'autre. Ensuite, le vénérable serviteur de Dieu étant entré dans la Compagnie de Jésus, on ne peut, semble-t-il, lui reprocher d'en avoir soutenu la doctrine avec zèle. » (LE BACHELET, *Auct.*, p. 11). — Si bien que Bellarmin, sur ce point comme sur les autres, sera peut-être canonisé grâce à des arguments exactement contraires à ceux qu'on fit d'abord valoir pour sa cause.

3° Thomisme, molinisme, congruisme : ce n'est pas de quoi il s'agit précisément, quant à la béatification de Bellarmin. C'est de la netteté, de la modestie ou du courage de ses attitudes.

(1) Le P. COUDERC raconte à sa manière cette aventure et fait honneur de cette palinodie de Bellarmin uniquement à la réponse « calme et modeste » du neveu. Qu'il nous suffise de citer son mot de la fin : « Nous n'avons pas à entrer dans la question des rites approuvés alors par Grégoire XV, et plus tard prohibés, permis et prohibés de nouveau. » Voilà tout l'art de la Compagnie ! A l'aide de faux rapports appuyés d'une savante casuistique, elle extorque une certaine tolérance; mais une longue enquête finit-elle par faire éclater ses torts, elle joue de ces variations pour discréditer la sentence définitive. Si les

toute lumière, en ce monde, ne vient pas du Verbe incréé, mais de sa Maison généralice. Il n'a, pour le vrai, que tout juste le respect qui peut se concilier avec le bien des « Nôtres ».

Même un léger accroc à la vérité ne lui répugne guère. Nous le verrons conseiller officiellement au Pape une fâcheuse « restriction mentale » et la corser de son propre mouvement, dans sa Préface à la Bible de Sixte-Quint, sous prétexte d'excuser ce Pontife d'avoir altéré les Saints Livres. Il dicte à l'éditeur de ses Sermons un flagrant mensonge pour l'avis au lecteur. Dira-t-on qu'il ne s'agit que d'un tour littéraire, dont tout auteur dorlote plus ou moins son public? Je doute cependant qu'on trouve ailleurs l'équivalent d'aussi grosses et tranquilles gentillesses; et elles inquiètent assez au sujet de la sincérité de telle et telle affirmation de l'*Autobiographie*, manifestement inexactes. Bellarmin s'est-il vraiment trompé; ou bien cette série de fortes vanteries ne serait-elle aussi qu'un perpétuel attrape-nigauds? Cruelle incertitude !

On n'aimerait pas, malgré tout, que le « Docteur immaculé », à peine installé comme tel dans sa céleste chaire, commençât d'être universellement traité de faussaire ou de fumiste. Le P. Dudon parle quelque part de la « jovialité » de son humeur : il fait plutôt l'effet un peu partout d'un « poseur » assez solennel, très pénétré de toutes les grâces de sa personne, soignant ses

circonstances l'y portaient, nous la verrions soulever pour la troisième fois cette querelle aussi bien que le procès du Vénérable; quelque jour peut-être essaiera-t-elle, après Robert Bellarmin, de faire canoniser Robert de Nobili et de réhabiliter par ce détour le brahme jésuite, aussi bien que le congruiste avant la lettre.

effets, aussi « distingué » qu'ennuyeux; mais encore préférerions-nous pour lui cette médiocre complexion à l'espèce de « gaîté » que ces mystifications nous font entrevoir.

VI. — Le réformateur de l'Eglise.

D'autant que Bellarmin, si peu scrupuleux dès qu'il s'agit de lui-même ou d'un avantage pour la Compagnie, s'érige volontiers, vis-à-vis d'autrui, et surtout des plus hautes autorités ecclésiastiques, en redresseur de torts et en réformateur catholique. Nous reproduisons pour finir la mercuriale qu'il se donna de lui-même mission d'adresser au Pape. Passionei en dit un mot au passage dans son *Votum*, mais Mir donne *in extenso* dans son second volume cette pièce curieuse, que nous lui avons empruntée, en la complétant d'après un texte meilleur (1).

Non pas que ce document offre en soi rien de « sensationnel ». Les réformes qu'il propose sont celles, en général, que la Papauté a toujours souhaité d'accomplir, sans pouvoir les réaliser tout à fait. Il était facile à cette époque de les ressasser sans responsabilité et sans mandat; ceux qui les préconisaient le plus ardemment dans l'opposition, avant d'arriver au pouvoir, se sont heurtés, après leur élévation, aux mêmes difficultés que leurs prédécesseurs et n'ont même pas tenté d'en venir à bout. La Compagnie de Jésus, en particulier, s'en est fait contre le Souverain

(1) Celui de l'*Auctarium* du P. Le Bachelet. Cf. *infrà* un mot d'introduction particulière à cette pièce capitale.

Pontificat un motif éternel de diffamation; elle a de tout temps exagéré ces griefs et ces plaintes, afin d'exalter d'autant l'appoint qu'elle aurait apporté au XVIe siècle à une Eglise en ruines. A en croire leurs historiens, sans les Jésuites, il ne serait plus rien resté du catholicisme. Les Papes de la Renaissance et de la Contre-Réforme, violemment déchirés par les pamphlets protestants, apparaissent doucereusement calomniés autant que mal défendus par ces prétendus apologistes. Aussi la postérité a-t-elle beaucoup méconnu ces grandes figures; et il a fallu les doctes recherches de Pastor pour réhabiliter de nos jours leur mémoire.

Face aux paragraphes impertinents de Bellarmin qui lui fait de si haut la leçon, il faut lire en particulier la réponse si calme, si modeste et en même temps si digne de Clément VIII. Le contraste fait apparaître davantage ce que l'air, le ton du Vénérable, en tout ce qu'il écrit, a d'« avantageux », — on voudrait oser dire de bellâtre. Et c'est ici encore qu'un examen direct des textes, une confrontation sincère des originaux servira à se former une exacte idée de la Cause du Serviteur de Dieu, mieux que les *disjuncta membra* de ce « poète » habilement enchassés, présentés, sous un jour artificieux, tour à tour par des promoteurs de la foi complaisants et par des avocats résolus surtout à ne contredire personne, selon les règles les plus exquises, non seulement de la charité et de la courtoisie, mais d'une commune carrière où doivent se cueillir du même pas les honneurs, l'avancement, les petits et les gros profits.

Sans un recours énergique aux sources, il n'est pas d'ailleurs de procès séculaire susceptible d'être débrouillé autrement qu'au profit de cristallisations légendaires ou d'incroyables oublis, sous la poussée de forces nouvelles et des seules passions survivantes.

Un mot du Souverain Pontife frappera par sa mélancolie. C'est le passage où il souhaite d'être déchargé de son effrayant fardeau et de passer à un plus digne le baton pastoral. Réponse, si j'ose dire, de prince régnant au prétendant au trône : car le caractère du factum jésuitique n'a pu échapper à la perspicacité du Pontife. C'est un programme, un acte de candidature, le geste impatient de l'héritier présomptif.

De pareilles incartades ont nui d'ailleurs à la fortune de Bellarmin et retardé *sine die* son avènement à la Chaire pontificale (1), comme plus tard sa canonisation, qu'il paraît avoir de son vivant rêvée et poursuivie avec la même ardeur, ayant visé à tout sur la terre et jusque dans les cieux. Mais là du moins la Providence est catégoriquement intervenue. Un Pape jésuite!

(1) Cf. Mourret. *L'Ancien Régime*, t. VI, pp. 21-22.

Au Conclave de 1605, d'où sortit l'éphémère Léon XI, Baronius faillit emporter d'abord la majorité des suffrages. L'attitude de Bellarmin dans la controverse *de Auxiliis* et en particulier sa lettre déjà fameuse à Clément VIII lui avait aliéné par contre le Sacré-Collège : il n'obtint guère qu'une dizaine de voix vite dispersées : ce qui ne l'empêcha pas de multiplier alors et durant presque toute sa vie, ces protestations de désintéressement qui sonnent si faux, parce qu'il les prodigue à contre-temps : « S'il suffisait, disait-il, de lever de terre un fétu pour être Pape, je ne me baisserais pas pour le prendre. » (Le Bachelet, dans *Vacant*, t. II. col. 568).

Au Conclave suivant qui élut Paul V Bellarmin refusa de profiter du désistement de Baronius en sa faveur, se rendant compte que « sa qualité de jésuite, au milieu des vives controverses qui divisaient alors les esprits, eût

c'est ce que le Christ ne saurait permettre, car c'est un homme qu'il a voulu constituer son Vicaire sur la terre, et non pas une petite Eglise qui, par son substitut, devînt maîtresse de la grande.

Par une dernière contradiction, ce réformateur, si prompt à demander au Pape de s'amender et

sans doute rendu son action difficile. » Le Conclave d'ailleurs n'insista point.

Mais en 1614, jugeant les circonstances plus favorables, Bellarmin parut regretter d'avoir laissé passer l'occasion. C'est alors qu'il émit l'étrange vœu que Mourret, selon sa fâcheuse habitude, résume en une phrase entre guillemets, comme si elle était textuelle et complète. En voici la teneur *in extenso* d'après Benoît XIV (lib. III, c. 34, n° 29. — Extrait de Bartoli, livre 3, ch. VII; vœu du 26 septembre 1614) :

« Voveo Deo omnipotenti in conspectu Beatæ Virginis Mariæ et totius cælestis Curiæ, quod, si forte (quod non cupio, et precor Deum ut non accedat) ad Pontificatum assumptus fuero, neminem ex consanguineis vel affinibus meis exaltabo ad Cardinalatum, vel temporalem Principatum, vel Ducatum, vel Comitatum, vel alium quemcumque titulum, neque eos ditabo, sed solum eos adjuvabo, ut in statu suo civili commode vivere possint. Amen, amen. Hoc votum feci, non quod damnem eos Pontifices, qui consanguineos vel affines idoneos et dignos ad Cardinalatum evexerunt, sed quia existimavi hæc tempora ita requirere ad majorem Dei gloriam et Ecclesiæ faciliorem reformationem, et sanctæ fidei propagationem. »

Seulement, Bellarmin, qui se vante dans son *Autobiographie* d'avoir toujours prévu et prédit, comme en se jouant, tout ce qui lui arriverait à son entrée dans chacune de ses charges, s'est ici lourdement trompé dans ses calculs. Paul V s'obstina à vivre malgré les prophéties du Vénérable et des astrologues. Il n'y eut plus de Conclave avant 1721, l'année même de la mort de Bellarmin. Celui-ci dut décliner encore une fois l'offre de la tiare, que peut-être on ne lui tendait pas aussi sérieusement que ses historiens jésuites se plaisent à dire. Et il en fut pour son vœu, d'ailleurs estimable, sans être héroïque.

de corriger les abus de sa Curie, a fort peu fait pour échapper, comme Cardinal, aux habitudes contemporaines de luxe et d'apparat. Ses bonnes résolutions et son règlement de vie ne témoignent guère que d'une modération commune et sans éclat particulier pour un Prince de l'Eglise, qui se piquait d'être resté religieux jusqu'à sa mort; et un Ganganelli, resté en suspicion aux yeux de la postérité sous les anathèmes de la Compagnie, a su demeurer, sous le nom de Clément XIV, un « frate » tout aussi modeste et mortifié que ce Jésuite sous la pourpre (1).

Et nous ne le disons pas pour rabaisser son mérite. Nous n'avons même aucune raison de

(1) Le document que cite à cet égard Miguel MIR, d'après la biographie du P. Ramirez, est intéressant. Il s'agit d'un papier remis par le cardinal à son confesseur et à cet égard, sa correspondance avec le P. Carminata (COUDERC, t. I, liv. III, ch. II) est plus suggestive encore. Nous donnons quand même ici l'extrait de Mir, plus court, à titre d'indication :

« Premièrement : quant à la nourriture, au vêtement, à l'oraison, à la messe, etc..., je n'ai rien ajouté ni changé, ou presque.

« Secondement : quant à la famille (c'est-à-dire à la domesticité), elle compte jusqu'à trente-cinq personnes. Il suffirait de huit ou dix personnes, mais on doute si ce serait décent pour la dignité de Cardinal. Parmi eux, dix sont pour l'apparat, quinze pour les fonctions ordinaires; les autres sont les serviteurs des gentilshommes.

« Troisièmement : j'ai trois carrosses, car souvent un cheval est malade, et il est malaisé de trouver son pareil. Or, l'on ne peut entretenir moins de deux carrosses, quand il faut prendre part aux cérémonies publiques.

« Quatrièmement : les meubles de la maison sont tous pauvres et ordinaires; en métal, je n'ai qu'une paire de chandeliers, une fontaine et une aiguière, quelques cuillers et quelques fourchettes; les assiettes et le reste, en terre; tous les fauteuils, en cuir. En été, j'ai trois pièces tendues

contester les vertus intérieures que célèbre en lui le P. Dudon. *Omnis gloria ejus ab intus!* Il faut bien, en effet, qu'il en ait été ainsi, puisqu'il y paraît si peu au dehors. Mais c'est un raisonnement *a posteriori*, qu'il sera toujours temps de faire après coup pour nous expliquer une glorification sans précédent. Directement, en saine critique, ni le P. Dudon ni nous, n'avons les moyens de pénétrer dans l'intimité d'une âme, pour y célébrer des perfections qui n'auraient eu que le ciel pour témoin.

C'est à Dieu, dans ces conditions, de faire éclater la gloire de son serviteur et sa volonté de le voir honoré sur les autels. Encore y faudra-t-il des miracles d'autant plus éclatants, que les vertus ont été plus discrètes. Benoît XIV a donné l'exemple d'une juste sévérité dans le choix de ces preuves du domaine surnaturel (1). Si elles abondent, si elles peuvent surtout ne paraître pas tout devoir, comme malheureusement l'ensemble

de mousseline, et en hiver deux pièces garnies de tapis défraîchis et de peu de valeur.

« Cinquièmement : les revenus sont absorbés presque tous par les frais de bouche, le paiement des salaires, la livrée des palefreniers et le loyer de la maison. Du superflu, quelque chose va aux parents, pour qu'ils soient moins pauvres; le reste est distribué aux pauvres et aux églises, jusqu'au dernier sou. »

Le P. Ramirez s'extasie devant ce morceau d'édification. Certes, ces bons propos n'ont rien de scandaleux. Mais le cardinal Casanata avait raison : on n'y découvre non plus aucune « héroïcité ».

(1) Malheureusement, même sur ce point, la cause de Bellarmin n'avance qu'à coups d'arguments exceptionnels. Voir *Traité de la Canonisation*, etc... lib. IV, p. 1, c. 8. n° 25.

« Pignatelli, exposant les conditions requises pour les miracles, poursuit : 6° *Il faut que la guérison soit par-*

de cette Cause étrange, à l'acharnement, aux adresses et à tous les autres moyens de l'esprit de corps, la chrétienté acceptera de voir Bellarmin rappeler au catalogue des Saints une mémoire à

faite et absolue, non incomplète ou temporaire, si bien que le changement d'une maladie en une autre, même plus légère, ne peut pas être considéré du tout comme miraculeux. » Zacchias ajoute pourtant que cette métastase (ou changement de lieu ou de nature) d'une maladie en une autre ne contredit pas du tout un miracle, si elle se produit à la suite d'une invocation à quelque Serviteur de Dieu ou Bienheureux, auquel on aurait demandé que le mal dont on est affligé s'en allât ou fût remplacé par un autre. Ce qui, à mon avis, doit s'entendre du cas où la maladie ne saurait avoir été guérie d'une façon naturelle. Il cite en exemple la servante de Dieu Arsilia Altissima, dont nous avons bien souvent parlé au chapitre précédent. Cette pieuse femme était tourmentée par une douleur hémorroïdale très vive. Ce mal était chez elle énorme et ulcéreux, et aucun remède n'y pouvait rien. Zacchias qui la soignait, lui conseilla de se faire visiter le lendemain par les chirurgiens; mais elle, durant la nuit, qui était celle qui précédait l'anniversaire de la mort du Vénérable Serviteur de Dieu, le cardinal Bellarmin, lui demanda avec instance que cette douleur fût transférée dans une autre partie de son corps, afin d'être délivrée de l'honnête répulsion qu'éprouvait sa pudeur (à découvrir le siège de son mal); et cette nuit même, des douleurs articulaires fondirent sur elle, mais elle fut débarrassée de ses hémorroïdes, douleur, tumeur et ulcères tout ensemble. Zacchias voit donc un miracle dans cette guérison subite. Sébastien Badus mentionnant le fait dans son ouvrage, *Decora Roberti Bellarmini*, ajoute que la guérison des ulcères fut instantanée, encore que cette cicatrisation et la récupération de tissus nécessaire eussent été impossibles naturellement, en si peu de temps. Aussi l'un et l'autre opinent-ils que rien ne s'oppose, en ces conditions, à la prise en considération du miracle, car cette métastase s'est faite sur la demande expresse de cette pieuse femme : « *O sancte Cardinalis, tu, qui tam pie affectus fuisti erga vulnera sancti Francisci, et qui hac die cælum petivisti, quæso, ut hinc*

peu près oubliée, pour la satisfaction, sans plus, d'un Ordre religieux auquel la charité catholique permet, hélas! bien d'autres dépenses somptuaires.

Les maladroites instances de sa Compagnie ne s'en trouveront pas pour autant justifiées.

Et la victoire elle-même — si elle devait paraître d'abord celle des Jésuites, — n'aboutirait qu'à imposer au monde catholique, aux dépens de l'Eglise, un Saint contre lequel subsisteraient des préventions injustifiées, sans doute, et pourtant éternelles.

facessant mea vulnera, impetra mihi a Deo, in alias partes, nam rem mihi gratissimam facies », comme on lit dans la vie de Fuligatti et plus longuement encore dans celle de Bartoli, lib. 4, fol. 521. »

Maigre caution d'ailleurs, puisque le même Benoît XIV écrivait encore le 20 juin 1753 au cardinal de Tencin :

« A cela on peut ajouter que jusqu'à présent il n'a été question que des vertus héroïques; après quoi, il faudra des miracles, *et l'on ne sait pas encore s'il y en a*, avant que d'en venir à la permission du culte, à la béatification, après laquelle il faut de nouveaux miracles, avant que de procéder au commandement du culte, c'est-à-dire à la canonisation. »

A moins, comme nous l'avons dit, qu'il ne faille interpréter justement toutes ses fameuses lettres *cum grano salis*. Mais alors, c'est aux panégyristes de choisir entre l'une ou l'autre exégèse, sans chercher sournoisement à profiter des deux tour à tour. Cf. COUDERC, t. II, p. 380. Ajoutons que cette pieuse Arsilia avait beaucoup servi à Bellarmin lui-même pour la cause de Saint Louis de Gonzague.

I

L'Autobiographie du Cardinal Bellarmin

L'Autobiographie *a été écrite, par Bellarmin, à la demande d'un ami : « un Jésuite nommé Jean L'Heureux, dit l'*Anti-Coton, *p.* 21, *mais qui déguise son nom, en forme hiéroglyphique, s'appelant Andréas Eudémon-Joannes Cydonius ». Le P. Couderc le fait descendre de la famille impériale des Paléologues; mais l'une et l'autre identifications restent incertaines, aussi bien que l'exacte* orthographe *de son nom. On le trouve appelé encore, dans les écrits du temps, le P. André ou le P. Eudémon-Jean.*

*C'est le P. Vitelleschi, alors assistant d'Aquaviva, qui obtint du Cardinal qu'il écrivît l'*Appendice *à l'*Autobiographie.

*Le texte latin dont nous nous sommes servi pour notre version, est emprunté à l'édition de l'*Autobiographie *de Dœllinger et Reuss: l'authenticité n'en a jamais été contestée.*

Pour la commodité des recherches, nous en avons numéroté les divers paragraphes. Malheureusement la distribution en alinéas du texte de Dœllinger ne concordait ni avec les chiffres adoptés par le P. Couderc ni avec les références de Passionei : nous nous sommes donc arrêtés sur ce point, au choix arbitraire, mais plus commode, de l'historien jésuite, en ramenant à cette notation tous nos renvois à l'original.

Quant aux gloses et éclaircissements, qu'il nous eût été facile de multiplier au bas des pages, nous les avons épargnés au lecteur. A peine nous sommes-nous permis d'introduire ici et là, entre parenthèses, un complément de date, de nom propre ou d'explication, lorsque nous l'avons pu faire sans rompre la trame du récit. En note, nous avons seulement signalé trois ou quatre tours d'adresse, entre cent, de la version ou des commentaires du P. Couderc qui s'efforce de dissimuler la fatuité de son héros.

Passionei lui-même admire beaucoup le style soigné de ce petit ouvrage. Il le compare à celui de Tite-Live. On nous permettra de trouver le parallèle un peu forcé, quoique l'accusation s'en soit servie pour montrer l'importance que, malgré toutes les dénégations, l'auteur attachait à son œuvre.

*Nous avons serré d'ailleurs du plus près possible le sens littéral, plutôt que visé à rendre l'élégance du modèle. Mais précisément ce souci d'exactitude nous a induit à nous écarter du texte, sur un point d'importance. L'*Autobiographie *est écrite toute entière à la troisième personne, et Bellarmin s'y désigne seulement sous l'initiale N°°°. Modestie de langage que ne manquent pas de relever ses panégyristes; ils y* *découvrent la preuve, par excellence, de l'humilité et des scrupules d'un saint, jusque dans sa condescendance pour ses amis.*

Or, le lecteur pensera ce qu'il voudra de la différence qu'il peut y avoir à se complaire, en il *ou en* je, *au récit de ses aventures. Il est certain que le* moi *est haïssable; mais ce n'est pas grammaticalement ou littérairement d'abord.*

Aussi n'avons-nous pas hésité à remettre ce récit à la première personne.

On sait, d'ailleurs, combien le latin se prête mieux que notre langue au tour choisi par Bellarmin. Pour rendre certaines scènes ou certains dialogues à deux ou trois personnages, que la syntaxe ancienne permet de distinguer nettement, nous eussions été obligés de recourir à des remaniements de phrases ou à des tours hasardeux. Il était plus commode et plus sûr de vaincre la difficulté en l'esquivant. La différence des formes personnelles du verbe distingue plus clairement, en français, le narrateur de ses partenaires que toutes les adresses de style, en marge du mot à mot.

*Nous pourrions en donner plus d'un exemple. Il nous faut seulement un témoin que personne ne soit tenté de récuser. Nous avons cherché dans Couderc. Mais cet habile homme a senti le piège, et tout en citant en note le latin de l'*Autobiographie *alinéa par alinéa, chaque fois qu'il peut y avoir amphibologie ou que la passe lui paraît dangereuse, au lieu de traduire, il paraphrase.*

Voici pourtant l'une de ses réussites (Tome I, p. 166).

Le légat Gaëtani se demande ce qu'il va faire de Bellarmin, tombé malade à Dijon, sur la route de Rome à Paris :

« Dieu lui (à Gaëtani) inspira la bonne pensée de ne pas le (Bellarmin) laisser dans ce lieu et de l' (Bellarmin) emmener comme on (?) pourrait. Il (Gaëtani) fit donc préparer sa (à Gaëtani) litière pour y placer le malade. Dès qu'il (Bellarmin) fut hors de la ville, etc., etc... »

Si peu que ce ton continue, le lecteur perd absolument pied, malgré le soin qu'a pris l'interprète de remplacer trois fois, rien que dans ce court passage, le monotone et trouble N°°°, N°°°, N°°° par il, *par* l' *et par* le malade.

Ailleurs, l'adroit P. Couderc a recours, comme échappatoire au vieux français, volontiers un peu traînant, mais plus ductile et plus apte à suivre les méandres de l'original. Il emprunte la version du P. Morin. Cum N... iret ad habendam concionem die quadam (aberat enim collegium ab ecclesia, etc...) adjunctus est ei vir quidam gravis, etc... *Le vieux jésuite traduit à la fois librement et joliment :*

« L'église de Saint-Michel était fort loin du collège, et cependant *le Père* y allait et en retournait à pied; auquel chemin il lui arriva un jour qu'allant prêcher, un gentilhomme fort grave l'accosta sans le connaître; car encore qu'il l'eût déjà vu en chaire, si est-ce toutefois qu'il lui avait semblé plus grand en icelle, qu'il ne lui semblait pour lors en la rue, etc., etc... » (T. I, p. 80.)

Malgré le savoureux relief des archaïsmes et l'indépendance des tournures, qui s'aggrave encore à mesure qu'on avance, on sent assez l'embarras. Le lecteur se fatigue bientôt.

Il lui arrive même de se tromper lourdement :

*et c'est ailleurs, mais à propos de l'*Autobiographie, *que nous lûmes nous-même un jour une phrase équivoque et l'entendîmes fort mal. On trouve dans* J. Huber, Les Jésuites, *tome II, p.* 221 :

« A la fin de son autobiographie, l'auteur (Bellarmin), jaloux des honneurs rendus à la mémoire de Loyola, déclare qu'il n'a rien dit de ses vertus, ne sachant pas s'il en possédait réellement; il s'est tu sur ses vices, car ils ne méritent point d'être mentionnés. »

La syntaxe est correcte. Il s'agit bien des propres vices et vertus de Bellarmin; la mention toutefois de sa jalousie contre Saint Ignace nous avait tellement préoccupé au passage, que nous voulûmes en avoir le cœur net et voir de nos propres yeux, dans la Vie, à qui vraiment se rapportait cette désinvolte mention de ses *qualités et de* ses *défauts : à Iñigo de Loyola ou à son émule? Saint Ignace, en fait, n'y a rien à voir et n'est pas même nommé à cet endroit.*

Plus d'une fois sans doute, nos lecteurs auraient été contraints de faire comme nous et de courir à l'original, si nous nous étions livrés aux mêmes errements; et, comme il serait trop long de donner ici, en regard de notre traduction, le texte latin, c'eût été bien des recherches à entreprendre, pour peu de chose.

Le je, *malgré son inconvénient, qui est de souligner le caractère prétentieux du récit, nous a donc paru préférable à ces multiples dommages : on nous excusera d'y avoir eu recours, en prenant nos précautions pour que du moins la note ne parût pas forcée.*

Il suffit grandement, pour charger la mémoire du Vénérable, des éternelles N°°°, N°°°, N°°° de son manuscrit, plus souvent répétées que celles de Napoléon sur les monuments de l'épopée impériale. Encore l'homme de Sainte-Hélène, dans ses Mémoires, voit-il large et grand; sans cesser de se considérer au centre du monde, son vaste orgueil plane sur les hauteurs au-dessus des mesquines vanités; il est encore l'aigle qui sut ravir la foudre. Le Jésuite, jusque sous la pourpre et les cheveux blancs, a gardé la rapetissante empreinte des horizons de collège : il conserve une puérilité déconcertante jusque sur les sommets.

Un peu plus tard, quand les catholiques s'imaginèrent que la Réforme tremblait devant les Controverses, *on prêta aux protestants la fantaisie d'avoir reconnu par anagramme sous le nom de leur heureux adversaire toute une armée.* Robert *signifiait la force,* robur; Bellarmin *donnait à la fois* Bellum, arma, minæ, *la guerre, des armes, les revers menaçants.* L'Autobiographie *a bien dû rassurer ces timides « frères séparés » : ils auront vu qu'il y avait peu à craindre de ce bon vieillard, si content de sa jolie carrière, et si peu épouvanté, après tout, des jugements de Dieu.*

Véritable enfant prodige jusque dans cette seconde enfance !

Vie de Robert Bellarmin

Cardinal de la Sainte Eglise romaine,

écrite par lui-même à l'âge de 71 ans.

1. — Je suis né le 4 octobre 1542. Mes parents étaient pieux (1), ma mère surtout. Elle s'appelait Cinthia, et elle était sœur du Pape Marcel II. C'est par le P. Paschase Broët, l'un des dix fondateurs, qu'elle connut la Compagnie. Il était de passage à Montepulciano, se rendant aux eaux (de Chianciano) pour raison de santé : ma mère l'y fréquenta et l'apprécia souverainement. De là son constant amour pour les jésuites et son ardent désir de voir tous ses fils, au nombre de cinq, entrer dans la Société.

Elle s'adonnait à la charité, à la prière et à la contemplation, aux jeûnes et aux macérations; mais elle finit par contracter de l'hydropisie et mourut pieusement et saintement l'an du Seigneur 1575, à l'âge de 49 ans environ. Elle avait formé ses fils à la piété et voulu que les trois premiers, dont j'étais le plus jeune, fussent élevés

(1) Traduction COUDERC : « Les parents *de cet inconnu,*— de N°°°, c'est ainsi qu'il se désigne lui-même, — étaient *très* pieux. » Cette paraphrase a la prétention de traduire le laconique : « *Parentes habuit pios* ». Et *cet inconnu* est une trouvaille, pour désigner d'abord le célèbre jésuite, Cardinal de la Sainte Eglise romaine, qui a soin de munir de notes autobiographiques, dûment circonstanciées, l'ami qu'il prévoit d'ores et déjà chargé d'écrire sa notice nécrologique : *cet inconnu*, qui veut qu'on le sache apparenté à l'illustre famille des Cervin, neveu du Pape Marcel II, ancien recteur du Collège romain, archevêque de Capoue, auteur des célèbres *Controverses*, etc..

ensemble, sans se commettre avec les autres enfants, et qu'ils allassent tous les jours à l'église, proche de la maison paternelle, pour y prier devant le Très Saint Sacrement. Elle les accoutuma de bonne heure à se confesser, à entendre la messe, à être fidèles à la prière et aux autres dévotions.

2. — Tout jeune encore, vers l'âge de 5 ou 6 ans, je crois, j'avais déjà l'habitude de prêcher; monté en guise de chaire sur un escabeau renversé, revêtu d'une sorte de surplis, je sermonnais sur la passion de Notre Seigneur.

3. — J'avais un esprit, non pénétrant et élevé, mais apte à tout, susceptible d'entreprendre également n'importe quelle étude.

4. — Dès mon enfance, je commençai d'aimer la poésie, et je passais souvent une grande partie de la nuit à lire Virgile. Je me le rendis par là si familier qu'écrivant mes chants en hexamètres, je n'y employais pas un mot qui ne fût de cet auteur. Mon premier poème traita de la virginité : c'était un acrostiche dont les initiales de chaque vers formaient : *Virginitas*. Je composai à seize ans une élégie sur la mort du Cardinal (Robert) de Nobili, qui fut récitée en public. Je fis encore, en ce temps-là, nombre de vers latins et italiens, notamment plusieurs cahiers, demeurés inédits, sur les obstacles qui s'opposaient à mon entrée dans la Société : ouvrages que non seulement je n'ai pas publiés, mais que je brûlai, rougissant d'y avoir parlé de moi-même.

5. — Je suis aussi l'auteur de beaucoup d'autres poèmes, datés plus tard de Rome, de Florence, de Mondovi, de Paris et de Ferrare. On représentait en ce dernier lieu une tragi-comédie devant la reine d'Espagne, et celui qui devait

réciter l'assez long prologue de la pièce étant tombé malade, je composai moi-même sur le champ un prologue plus court, en vers ïambiques, qui pût être facilement appris par cœur. D'un si grand nombre d'œuvres, rien ne reste d'ailleurs. Seule a survécu une pièce en vers saphiques sur le Saint Esprit; elle commence par ces mots : *Spiritus celsi dominator astris;* et elle a été imprimée par je ne sais qui, sans nom d'auteur, dans les *Selecta Carmina virorum illustrium* (recueil alors célèbre de morceaux choisis).

Mon hymne à Sainte Marie-Madeleine (*Pater superni luminis*), insérée dans son office, fut composée à Frascati et préférée par Clément VIII à celle qu'écrivit sur le même sujet le cardinal (Silvio) Antoniano. Nous avions d'ailleurs écrit l'un et l'autre presque impromptu et plutôt par jeu qu'en vue de travailler pour le Bréviaire.

6. — Mais j'en reviens au temps qui précéda mon entrée dans la Société. Encore adolescent, vers quinze ans, à ce que je crois, je prononçai, le Jeudi Saint, à la Congrégation de la Sainte Vierge établie en cette ville, le discours ou l'exhortation, dont la coutume était de charger le président. Ce sont les Pères de la Compagnie qui m'en fournirent le sujet, mais c'est moi qui dus l'écrire, l'apprendre, la débiter, y mettre de moi-même l'action oratoire; et, à la suite de ce sermon, le Président me contraignit souvent de porter la parole dans ces réunions, sans me donner grand temps pour me préparer.

7. — J'appris facilement à la même époque à chanter et à jouer de plusieurs instruments de musique. Je sus aussi réparer sur le champ les rets endommagés à la chasse, de telle sorte qu'ils ne se rompaient plus jamais.

8. — A seize ans, j'étais sur le point d'aller à Padoue poursuivre mes études supérieures, le duc Côme de Florence, m'ayant accordé la permission de le faire en dehors de Pise, quand je résolus de quitter le monde et de m'agréger à la Compagnie. Voici comment cela se fit. Je réfléchissais sérieusement un jour au moyen d'arriver au vrai repos de l'esprit, et comme je passais longuement en revue les dignités où je pourrais parvenir, je commençai de songer à la brièveté des choses d'ici-bas, même les plus flatteuses, et, ayant conçu pour elles une véritable horreur, je décidai d'entrer dans un Ordre religieux où je ne courrais aucun danger d'être contraint à accepter ces honneurs. Or, je savais qu'aucun asile n'était plus sûr à cet égard que la Compagnie, et je conclus qu'il fallait y entrer à tout prix. Je confiai mon projet au P. Alphonse Scariglia, qui était alors mon précepteur. Je savais qu'il m'aimait beaucoup. Je lui demandai donc en secret, tel un ami à son fidèle ami, de me dire sans déguisement comment il se trouvait dans la Compagnie, s'il était content de sa vocation, s'il ne se cachait pas de ce côté-là quelque mal ou péril inconnu du public : je craignais en effet beaucoup, après mon entrée en religion, de m'en repentir. Ce bon Père m'assura qu'il se trouvait le mieux du monde dans la Société et très heureux d'y vivre. J'apprenais entre temps la nouvelle de la vocation de mon cousin, Richard Cervin, à la Compagnie : vocation qui se manifesta justement à cette époque.

9. — J'en fus très affermi dans ma résolution, et après un échange de lettres entre nous, nous demandâmes au R. P. Lainez, alors Vicaire Général, d'être admis dans sa Société. Mais le Père

voulut que rien ne se fît sans le consentement de nos parents. Ceux-ci demandèrent au Révérendissime P. Lainez, devenu Général, de nous garder encore un an auprès d'eux, afin d'éprouver notre vocation. Le Père Général y consentit, en déclarant que ces douze mois serviraient aux deux cousins d'année de noviciat.

10. — Nous demeurâmes donc, une partie de 1559 et une partie de 1560, tantôt chacun chez nous, tantôt réunis dans un village appelé Rivo (à l'ancienne abbaye du Vif, cédée à la famille Cervin par les Camaldules), sans aucune opposition de la part de nos parents. Nous employions notre temps à la fréquentation des Sacrements et à l'étude des humanités. Chaque jour, après le repas, se tenait une académie. Dom Alexandre (Cervin), père de Richard, nous expliquait quelques vers des *Géorgiques* de Virgile. Mon cousin nous traduisait du grec un passage de la *Poétique* d'Aristote. Son frère Erennius, qui mourut plus tard Protonotaire et Référendaire des deux Signatures, commentait le discours *Pour la couronne* de Démosthène. Je leur parlais sur le discours *Pro Milone* de Cicéron. J'enseignais en outre la doctrine chrétienne à l'église et j'exhortais les paysans à la piété, trop peu souvent d'ailleurs.

11. — A la fin de l'année, avec le congé de nos parents, nous vînmes à Rome et fûmes reçus dans la Compagnie, le jour de la vigile de Saint Mathieu (21 septembre) 1560. Après dix jours de première probation, pendant lesquels nous demeurâmes dans nos chambres comme des hôtes de passage, nous fûmes admis aux repas en commun. Nous servîmes sept jours à la cuisine, puis sept autres jours au réfectoire, et ayant ainsi

parachevé notre noviciat, nous fûmes envoyés au Collège. Nous y renouvelâmes à la fête de la Circoncision les vœux que nous avions déjà faits en particulier, et nous fûmes introduits parmi les autres scolastiques.

12. — Je restai trois ans au Collège Romain, à étudier la Logique et la Philosophie sous le P. Pierre Parra, et bien que malade durant toute cette période, — je fus tourmenté la première année de troubles léthargiques très graves, je souffris durant toute cette année et la suivante d'un mal de tête continuel, on me crut la troisième année atteint de phtisie et d'étisie —, je soutins pourtant les premières thèses mensuelles et, à la fin du cours, j'argumentai sur toute la Philosophie. Dix ou douze de mes condisciples devaient être nommés Maîtres; seul, j'expliquai en leur nom la question de l'âme et la défendis sans le secours d'aucun président de thèse, contre les arguments d'un ou plusieurs Maîtres, je ne me souviens plus au juste. Encore, la veille de la soutenance, m'avait-on envoyé à la campagne avec plusieurs de mes condisciples, pour me distraire de l'étude et de la préoccupation de l'examen, par égard pour la faiblesse de ma santé.

13. — En 1563, je fus envoyé à Florence, pour y enseigner les humanités. Là, grâce au changement d'air et aux soins d'un excellent médecin (1), je commençai d'aller mieux. J'instruisis, du mieux que je pus, les jeunes gens en classe, entremêlant à mon enseignement des leçons de philosophie, afin de m'acquérir de l'autorité.

(1) *Per curam medici valde boni.* — Le P. Couderc veut qu'il s'agisse ici d'un miracle, et que Notre Seigneur Jésus-Christ soit en personne le « médecin *vraiment bon* », auquel fait allusion Bellarmin. C'est plus flatteur.

L'été, j'enseignai même la cosmographie d'après un Traité des étoiles fixes; je prononçai à la Cathédrale deux discours latins; je composai pour les grandes fêtes des poésies que j'affichais aux portes de l'église.

14. — Après l'hiver, je commençai de prêcher les dimanches et fêtes après Vêpres, sur l'ordre du Supérieur, alors que je comptais vingt-deux ans à peine, sans barbe au menton, et que je n'avais pas encore reçu les Ordres, pas même la tonsure. Durant mon premier sermon, une femme pieuse demeura tout le temps à genoux, en prière; on lui en demanda la raison : elle répondit qu'en voyant en chaire cet adolescent imberbe, elle avait tremblé que le cœur ne me manquât, à la honte de la Compagnie. Mais je parlais alors avec plus de verve et d'audace que plus tard, une fois devenu vieux; car je me croyais sûr de ma mémoire (1). Je commençai aussi à la Maison, par obéissance, d'adresser aux Frères quelques exhortations.

15. — Durant ce séjour à Florence, j'allai en pèlerinage, à l'automne, avec le P. Marc jusqu'à Camaldoli, au mont Alverne et à Vallombreuse. En chemin, je prêchais dans les villages et sur les places; le P. Marc confessait. A l'ermitage des Camaldules, nous fûmes fort honnêtement reçus

(1) *Certus enim sibi esse videbatur de memoria.* — Le P. Couderc tourne cela : « Elle ne me connaissait pas, disait avec une *humble simplicité* le vénérable vieillard; elle ne savait pas de quelle solide mémoire le *Seigneur m'avait doué.* » C'est un exemple, entre dix autres, de la façon dont ces commentaires rectifient, sans paraître y toucher, le ton de leur héros, y remplacent l'accent de l'amour-propre par celui d'une onction qui leur fait outrageusement défaut. Si Saint Ignace multiplie dans ses écrits les incises pieuses, Bellarmin, au moins ici, semble les avoir volontairement et totalement négligées.

par le Major : c'est ainsi qu'ils appellent leur Général; il nous y retint trois jours. Le troisième jour, presque à l'improviste, il me demanda d'adresser une exhortation aux Pères de ce couvent. Je n'y consentis qu'à contre-cœur et par force; mais ces vénérables vieillards m'écoutèrent avec la plus grande attention et voulaient à la fin me baiser les mains malgré mon jeune âge; je ne le souffris pas.

16. — Je ne restai à Florence qu'un an et un mois; de là, on m'envoya à Mondovi (en Piémont). Un Frère m'accompagna jusqu'à la mer un peu au delà de Lucques. Je naviguai seul ensuite jusqu'à Gênes, puis à Savone, et de là je parvins par terre au terme de mon voyage (fin novembre 1564). J'avais couru le long du chemin de nombreux dangers pour l'âme et pour le corps. Dans une hôtellerie, une étrangère prétendit reconnaître en moi le mari de sa fille, enfui depuis longtemps; ailleurs, quelqu'un m'accusa de lui avoir dérobé sa bourse durant la nuit. Dieu vint en aide à mon innocence; mais je résolus fermement, si jamais j'étais chargé de la direction d'un Collège de la Compagnie, de ne jamais laisser les Pères ou les Frères voyager ainsi tout seuls, surtout les jeunes, même s'il devait en coûter beaucoup d'argent.

17. — Au Collège de Mondovi, je trouvai affiché le programme des cours de l'année. On m'avait désigné pour professer sur Démosthène en grec, sur Cicéron et quelques autres. Or, c'est à peine si je connaissais quelques mots de grec en dehors de l'alphabet. Je déclarai donc à mes auditeurs que je voulais reprendre d'abord les éléments et repasser avec eux la Grammaire, avant d'en venir à Démosthène. C'est ainsi que

j'appris moi-même au jour le jour, à force de travail, ce que je devais enseigner aux autres. Cependant je profitai si bien à cette étude que bientôt je pus expliquer Isocrate, puis les autres auteurs. L'été, j'expliquai le *Songe de Scipion*, abordant beaucoup d'autres questions philosophiques ou astronomiques ; et nombre d'auditeurs accouraient pour m'écouter, même d'entre les Docteurs de l'Université qui se trouvaient à Mondovi. Aux fêtes de la Pentecôte, contre mon gré et forcé pour ainsi dire par mes supérieurs, je prêchai un triduum à la cathédrale. Et quoique je ne l'eusse nullement mérité, mon Supérieur écrivit à nos Pères de Rome : « Jamais homme n'a parlé comme cet homme ». Je continuai par la suite de prêcher le dimanche, pendant les trois années que je restai à cet endroit, principalement à l'Avent et aux fêtes de Noël.

18. — Cependant, il m'était arrivé, qu'ayant lu les sermons de Cornelius (Musso), évêque de Bitonto, j'avais commencé à l'exemple de ce prédicateur par écrire mes sermons mot à mot et par les réciter littéralement, non sans un gros effort de mémoire. Or, un jour de Noël, ayant eu après les Vêpres à donner une prédication très laborieuse, qui m'avait coûté plusieurs jours de travail à apprendre par cœur, voici que les chanoines de la cathédrale me signifient d'avoir encore à prêcher le lendemain matin de très bonne heure. Je désespérais presque d'en venir à bout, car il ne me restait pas même une heure pour m'y préparer comme de coutume ; mais, grâce à Dieu, jamais je ne parlai avec tant de fruit, ni si librement, ni avec tant d'âme. Les chanoines me dirent en effet : « Une autre fois vous prêcherez vous-même, aujourd'hui c'est un

ange descendu du ciel qui a parlé pour vous ». A partir de ce jour-là, je résolus donc de laisser entièrement de côté les détails du style, en me contentant d'écrire en latin les points à traiter : et je m'y tins, sauf pour les discours en langue latine.

19. — Dans ce Collège de Mondovi, je remplissais à peu près tous les offices ; car je professais en classe, je lisais à table, je prêchais à l'église, j'adressais des exhortations aux Frères, j'accompagnais les Prêtres vaquant à leurs affaires, je remplaçais le portier durant ses repas, je servais le matin d'excitateur pour réveiller les dormeurs. Mais le P. (François) Adorno, Provincial, m'ayant entendu prêcher, déclara qu'il n'était pas bon que je différasse si longtemps mes études théologiques, et il m'ordonna de me rendre à Padoue, pour y suivre les cours réguliers de théologie et me consacrer ensuite tout entier à la prédication.

20. — Mais avant de quitter Mondovi, il m'arriva quelque chose de plaisant. J'accompagnais le P. Recteur dans une visite au couvent de Saint-Dominique. Le Prieur des Dominicains invita le Recteur à se rafraîchir, et, celui-ci ayant décliné l'offre, le Prieur, parlant de moi qu'il ne connaissait pas, lui dit : « Votre compagnon, le petit Frère, boira bien un coup ». Le lendemain, ce Prieur vint lui-même au Collège, et il me trouva à la porte faisant l'office de concierge. Il me pria de faire appeler le prédicateur. Je lui répondis que le prédicateur ne pouvait venir, mais que je lui rapporterais fidèlement ce que Sa Paternité m'ordonnerait. « Je ne puis vous expliquer, répliqua le Prieur, ce que je lui veux : conduisez-moi à ce Père, ou faites-le venir ici. — Je

vous ai déjà dit, répétai-je, qu'il ne peut le faire». Et comme le Prieur insistait, je fus bien obligé de lui dire : « Je suis celui que vous demandez, et je ne puis venir ici, puisque j'y suis. » Alors, le Prieur, se souvenant de sa désinvolture de la veille, se montra tout confus; il s'excusa fort humblement et me demanda de publier au sermon, le jour de Noël, la Bulle pontificale promulguant des indulgences en faveur de ceux qui subviendraient par leurs aumônes au prochain Chapitre général des Frères Prêcheurs : ce que je promis de faire et ce que je fis en effet.

21. — En 1567, j'arrivai à Padoue pour y commencer mes études théologiques. Nos Frères avaient alors deux professeurs, l'un au Collège, le P. Charles Faraone, sicilien, qui enseignait la Première partie de la Somme de Saint Thomas, l'autre à l'Université, le P. Ambroise Barbaciari, dominicain, qui enseignait le Traité des Lois, d'après la Seconde partie de la Somme. Mais nos Frères et moi ne fûmes pas longs à nous apercevoir que le P. Ambroise n'enseignait rien qu'on ne trouvât dans Soto, au premier livre de son traité *De justitia et jure;* et nous quittâmes son cours. Quant au P. Charles, il défendait la thèse de la prédestination d'après la prévision des œuvres, et je me suis toujours montré, dans mes écrits, partisan au contraire de l'opinion de Saint Augustin sur la prédestination gratuite.

22. — Je n'avais pas encore fait deux mois de théologie, que je fus contraint à prêcher dans l'église du Collège, le matin, puis le soir. A Carnaval, j'allai à Venise, et là, le quatrième jour des fêtes, je prêchai en présence d'un grand nombre de Nobles; on m'écouta avec la plus grande attention parler contre la danse et les autres

folies à la mode ces jours-là. Quand j'eus fini, beaucoup d'illustres Sénateurs voulaient me baiser les mains.

23. — Au mois de mai, le P. Provincial m'emmena à Gênes à l'occasion de la Congrégation provinciale, pour y disputer de théologie et y prêcher à la cathédrale. Durant deux jours, je défendis mes thèses sur la *Rhétorique* d'Aristote, la Logique, la Physique, la Métaphysique et les Mathématiques, ainsi que sur les trois parties de la Somme de Saint Thomas. Et comme, au cours de la discussion, je me trouvais en désaccord avec mon Président de thèse, le P. Faraone, le P. Provincial ordonna à celui-ci de se taire et de me laisser exposer la question à mon gré. Je prêchai aussi le dimanche après Vêpres, devant un immense auditoire; mais j'avais tiré presque tout mon sermon de celui de Saint Basile sur le texte *Attende tibi* : car je savais bien que, parmi les assistants, bien peu étaient capables d'éventer ce larcin (1).

24. — A la fin de l'année, je reçus du R. P. Général l'ordre de me rendre à Louvain pour y donner des sermons en latin et y achever mes études philosophiques; mais comme j'avais commencé à Padoue d'expliquer en chaire le psaume *Qui habitat* et qu'on m'y écoutait avec avidité, les Pères de la résidence refusèrent de me donner congé et répondirent au R. P. Général qu'il y avait lieu de craindre que je ne pusse supporter

(1) Ici, le P. Couderc préfère gloser que traduire : « Il avoue *naïvement* qu'il avait emprunté son discours presque tout entier à l'homélie de Saint Basile : *Attende tibi*, Très peu parmi les auditeurs, se disait-il, reconnaîtront le larcin. » — *Sciebat enim in illo auditorio non multos esse qui furtum ex Basilio agnoscere possent.*

en hiver le climat du Nord, et que tel était l'avis du médecin ; mais j'écrivis de mon côté au R. P. Général que j'étais prêt à me rendre sur-le-champ partout où l'obéissance me l'ordonnerait, et que, si je n'étais pas parti aussitôt, c'est que Sa Paternité ne m'en avait pas donné l'ordre directement, mais s'était adressée à mon Supérieur immédiat pour m'envoyer là-bas.

25. — Le R. P. Général différa six mois sa réponse. Pendant ce temps je suivis les cours du P. Jean Riccardi, qui commentait certaines questions de la Troisième partie de la Somme. Les jours de fête, je poursuivais mes homélies à l'église sur le psaume *Qui habitat ;* le vendredi, je donnais à la communauté une instruction.

26. — Au début de 1569, le R. P. Général m'écrivit enfin de gagner Milan, et de m'adjoindre au P. Jacques (Deullin), flamand, pour me rendre à Louvain, car on disait le voyage très périlleux en raison des soldats du duc de Deux-Ponts, qui passait d'Allemagne en France par le chemin que nous devions prendre. Je me prosternai devant le Très Saint Sacrement, et là j'offris à Dieu ma vie et tout ce qu'il pourrait permettre qui m'arrivât au cours de ce voyage. Plein de confiance, je me rendis sans escorte à Milan. J'y trouvai le P. Jacques et Dom William Allen, qui fut plus tard cardinal, en compagnie de deux Anglais et d'un Irlandais. Je m'en fus avec eux et en arrivant à Louvain, je m'écriai : « Le R. P. Général m'envoie ici pour deux ans, mais j'y resterai sept ans. » Et c'est ce qui arriva. Quelle inspiration me poussa à le dire, je l'ignore : cela me vint tel quel à l'esprit.

27. — Je commençai mes sermons en latin (à l'église Saint-Michel de Louvain), le jour de Saint

Jacques apôtre (25 juillet 1569) ; et comme il parut dur que je n'eusse encore reçu aucun Ordre sacré et ne pusse porter l'étole, comme faisaient tous les prédicateurs, nos Pères de Louvain écrivirent à ce sujet au R. P. Général. Celui-ci différait mon ordination, parce que je devais auparavant faire les trois vœux d'après le Décret (de Saint Pie V) ; il m'enjoignit donc de les émettre avant de recevoir la prêtrise; et comme il ne se trouvait d'évêque ni à Louvain ni aux environs, je fus obligé de me rendre à Liège, où, aux Quatre Temps après les Cendres, je reçus la tonsure, les quatre Ordres mineurs et le sous-diaconat. Je partis ensuite pour Gand, où je reçus des mains de Cornelius Jansenius le diaconat, le samedi *Sitientes* (avant le dimanche de la Passion), la prêtrise le Samedi saint. Le dimanche de l'octave de Pâques (2 avril), je chantai solennellement à Louvain ma première Messe avec diacre et sous-diacre, l'an du Seigneur 1570.

28. — La même année, au commencement d'octobre, nos Pères me demandèrent d'enseigner la Théologie scolastique : j'y consentis; et, bien que je n'eusse encore étudié que partiellement la Première et la Troisième partie de la Somme, cependant, confiant dans le Seigneur, j'enseignai toute la Première partie en deux ans, la *Prima secundæ* l'année suivante, la *Secunda secundæ* deux années plus tard et le commencement de la Troisième partie la sixième année.

29. — Je prêchai donc six années durant, mais la septième je dus m'interrompre, à bout de forces, tandis que je continuais d'enseigner. Si bien que ma première année à Louvain se passa à prêcher seulement, la dernière seulement à profes-

ser, et les cinq ans intermédiaires à m'adonner à la fois à l'enseignement et à la prédication, sans parler des exhortations à la communauté et des confessions à entendre.

30. — C'est moi qui, le premier, ouvrit notre Ecole théologique de Louvain, car l'Université n'avait pas encore accordé jusque-là aux Nôtres la permission d'enseigner en public. Or, Michel Baïus, docteur insigne par ailleurs, soutenait de multiples opinions qui semblaient incliner du côté des nouvelles erreurs luthériennes. Ses erreurs avaient bien été condamnées par Pie V en 1570, mais il ne m'échappait pas que ces opinions continuaient de sourire à plus d'un, et je commençai à les réfuter, non sous le nom du Docteur Michel, mais sous celui des anciens et des nouveaux hérétiques.

31. — En ce temps-là, réfléchissant que l'hébreu était des plus utiles à l'intelligence des Saintes Ecritures, je m'appliquai à comprendre cette langue, et ayant appris d'un hébraïsant (le P. Jean Arlemio) l'alphabet et les premiers rudiments, je me fis à moi-même ma grammaire hébraïque, d'une méthode plus facile que celle des Rabbins ; et j'appris ainsi en très peu de temps tout ce qu'il semble suffisant à un théologien de savoir de cet idiome. Je fondai une académie, où je cultivai avec quelques confrères le grec et l'hébreu. Et afin de montrer que ma grammaire était plus facile que les autres, je promis à un de mes élèves en théologie, tout à fait ignorant de la langue sacrée, que, s'il voulait s'y appliquer, en l'espace de huit jours, il en saurait assez pour comprendre à l'aide d'un dictionnaire la sainte Bible : ce qui arriva en effet, afin de démontrer qu'il ne fallait pas estimer inexact ce que

Saint Jérôme écrit de Blésilla qu'elle apprit l'hébreu non en quelques mois, mais en quelques jours.

32. — En 1572, dans l'octave des Apôtres (6 juillet), je devins profès des quatre vœux.

33. — Plusieurs villes des Flandres se détachèrent du roi (d'Espagne) Philippe (II), et le Prince d'Orange (Guillaume le Taciturne) marcha à la tête d'une grosse armée contre Louvain. Presque tous les religieux s'enfuirent, car la ville n'était pas facile à défendre, et les Calvinistes, dont les troupes du Prince étaient remplies, sévissaient surtout contre les gens d'Eglise. L'ennemi étant apparu beaucoup plus tôt qu'on ne le pensait, le Recteur du Collège ordonna donc à tous de quitter la soutane, de se faire couper les cheveux pour que la tonsure ne se vît plus; il nous partagea le peu d'argent qu'il avait à la maison, et il nous expédia deux par deux afin d'échapper comme nous pourrions au danger imminent. Je partis à pied avec un compagnon vers l'Artois, et, après de longs jours, maintes fatigues et de grands dangers, j'arrivai à Douai, où fuyant la guerre, je trouvai la peste qui faisait de grands ravages en cette ville; mais Dieu nous sauva de tous les périls. Il arriva ainsi qu'une fois, à la tombée de la nuit, je me trouvai à ce point fatigué qu'il n'y avait plus moyen pour moi d'avancer. Il fallait rester en chemin, et le chemin n'était pas sûr. Mais voici qu'une voiture d'allure rapide, pleine de gens qui fuyaient eux aussi l'approche de l'ennemi, passa près de nous; et le conducteur, voyant que je ne pouvais plus faire un pas, s'arrêta; très volontiers il accepta de me prendre dans son carrosse, tandis que mon compagnon plus valide continuerait sa route à pied, jusqu'à ce

qu'on arrivât aux faubourgs de la ville. Ce conducteur était un brave homme, bon catholique; il avait, nous dit-il, l'habitude d'assister autrefois à une messe tous les matins, mais aujourd'hui, en haine des hérétiques, il voulait tous les jours en entendre deux et aider de toutes ses forces les prêtres qu'ils persécutaient : et c'est pourquoi il m'avait recueilli de grand cœur dans sa carriole, quand mon compagnon lui eut appris que j'étais prêtre, quoique portant l'habit laïque.

34. — A la fin de l'automne, le duc d'Albe, ayant rassemblé une forte armée, mit en fuite le Prince d'Orange et reconquit les villes perdues en Hainaut et en Brabant. Je rentrai à Louvain remplir mon premier office de prédicateur et de professeur.

35. — Quelle était l'affluence des auditeurs, on peut s'en faire une idée du fait qu'à la fin du sermon, quand le public s'était écoulé par les différentes portes, les deux ou trois places voisines en étaient remplies, au point que les gens du pays se demandaient d'où pouvait venir tant de monde : on parlait de plusieurs milliers d'assistants.

36. — Un jour que je m'en allais prêcher, — le Collège était en effet assez loin de l'église Saint-Michel où je donnais mes sermons, — un homme bien posé m'accosta. Il ne se doutait pas que je fusse le prédicateur, car j'étais de petite taille, mais en chaire je paraissais grand, une fois monté sur l'escabeau : aussi le bruit courait-il en ville qu'il était arrivé d'Italie un jeune homme de haute stature pour donner des sermons en latin. Ce Monsieur donc commença de me poser quantité de questions : si je connaissais le prédicateur, où il avait étudié; et il le comblait en même

temps d'éloges immérités. Et comme je lui répondais de façon à ne pas me trahir : « Vous allez trop doucement, me dit-il ; je voudrais, s'il vous plaît, marcher plus vite pour trouver place. — Faites, je vous prie, lui répondis-je, car pour moi la place ne me saurait manquer. »

37. — Du fruit de ces prédications, je puis seulement dire ceci que, grâce à un sermon sur la mort, le lendemain de la Toussaint, il se produisit un grand mouvement de pénitence, et que, grâce à un sermon, le dimanche dans l'octave de la Fête-Dieu, plusieurs furent confirmés dans la foi à la présence corporelle du Seigneur dans l'Eucharistie ou même convertis de leur erreur à ce sujet : je l'ai appris de témoins dignes de foi (1).

38. — On racontait bien autre chose encore. Aussi les Pères du Collège de Louvain ne consentaient pas à mon départ, malgré les instantes demandes du Cardinal Borromée, devenu aujourd'hui Saint Charles, et malgré les promesses à lui faites par le R. P. Général (Saint François de Borgia). En vain me réclamait-on de même à Paris.

39. — Mais en 1576, ma santé devint si mauvaise qu'au jugement des médecins il m'était impossi-

(1) Nous entendrons ici Passionei noter très justement (n° 11) que Bellarmin aurait dû prendre soin d'attribuer au moins en quelque chose ces fruits de conversion et d'édification à la grâce de Dieu; mais le saint homme ne fait même pas mention des secours divins. Aussi, les panégyristes eux-mêmes éprouvent-ils à cet endroit quelque malaise; au lieu de traduire, le P. Couderc brode : (I, p. 81) : « Le P. Bellarmin était heureux de voir le goût du peuple et des étudiants pour *la parole de Dieu* et *bénissait le ciel en toute humilité du fruit qu'elle produisait dans les âmes.* »

ble de survivre longtemps. Nos Pères écrivirent donc au R. P. Général qu'ils se feraient un grave scrupule de conscience de s'opposer pour moi davantage à un changement d'air ; et le (nouveau) R P. Général (Everard Mercurian) leur répondit de me renvoyer sur-le-champ à Rome, ce qu'ils exécutèrent.

40. — Dès que j'eus dépassé Aoste et commencé de respirer l'air de l'Italie, il est incroyable quelle transformation je ressentis dans tout le corps. Mes forces semblaient revenues ; les douleurs de toutes sortes dont j'étais affligé, se calmaient. Aussi arrivai-je à Rome si bien rétabli qu'au bout d'un mois ou deux, je commençai, d'ordre de mes supérieurs, de professer les Controverses au Collège romain ; et je persévérai onze ans dans cet office, sans parler des exhortations données entre temps au Collège ni de l'administration du Sacrement de Pénitence à nos Frères.

41. — C'est en 1584, si je ne me trompe, que je commençai d'écrire et de publier mes livres. Le premier édité fut l'*Institutio hebraïca;* puis vinrent les trois livres : *De la translation de l'Empire romain des Grecs aux Francs* contre Illyricus (Mathias Flack Frankowitz). Je donnai ensuite le tome premier de mes *Controverses*, qui plus tard fut divisé en deux volumes en raison de son ampleur. Plus tard vint le tome second, devenu le troisième aujourd'hui. Enfin, parurent quelques brochures, recueillies dans les *Opuscules*.

42. — En 1589, le Cardinal Gaetani ayant été envoyé en France, comme légat en raison des troubles graves du royaume, le Pape Sixte-Quint m'adjoignit à lui. Mon nom commençait d'être célèbre en ce pays grâce à mon livre des *Contro-*

verses. Aussi beaucoup de gens brûlaient-ils de me voir et fréquemment m'attendaient au passage sur notre chemin.

43. — « Combien de temps pensez-vous que vivra encore le Souverain Pontife? me demanda un jour l'Illustrissime Cardinal Légat. — Il mourra dans l'année », lui répondis-je. Et c'est une prédiction que je lui confirmai souvent à Paris, alors que lui-même déclarait que la vie du Pape serait beaucoup plus longue.

44. — Cependant, alors que le Cardinal était encore à Dijon avec toute sa suite et qu'il s'apprêtait à en partir pour gagner la capitale, le bruit courut qu'à un carrefour le comte de Tavannes s'était posté en embuscade avec mille cavaliers, pour enlever le Légat, tuer et faire prisonniers tels et tels de ceux qui l'accompagnaient; mais, d'autre part, on répétait que ce n'était là qu'une fausse alarme semée pour retenir Son Éminence. Celui-ci, impuissant à démêler la vérité par les moyens humains, célébra la messe et, tous étant prêts au départ, mit en secret deux bouts de papier dans le calice. Sur l'un était écrit : *Il faut partir;* sur l'autre : *Il ne faut pas*. Recommandant à Dieu l'affaire, il tira au hasard le billet qui portait : *Ne partez pas*. Et de fait, peu après, il apprit de source sûre que le bruit concernant la réalité de ce guet-apens était véridique.

45. — Nous demeurâmes à Paris du 20 janvier jusqu'au milieu de septembre; et nous n'y fîmes pas grand chose, mais nous y souffrîmes beaucoup. Il y eut bataille, en effet, le 12 mars (à Ivry) entre le duc de Mayenne et le roi de Navarre. C'est le Roi qui vainquit. Nous fûmes saisis de crainte et de tremblement. Mais le Roi ne voulut pas exposer une si grande ville à la

ruine et au pillage : il préféra en faire le siège que l'emporter d'assaut. Il l'investit donc de toutes parts, et tous, à bout de vivres, nous menions une vie fort misérable : même la soupe à l'huile et à la viande de chien coûtait fort cher. L'ambassadeur du Roi d'Espagne nous régala, comme d'un don inappréciable, d'un morceau de son cheval, qu'il avait tué pour le manger.

46. — Je ne fis rien là qu'au nom du Cardinal Légat. C'est ainsi que j'écrivis (1) aux Evêques français une lettre latine les détournant du schisme (2), car on disait qu'ils avaient l'intention de convoquer un Concile national et d'y créer un Patriarche indépendant du Siège apostolique : et c'est ce qui fut empêché par là.

47. — Au début de septembre, le Cardinal reçut une lettre de Rome, et il est bien étonnant qu'elle ait pu pénétrer dans une ville cernée de toutes parts. Chose plus étrange encore, avant même que le Cardinal l'eût ouverte, on en parlait déjà fort diversement, et presque personne n'en présageait rien de bon. Car le Pape Sixte-Quint était irrité contre le Cardinal et contre son Secrétaire, voire même contre moi, pour avoir trouvé dans mes livres une proposition niant le pouvoir direct du Pape sur le monde entier. Mais

(1) C'est-à-dire que Bellarmin a rédigé sans doute l'une des minutes de cette lettre, qu'il n'a pas même contresignée, mais dont il ne veut pas que nous ignorions qu'il est l'auteur, pas plus que de ses poésies anonymes ou de sa fâcheuse préface à la Bible Sixto-Clémentine.

(2) *Dehortans eos a schismate*, ce que Couderc commente : « On remarquera que le mot de schisme (dans la lettre) n'y paraît pas une seule fois : Bellarmin ne voulait pas s'arrêter à une idée si indigne de la noble Eglise de France. » Il s'est contenté d'en empoisonner ses Mémoires posthumes.

je leur dis : « Cette lettre nous annonce la mort de Sixte-Quint. » Et tous se moquaient de moi, car on ignorait même que le Pape fût souffrant. Pourtant ce que j'avais annoncé se trouva vrai ; aussi la surprise fut-elle unanime.

48. — Retournant à Rome, je tombai très gravement malade à Meaux. La dysenterie sévissait dans cette ville, sous une forme si grave que ceux qui en étaient atteints échappaient avec peine à la mort. Je fus pris de cette affection la nuit même de notre arrivée. Une très forte fièvre se déclara ; je ne pouvais plus ni prendre rien ni dormir. Le Cardinal dut s'arrêter un jour entier. Il tint ensuite conseil avec ses familiers pour décider que faire de moi. Enfin Dieu lui inspira le meilleur avis, à savoir de ne pas me laisser en route, mais de m'emmener par tous moyens. Il fit à cet effet préparer sa litière et m'y accommoda.Or, il plut à Dieu qu'à peine au sortir de la ville, je commençai d'aller mieux. Au bout de huit jours de chemin, tantôt couché, tantôt assis dans la litière, j'étais en pleine convalescence.

49. — Je fis route par Bâle, mais incognito : partout où l'on apprit plus tard qui j'étais, on dit que nombre de gens furent fâchés de ne pas m'avoir reconnu. Etait-ce pour me faire honneur, ou pour me faire du mal, on ne sait. J'arrivai à Rome le 11 novembre (1590).

50. — En 1591, Grégoire XIV se demanda ce qu'il fallait faire au sujet de la Bible, publiée par Sixte-Quint, où tant de choses avaient été corrigées mal à propos. Les hommes graves ne manquaient pas qui opinaient pour une condamnation publique. Mais, en présence du Souverain Pontife, je démontrai qu'il ne fallait pas prohiber cette édition, mais seulement la corriger de telle

façon que, pour sauvegarder l'honneur de Sixte-Quint, elle reparût amendée : à quoi l'on arriverait en faisant disparaître au plus vite les modifications malheureuses et en réimprimant sous le nom de ce Pontife cette nouvelle version avec une préface où l'on expliquerait que, dans la première édition, en raison de la hâte qu'on y avait apportée, s'étaient glissées quelques erreurs par la faute soit des typographes soit d'autres personnes. C'est ainsi que je rendis au Pape Sixte le bien pour le mal. Sixte, en effet, à cause de ma thèse sur le pouvoir direct du Pape, avait fait inscrire mes *Controverses* au Catalogue des livres prohibés jusqu'après correction ; mais, dès sa mort, la Sacrée Congrégation des Rites ordonna de rayer mon nom de l'Index. Mon conseil plut au Pape Grégoire. Il créa une Congrégation pour reviser rapidement la version Sixtine et la rapprocher des vulgates en cours, en particulier de celle de Louvain. Ce travail fut accompli à Zagarolo, dans la maison du (Cardinal) Marc-Antoine Colonna, en présence du Cardinal Colonna lui-même, du Cardinal anglais Allen, ainsi que du Maître du Sacré Palais, de moi-même et de trois ou quatre autres. Après la mort de Grégoire (XIV) et d'Innocent (V), Clément VIII édita cette Bible revisée, sous le nom de Sixte (V), avec la Préface dont je suis l'auteur.

51. — A l'automne de 1592, je me retirai à Frascati, pour y écrire le troisième tome de mes *Controverses*. J'en vins à bout en quelques mois et dédiai l'édition à Clément VIII.

52. — C'est en 1592 que je fus nommé Recteur du Collège Romain, et, afin de donner aux autres l'exemple de la simplicité religieuse, je fis enlever de la chambre du Recteur certains meubles

précieux et les fis porter à la sacristie pour y serrer les nappes d'autel et les vases sacrés. Je me privai également des peintures — ou tableaux — et de tous les autres objets qui ne sont pas indispensables. Je ne voulus avoir à mon usage que ce que possèdent les autres religieux.

53. — Je n'achevai pas d'ailleurs mes trois ans de Rectorat, mais je fus envoyé à Naples comme Provincial. Je m'efforçai dans cet office d'être pour tous un vivant enseignement par la parole et par l'exemple. Je visitai deux fois la province, bien qu'ayant été encore relevé avant les trois ans accomplis.

54. — Le Cardinal Tolet étant mort, Clément VIII me rappela à Rome en janvier 1597. Même le Pape eût voulu que je demeurasse au Palais, mais j'obtins, grâce au Cardinal Aldobrandini, de fixer mon domicile à la Pénitencerie plutôt qu'à la Cour. Je fus nommé en même temps Consulteur du Saint Office. Le Souverain Pontife prit alors aussi l'habitude de m'adresser les suppliques pour les dispenses matrimoniales et quantité d'autres pièces. Cependant je ne me rendais que très rarement et seulement en cas d'extrême nécessité au Palais apostolique.

55. — Au sujet du Pape Clément, il m'arriva une chose extraordinaire. La cinquième année du Pontificat, nombre de personnes commençaient de présager à brève échéance la mort du Pape, ses trois prédécesseurs étant morts au bout du même temps. Mais je prédis à Silvio Antoniano : « Clément VIII, lui, règnera douze ans, plus douze mois. » Ce que je répétai souvent et ne cessai de redire à mes familiers, l'année même de la mort du Pape. Je n'étais pourtant ni astrologue ni prophète ; mais je parlais ainsi au hasard.

56. — A la demande du Cardinal Tarugi, j'écrivis alors mon petit et mon grand Catéchisme, qui furent imprimés peu après et adoptés dans de nombreux pays.

57. — En 1598, le Pape se rendit à Ferrare (afin d'en prendre possession au nom du Saint-Siège) et m'y emmena : car je n'étais plus seulement Consulteur du Saint Office, mais encore Examinateur pour l'élection des évêques; je traitais aussi avec le Pape des affaires de la Société que me confiait le R. P. Général; et bien que je n'habitasse plus durant ce voyage le Collège romain, le Pape continua de servir pour moi vingt-cinq écus par semaine à cette maison (1).

58. — En 1599, le mercredi des Quatre Temps du Carême, je fus créé Cardinal d'une façon si inopinée pour moi que je n'en avais jamais eu même la pensée. Pourtant, nombre de personnes l'avait prévu davantage. Aussi le R. P. Général, deux mois auparavant, avait-il fait demander au Souverain Pontife, par un camérier, d'agréer que je fusse nommé Recteur de la Pénitencerie. Ce qui eut lieu avec l'agrément demandé. Mais le Pape l'avait permis afin de mieux dissimuler son dessein. De même, six mois plus tôt, comme un de ses familiers disait au Saint Père que j'étais digne du cardinalat : « Sans doute il en est digne, avait répondu le Pape, mais c'est un Jésuite ». Il semblait sous-entendre par là qu'il ne me nommerait pas. Lorsque je

(1) Couderc veut qu'on traduise plutôt ici : « Et bien que je logeasse sans frais à Ferrare dans notre Collège, Clément VIII voulut contribuer de vingt-cinq écus par semaine à mon entretien dans cette maison. » Nous n'y voyons pas d'inconvénient.

fus un peu plus tard désigné au Consistoire avec douze autres pour la pourpre, le Cardinal Aldobrandini m'envoya sur le champ le marquis Sannesio, pour me signifier mon élévation et m'ordonner, au nom de Sa Sainteté, de ne sortir sous aucun prétexte de chez moi. Je convoquai alors tous les Pères de la Pénitencerie et tins conseil avec eux sur la conduite à tenir. Le P. Jean-Baptiste Costa, qui était le plus ancien d'entre nous, fut d'avis qu'il n'y avait pas lieu de délibérer. La nomination était faite, publiée en Consistoire : on ne pouvait espérer que le Pape agréât aucune excuse, surtout après m'avoir interdit expressément de sortir de la maison ; les autres opinèrent de même. J'envoyai donc le P. Ministre au Cardinal Aldobrandini pour lui dire que je désirais être reçu par le Souverain Pontife, afin de lui exposer mes raisons de décliner cette dignité, mais que je n'osais me déplacer en raison de la défense qui m'avait été intimée au nom du Saint Père. Le Cardinal Aldobrandini répondit qu'il ne pouvait m'accorder de me rendre auprès du Pape avant d'y être invité : car le Souverain Pontife ne voulait rien entendre et m'ordonnait d'accepter sans résistance cette dignité. Appelé par la suite pour recevoir la barrette ou le chapeau rouge, je voulus commencer à m'expliquer, mais le Pape m'interrompit aussitôt : « En vertu de la sainte obéissance et sous peine de péché mortel, me dit-il, je vous ordonne d'accepter le cardinalat. »

59. — Promu cardinal, je résolus en moi-même premièrement de ne rien changer à ma manière de vivre, quant à la sobriété des repas, à la prière, à la méditation, à la célébration de la Messe quotidienne et autres règlements ou coutumes de la

Compagnie; deuxièmement, de ne point thésauriser, de ne pas enrichir ma famille, mais de distribuer aux églises et aux pauvres tout le superflu de mes revenus; troisièmement, de ne demander au Pape aucune augmentation de revenu et de n'accepter aucun don des Princes. Toutes choses que j'ai observées depuis.

60. — En 1602, le siège de Capoue étant devenu vacant, le Pape me le confia et me sacra lui-même évêque, le second dimanche après Pâques (21 avril 1602), où se lit l'Evangile : *Ego sum Pastor bonus*. Deux jours après, il me conférait le Pallium archiépiscopal, et le lendemain je quittais la Cour pontificale. Je m'enfermai durant quatre jours au Collège romain afin d'échapper aux visites. J'adressai le vendredi un discours à nos Frères et partis aussitôt pour garder la résidence dans mon diocèse. Ce départ si hâtif de la Ville Eternelle remplit d'étonnement nombre de personnes et le Souverain Pontife lui-même : car la plupart du temps les prélats de curie ont peine à s'en arracher, et un autre Cardinal (Bonvisi), qui avait été préconisé en même temps que moi archevêque de Bari, différa son départ jusqu'à la fin d'octobre.

61. — J'arrivai à Capoue le 1er mai, et après mon entrée solennelle et la célébration de la messe d'intronisation à la cathédrale je ne tardai pas, dès le jour de l'Ascension, à monter en chaire et à commencer mes prédications.

62. — Dès la première année, j'apportai à mon église cathédrale et au palais de l'archevêché des améliorations, qui me coûtèrent plusieurs milliers d'écus d'or.

J'établis un dénombrement des familles pauvres et, chaque mois, je leur adressais de l'argent.

J'assignai à certains lieux pies des aumônes mensuelles, en dehors de celles qu'on distribuait chaque jour à ma porte et des autres charités extraordinaires.

Je résidai trois ans à Capoue ; j'y fis trois fois la visite de tout le diocèse ; j'y célébrai trois Synodes diocésains et un Concile provincial. Il y avait dix-huit ans qu'il ne s'en tenait plus.

A la cathédrale la coutume avait prévalu de ne plus prêcher, sinon les quatre dimanches de l'Avent et durant le Carême : je recommençai de donner un sermon le jour de Noël et presque tous les dimanches de l'année, non seulement dans ma ville épiscopale, mais jusque dans les villages durant mes tournées pastorales : et comme je ne pouvais être à la fois en ville et à la campagne, j'envoyai deux Pères de la Compagnie pour me supléer dans les paroisses rurales, en leur assignant dix écus d'or par mois afin qu'ils ne fussent pas à charge aux paysans. Quand j'étais moi-même en tournée épiscopale, ces Pères rentraient en ville, y prêchaient et confessaient les assistants.

63. — J'écrivis, étant dans un de ces villages, ma grande explication du Symbole en italien, et je la fis imprimer, pour que les curés qui ne savaient pas prêcher lussent du moins après l'Evangile l'explication d'un article, surtout quand celui-ci se rapportait au mystère célébré en ces jours de fête.

64. — L'usage voulait aussi que les chanoines et les curés, à Noël, envoyassent à l'archevêque des présents assez considérables : j'abolis entièrement cette coutume, afin de n'être pas à charge aux ecclésiastiques pauvres et que les plus fortunés pussent donner davantage aux indigents

avec plus de mérites qu'en comblant leur archevêque qui ne manquait de rien : souvent en effet je méditais et tâchais d'inculquer aux autres la parole d'Isaïe : *Bienheureux celui qui décharge ses mains de tout présent.*

65. — J'assistais à l'Office divin avec les chanoines, — car à Capoue l'archevêque est aussi chanoine et reçoit de ce fait une rétribution assez considérable —; les jours de fête, je présidais même à Matines et à Laudes, et aux simples féries au moins à l'Office du matin, tant pour contraindre les Chanoines à faire acte de présence et les former à une psalmodie grave et lente, que pour y gagner de quoi distribuer aux pauvres : je faisais en effet, largesse de tout ce qui m'en revenait aux indigents, déclarant que c'était là la seule aumône qui me fût personnelle, puisque je l'avais gagnée par mon travail, alors que tout le reste venait de l'Eglise et non de moi.

66. — Je prédis dès le début que je ne régirais que trois ans ce diocèse. En toute hâte, je recherchai donc les noms de mes prédécesseurs depuis Saint Prisque, disciple de l'apôtre Saint Pierre, jusqu'à notre époque; j'en dressai la liste, et, y ayant inscrit au sujet de mon prédécesseur immédiat : *César Costa, il siégea trente ans*, j'ajoutai tout de suite pour moi : N°°° *a siégé trois ans.* Ce qui arriva. Car, au bout de ces trois ans, Clément VIII mourut, et Paul V, son successeur, ne voulut pas que je retournasse à Capoue. Je fus donc obligé de résilier cette Eglise.

67. — Je lisais alors les Vies des saints évêques, recueillies par moi dans Surius, et je m'étais senti très édifié par cet ouvrage. Mon peuple m'aimait, et j'aimais mon peuple. Les ministres du Roi ne me causèrent jamais d'ennui; ils me

vénéraient au contraire, car ils m'estimaient un véritable serviteur de Dieu (1).

68. — Au Conclave qui élut Léon XI, et de nouveau au Conclave d'où sortit Paul V, je demeurais la plupart du temps dans ma cellule, ou je me promenais seul dans un endroit solitaire, récitant mon rosaire ou lisant quelque livre; et, en privé, dans mes prières, je disais à Dieu : *Envoyez celui qui doit venir;* et, *Du Pontificat, délivrez-moi, Seigneur.* Au second Conclave, il s'en fallut en effet de peu que je ne devinsse Pape. Mais comme un personnage de très grand poids me promettait son appui à ce sujet, je l'exhortai moi-même à y renoncer, et, loin de le remercier, je déclarai que je ne remuerais pas même un brin de paille pour obtenir mon élection. Quant à ceux qui s'y opposèrent, ni je ne leur en voulus, ni je n'en fus troublé. Pour moi, la Papauté se définissait la plus dangereuse de toutes les charges.

69. — Sous Paul V, je dépensai pour la fabrique de mon titre cardinalice (Sainte Marie in Via)..... (2). Je fis don également au Collège de la Compagnie à Montepulciano d'une rente de cin-

(1) *Sed venerabantur eum, quoniam arbitrabantur eum esse Dei servum* COUDERC traduit modestement, ou plutôt il gaze cette incroyable forfanterie : « Ils le respectaient, parce qu'ils pensaient qu'il était serviteur de Dieu. » C'est-à-dire, sans doute, comme archevêque : ce qu'ils n'avaient pas difficile à « penser »! Sur quoi, Couderc poursuit tranquillement : « Lui, cependant, réclamait avec un *touchante humilité.* » Ce sont ces pauvres apologistes qui sont touchants!

(2) Le montant de la somme est en blanc dans le texte : certaines indications, trouvées ailleurs, ne sont pas assez concordantes pour nous permettre de compléter cette phrase, même entre crochets.

quante écus à perpétuité ; au Collège de Capoue, je voulus céder l'abbaye de Capoue d'un revenu de plus de mille écus, mais le Pape s'y opposa ; grâce à moi cependant, le Collège obtint l'église, la maison et le jardin de l'abbaye.

70. — Je fus membre de nombreuses Congrégations cardinalices : à savoir, du Saint Office, de l'Index, des Rites, de l'examen des futurs Evêques, des Indulgences, de la Propagande, des Affaires d'Allemagne et de Hongrie. Je fus Protecteur des Célestins, du Couvent de Sainte-Marthe (de Rome) et du Collège germanique ; et en l'absence du Cardinal Aldobrandini, vice-protecteur des Hiéronimites.

71. — Je vis, actif encore, à l'âge de 71 ans.

72. — Chaque année, de préférence au mois de septembre, dans la retraite, je consacre quelque temps à la prière et au silence, laissant mes autres occupations, afin de secouer, s'il est possible, la poussière dont on se couvre dans le maniement de tant d'affaires et de me préparer à rendre compte à Dieu de mon administration. Priez pour moi.

73. — J'ai écrit ceci à la prière d'un ami et d'un frère, en juin 1613. De mes vertus, je n'ai rien dit, car je ne sais si j'en ai aucune ; sur mes vices, je me suis tu, car ils sont indignes d'être rapportés, et plaise à Dieu qu'ils se trouvent également rayés de son livre à l'heure du jugement. Amen.

APPENDICE

74. — Pour le progrès de mes études, j'ai éprouvé combien m'avaient été utiles et la nécessité d'enseigner ce que je n'avais pas appris et le

don de facilité que j'ai reçu de Dieu pour tout comprendre et tout expliquer. Contraint, en effet, à professer le grec, la rhétorique, la théologie scolastique, et dès ma première adolescence à prêcher dans les églises et à adresser des exhortations à mes Frères, j'appris pour mon compte, sous l'empire de cette nécessité, le grec et l'hébreu ; je lus presque tous les Pères, les historiens, un grand nombre de Docteurs scolastiques, les Conciles ou du moins un abrégé, ainsi que presque tout le Corpus de droit canonique. Et je n'eus pas beaucoup de peine à entendre ce que j'étudiais, quoique j'aie passé ma vie surtout dans des Collèges où je n'avais personne qui me pût guider.

75. — Envoyé à Naples, pour y reviser les écrits du P. (Alphonse) Salmeron, je demeurai dans cette ville environ cinq mois, à savoir de mai à octobre (1580), pendant lesquels je parcourus les immenses volumes de cet auteur ; et chaque jour je découvrais au Père les erreurs que j'avais trouvées, soit dans ses citations d'auteurs, soit dans ses nouveautés d'opinion, soit dans ses explications inexactes de l'Ecriture, soit dans ses thèses philosophiques et théologiques sur le dogme, horriblement contraires à la vérité. Le Père, en m'entendant, se fâchait d'abord et s'efforçait de défendre son texte ; mais, le lendemain, d'un esprit apaisé, il corrigeait tout, et, sauf erreur, ce travail de revision lui profita fort.

76. — Dans la controverse belge entre le P. Léonard (Lessius) et l'Université de Louvain, je me donnai beaucoup de mal pour concilier le Cardinal Madruzzi aux Docteurs de la Compagnie. J'écrivis pour lui un bref opuscule (*De Controversia Lovanii nuper exorta*, etc.), où je lui

démontrais que la doctrine des Jésuites concordait avec l'ancien enseignement de Louvain, de Tapper, de Tiletanus et des autres, et que nos adversaires présents n'entendaient pas bien la doctrine des Nôtres.

77. — Au sujet du livre de Molina *De Concordia*, j'avertis le R. P. Général, avant même que ne s'élevât la moindre discussion, qu'on rencontrait dans cet auteur, nombre de propositions mal sonnantes, et je lui en remis la liste par écrit. Le R. P. Général envoya ce travail en Espagne, et de là s'ensuivit la nouvelle édition du P. Molina, où il s'efforce d'adoucir ces propositions et prétend qu'il a parlé par manière de discussion et non d'assertion formelle.

Plus tard, quand éclata la querelle, le Pape Clément (VIII) m'ordonna de rédiger mon sentiment sur la censure portée par les Dominicains; j'écrivis donc un opuscule très clair (qui a disparu, bien que Bartoli en eût encore en main l'original), où je montre sur quoi porte exactement la dicussion et combien l'opinion des Frères Prêcheurs est plus dangereuse encore que celle de Molina; et le Pape approuva très fort pour commencer ce petit ouvrage. Je composai donc deux autres libelles, répondant aux objections et aux accusations des adversaires : ils ne déplurent pas non plus au Souverain Pontife.

Me trouvant, déjà cardinal, à Frascati, avec le Pape, nous en vinmes, en effet, à parler de cette affaire, et le Saint Père appela l'opinion de la Compagnie notre opinion, c'est-à-dire la sienne et celle de la Société.

Mais tout changea par la suite; et tant que je fus à Rome, Clément VIII se refusa à laisser débattre la question en public, de peur que je n'intervinsse. Ce n'est qu'après mon départ qu'il ordonna de reprendre la discussion devant les Cardinaux du Saint Office.

Cependant j'avertis souvent le Pape de prendre garde aux duperies et de ne pas s'imaginer que, de son propre fonds, n'étant pas théologien, il pût parvenir à l'intelligence d'un problème aussi obscur. Je lui prédis ouvertement que ce ne serait pas lui qui définirait le point en litige ; et comme il répliquait qu'il le voulait faire : « Votre Sainteté, pourtant, répliquai-je, ne le fera pas ». Je répétai la même prédiction au Cardinal (François-Marie) del Monte, qui plus tard m'en rappela le souvenir.

78. — Dans une Congrégation touchant la réforme du Bréviaire, je fus une fois en désaccord avec le Cardinal Baronius au sujet du martyre de Saint André. Avait-il été vraiment raconté par des prêtres d'Achaïe ? Baronius le niait. Mais lorsqu'il eut entendu mon avis et mes raisons, il déclara tout haut qu'il avait perdu sa cause et que ma thèse lui plaisait plus que la sienne.

79. — Je fis beaucoup pour la béatification du B. Ignace. Le premier, je présentai le Mémoire de la Congrégation générale, à laquelle j'avais pris part, au Cardinal Gesualdi, Préfet de la Congrégation des Rites, et c'est ainsi que fut introduite la cause de canonisation. C'est moi aussi qui prononçai le premier panégyrique du Bienheureux Ignace, dans l'église de la Maison professe, devant les Pères et les Frères réunis, en présence du Cardinal Baronius. A la fin du sermon, le Cardinal Baronius demanda le tableau du Bienheureux Ignace ; ayant escaladé le tombeau à l'aide d'une échelle, il apposa lui-même cette image au sommet. C'est depuis lors qu'a

commencé d'être honorée et fréquentée la sépulture de notre Bienheureux Père. Quand je crus qu'était venu le temps opportun pour demander la Béatification, j'en avertis le R. P. Général, et celui-ci prit soin que le P. Procureur fît au plus vite les démarches nécessaires. Aussi l'affaire aboutit-elle en très peu de temps, tandis que si elle n'eût pas été conclue alors, grâce surtout à mes instances auprès de tous les Cardinaux de la Congrégation et à l'énergie avec laquelle j'émis mon *votum*, Dieu sait quand cette Béatification eût été obtenue.

80. — Quant au B. Louis (de Gonzague), c'est moi, avec le Cardinal d'Ascoli et le Cardinal Pamphili, qui rapportai au Pape Paul V qu'il était digne d'être inscrit au catalogue des Bienheureux. C'est également grâce à moi que, précédemment, le jour de sa sépulture, avait été demandée au R. P. Général l'autorisation de placer son corps dans un cercueil de bois à part des autres, pour qu'il pût être reconnu, au cas où Louis serait un jour canonisé. Je me soumis ensuite à l'examen comme témoin dans sa cause, et avec les autres Cardinaux de la Congrégation des Rites j'expédiai les lettres rémissoriales. Lorsqu'on discuta de sa Béatification, je parlai le premier avec abondance sur son innocence, l'austérité de sa vie, ses miracles, et je conclus que si les Saints étaient tous tenus pour tels soit en raison de leur innocence, soit à cause de leur pénitence, le Bienheureux Louis pouvait être mis sur les autels, sous ces deux chefs à la fois, à l'exemple de Saint Jean-Baptiste. Tous les Cardinaux se rangèrent à mon *votum*, et le décret fut rédigé. Cependant le Souverain Pontife ne le confirma point, on ne sait pour quelle raison.

II

Le "Votum" du Cardinal Passionei

Nous avons reculé à traduire en français, comme le font quelques auteurs ecclésiastiques, ce terme de votum. Votum *est moins qu'un « vote », grâce auquel se forme la majorité dans une assemblée parlementaire; c'est plus qu'un « vœu », même autorisé. C'est la voix vraiment délibérative et quelquefois longuement motivée d'un Cardinal, au sein de sa Congrégation, et pourtant, même jointe à toutes les voix du Sacré-Collège, une simple voix consultative par rapport à la souveraine décision du Pontife, qu'elle éclaire sans le contraindre, dans le gouvernement de la Sainte Eglise. « Suffrage » serait le mot propre, s'il ne paraissait aussi éloigné du son latin que de l'usage reçu.*

Nous avons dit d'autre part ce qu'était Passionei; quant à son écrit, quoique l'authenticité n'en puisse être établie avec plus de rigueur que pour toute autre publication clandestine sous l'ancien régime de la librairie, tout le monde semble d'accord sur l'exactitude au moins substantielle du texte que nous publions.

L'original est d'un italien cursif jusqu'à l'incorrection et souvent difficile, de l'avis des juges les plus compétents à qui nous avons eu recours, à propos de trois ou quatre passages presque indéchiffrables. Mais l'ensemble ruisselle de verve et de raison. Et plus d'un Jésuite estimera sans doute que la prose de Bellarmin est plus « joviale ». C'est affaire de goût.

Nous avons seulement, pour la facilité de la lecture, ajouté au texte des titres et sous-titres. Ceux-ci ne sont pas toujours d'un ajustement rigoureux avec l'ouvrage qui n'en comportait point. Tels quels, ils jalonnent et éclaircissent pourtant ce discours touffu, parfois broussailleux, dont nous n'avons voulu rien élaguer : car les broussailles elles-mêmes ont leur charme.

Quant aux difficultés historiques soulevées par Passionei et réellement résolues par l'effort de toute une génération d'archivistes de la Compagnie, elles sont peu nombreuses. Ce sont discussions de détail, qui servent surtout, du côté des apologistes, à faire diversion à l'écrasante impression d'ensemble. Enfin, nous ne cesserons de le répéter, le lecteur, sur certains points particuliers, comme la querelle du molinisme ou l'incident de la Bible Sixto-clémentine, ne doit jamais perdre de vue cette remarque essentielle : — Même lorsque le P. Bachelet, par exemple, le plus sérieux des défendeurs, réussit à avoir raison, peut-être, sur une vétille, contre Passionei, Passionei avait cependant raison contre Lambertini et les autres, selon tous les éléments d'appréciation connus de son temps. Et comment n'a-t-il pas réussi davantage à se faire entendre sur tant d'autres points, autrement graves, qui continuent à dépendre de l'évidence immédiate et du simple bon sens?

Le R. P. Dudon prétend que la réédition de ce Votum *par les Postulateurs de la cause, en* 1920, *est « un surcroît de luxe qui aurait amusé ou indigné Benoît XIV ». Nous verrons bien si le public sera du même avis. Nous connaissons en tout cas d'autres autorités graves en ces matières, qui n'hésitent pas à qualifier plus sévèrement encore l'incroyable «* Pro memoria *» du R. P. Dudon, également inséré au procès; et nous-mêmes aurions volontiers fait un sort à ce monument de jactance jésuitique, en appendice à cette brochure, si nous n'avions résolu de nous abstenir le plus possible de toute intrusion dans le débat pendant.*

Il est enfin un assez mauvais tour, probablement controuvé, que le P. Couderc prête à Benoît XIV à l'égard de Passionei. Le Pape, par ses espions, aurait fait déposer en cachette sur la table de travail du Cardinal la nouvelle édition de Busembaum de 1757, *et Passionei, indigné, aurait lancé le volume par la fenêtre sur la place de Monte-Cavallo, tandis que le Pape, l'épiant du palais d'en face, lui donnait sa bénédiction en riant aux larmes.*

Ce qui prouverait du moins la simplicité des mœurs du temps et que Benoît XIV savait rire, au lieu de s'abandonner, au sujet des Jésuites, à ces fureurs tragiques ou à ces fausses « indignations », auxquelles se livrent volontiers nos bons Pères, dès qu'on ose ne plus partager leur avis sur l'un des « Nôtres ». Quant à Passionei, bibliophile éclairé, curieux de comparer les éditions et rééditions du moindre écrivain ecclésiastique, même « moliniste », s'il a envoyé promener quelque Busembaum, Escobar ou Tambourin, c'est, tenons-nous en pour assurés, que déjà il possédait l'exemplaire dûment catalogué, relié à ses armes et muni de son ex-libris, dans sa magnifique bibliothèque.

Daignent les confrères de Tambourin, Busembaum et Escobar ne pas perdre par conséquent toute sérénité, s'ils trouvent aujourd'hui sur leur bureau ce Passionei, même importun.

A chacun son tour, s'il vous plaît !

NOTICE du *Lessico ecclesiastico illustrato* au mot : *Passionei.*

« PASSIONEI *Domenico,* dit le Scanderbergh. Cardinal très célèbre pour sa doctrine et sa générosité extraordinaire de Mécène. Issu d'une très ancienne famille de Fossombrone, il naquit le 2 décembre 1682. Elevé à Rome sous les yeux de son oncle, prélat fort influent, secrétaire du chiffre, il termina ses études au Collège clémentin, et, par la suite, s'étant lié d'une grande amitié avec Giusto Fontanini et le P. Tommasi, théatin, il fit en peu de temps de grands progrès dans la science des antiquités profanes et sacrées. En 1706, Fontanini lui dédiait sa célèbre *Défense de la Diplomatique de Mabillon,* où se trouvait insérée une lettre inédite d'Alcuin avec des notes de Passionei, dignes d'un érudit beaucoup plus consommé qu'on ne l'est généralement à cet âge. Possesseur d'une très riche et enviée bibliothèque, Passionei donnait ou prêtait largement de son propre fonds aux savants. C'est ainsi qu'il envoya à Martinay un *Catalogue des œuvres de Saint Jérôme,* enrichi d'observations critiques. A Gronovius, il adressa ses *Notes et variantes pour une nouvelle édition d'Aulu-Gelle;* au P. Bernard de Montfaucon, il fit don de plusieurs manuscrits grecs très anciens, dont le savant bénédictin fit bon usage pour sa *Paléographie grecque*. Très ami des belles Lettres, il mettait volontiers son autorité au service des bons auteurs. C'est ainsi qu'il prit devant le Saint Office la défense des *Mémoires* de Tillemont, qui avaient été à tort (?) dénoncés à Rome par certains ecclésiastiques français peu familiarisés avec les sciences. Il fit lever l'interdiction d'imprimer portée contre les *Vies des Evêques de Ravenne* d'Agnello, précieux document découvert par le P. Benedetto Bacchini, bénédictin, qui put en donner dès lors une excellente édition. En 1706, il fut chargé de porter le chapeau cardinalice à Philippe Gualterio, nonce du Pape à Paris, et il resta dans cette ville environ deux ans, acquérant d'abondantes connaissances et nouant de précieuses amitiés. Passé en Hollande, chargé par le Saint-Siège de missions délicates, il y fut bientôt en si haute estime que le Pape jugea bon de lui demander de demeurer quelque temps encore à La Haye. Au moment où il se disposait à quitter les Pays-Bas pour gagner l'Angleterre, il reçut un message de Clément XI qui le nommait légat au Congrès d'Utrecht (1712), où il brilla par son zèle, par sa fermeté, par les capacités dont il fit preuve. Sur le point de rentrer à Rome, pour rendre compte de toutes choses au Saint Père, Louis XIV le retint quelque temps encore auprès de lui à Paris et en témoignage de considération, lui fit don de son portrait enrichi de diamants. Finalement, de retour à Rome, après avoir expédié ses affaires, il venait à peine de se remettre à ses travaux littéraires, que le Pape le renvoyait comme légat pontifical au Congrès de Bade (1714) pour y réclamer l'exécution des précédents traités. Cette fois, ni son courage ni la force du droit ne prévalurent, et il dut protester hautement contre cette violation de la foi jurée et des accords foulés aux pieds. Dès qu'il eut rédigé cette protestation solennelle, il en déposa une copie aux archives de Lucerne et donna l'autre à l'impression, afin de la répandre. De là, il partit, toujours en qualité de légat, pour assister aux cérémonies du renouvellement de l'alliance entre la France et les Cantons suisses. Il remplit par la suite d'autres missions, des plus difficiles, mais, à la fin, ayant décliné l'offre de se rendre, comme légat extraordinaire, à Malte que menaçaient les musulmans, il s'enferma dans sa bibliothèque et y passa plusieurs années parmi ses manuscrits. Cependant, en 1721, Innocent XIII le pressa d'accepter la nonciature de Suisse et le titre d'archevêque d'Ephèse. En Suisse, ayant eu des difficultés avec le Conseil de Lucerne, qui faisait montre d'intransigeance, il se retira à Altdorf jusqu'à ce que le Conseil se désistât de ses injustifiables prétentions. En 1730, il passa à la nonciature de Vienne, où il s'acquit de nouveaux titres. En 1730, il fut nommé secrétaire des Brefs; ensuite cardinal, membre des Congrégations des Rites et de la Propagande. Bibliographe, il a laissé peu de chose de sa propre main; mais ce peu est suffisant pour donner une idée de ce que devait être son érudition, à vrai dire immense. Il mourut d'apoplexie à Frascati (5 juillet 1761) et fut enseveli à Rome dans l'église Saint-Bernard. »

« *VOTUM* »
de l'Eminentissime et Révérendissime Monsieur le Cardinal DOMENICO PASSIONEI à sa Sainteté le Pape BENOIT XIV, dans la cause de Béatification du Vénérable Serviteur de Dieu, le Cardinal ROBERT BELLARMIN

Quel que soit l'homme dont on parle, lorsqu'il s'agit de le placer sur les autels et de le proposer à la vénération universelle dans l'Eglise de Dieu, c'est pour la Chaire Apostolique une affaire des plus graves et des plus importantes que de fulminer son jugement définitif : car il s'agit d'un des articles les plus âprement discutés par les Protestants, nos détracteurs jurés. A plus forte raison, est-ce le cas pour le Vénérable Serviteur de Dieu Robert Bellarmin, auquel on se propose de décerner un culte public. Pas de cause plus sérieuse ni plus considérable, en raison des difficultés particulières et des incidents scabreux qui abondent dans ce procès. Aussi la décision du Saint Siège resterait-elle exposée, me semble-t-il, à la critique, si les objections déjà faites et celles que je me propose d'exposer ici, n'étaient pas d'abord détruites et résolues, non à force de subtilités, mais grâce à de solides et claires raisons, qui visent à établir la vérité, ainsi qu'il convient en une telle occurence, plutôt qu'à aboutir au succès par n'importe quels moyens.

La fin poursuivie, lorsqu'un nouveau personnage est proposé à la vénération publique, est d'abord l'éclat de la Religion. Or, que l'Eglise romaine compte un Bienheureux ou un Saint de plus ou de moins, elle n'y gagne ou n'y perd pas beaucoup. Mais, au contraire, en décrétant un culte public en faveur d'un personnage contesté, sans preuves évidentes, sans motifs sérieux et indiscutables tels qu'en exige le droit canonique, on remettrait en discussion la question même de la Béatification et on s'exposerait aux conséquences les plus périlleuses.

C'est pourquoi, obligé par Votre Sainteté de Lui présenter par écrit dans cette cause du plus haut intérêt mon humble ou, pour mieux dire encore, mon négligeable avis, sans aucune considération de personne, je dois uniquement viser *à la plus grande gloire de Dieu*, au lustre et à l'éclat plus grand de l'Eglise romaine, dont je suis, bien qu'indigne à tant de titres, l'un des Prêtres.

Je confesse donc ici ingénument que j'éprouve de tous côtés mille embarras. Car, d'une part, j'ai fait ma perpétuelle étude des œuvres insignes et durables, tant dogmatiques qu'ascétiques, publiées par le Vénérable Serviteur de Dieu; je lui ai rendu moi-même publiquement témoignage, quand, au cours de ma légation en Suisse, ayant fait imprimer, en raison de la rareté des exemplaires qu'on en avait, sa Lettre fameuse à l'Evêque de Teano, son neveu, je le proclamais, à juste titre, un homme « rempli de Dieu et de la science des Saints ». Je vois en lui enfin tant de vertus que je suis poussé moi-même à souhaiter sa glorification sur la terre, comme j'espère et je crois qu'il jouit, là-haut, dans les cieux, de la gloire éternelle. Mais d'autre part, les lourdes, les nombreuses et, autant qu'il semble à ma faiblesse, les insolubles difficultés, qui vont à l'encontre et qui s'opposent à mes sincères désirs, agitent violemment mon esprit. Et ce qui me tranquillise, c'est seulement, à la réflexion, de pouvoir soumettre avec humilité, par Son ordre, ce très modeste *Votum* à Votre Sainteté, mon Maître en toutes choses, mais principalement en cette matière, qu'Elle a illustrée par Ses savants ouvrages.

(1) Encore dois-je commencer par m'excuser de la longueur de ce *Votum*.

Pour mettre en tout son jour l'état présent de la cause, j'ai été contraint d'examiner attentivement les réponses des anciens Postulateurs, comme aussi bien celle du Postulateur en charge, qui a longuement répliqué au *Votum* émis naguère par le Cardinal Azzolini. C'est pour cette raison, qu'il me sera nécessaire de m'étendre et de discuter plus que de droit.

Mais afin de débuter avec toute la clarté possible, je ne parlerai d'abord que des difficultés qui font absolument obstacle à la cause.

PREMIERE PARTIE

L'Autobiographie de Bellarmin

Le Vénérable Cardinal Bellarmin a écrit lui-même l'Histoire de sa vie, et j'ai à ce propos deux genres d'observations à présenter. J'examinerai premièrement la légitimité de cet acte en soi; en second lieu, le contenu formel de cette autobiographie.

I

Peut-on écrire sa propre vie.

I. — Doctrine reçue à ce sujet.

1. — *L'enseignement de Benoît XIV.*

Pour la clarté de ma démonstration sur le premier point, je renvoie à la doctrine fondamentale de Votre Sainteté elle-même.

Au chapitre X du Livre troisième de Son traité *De canonizatione Sanctorum*, Elle enseigne, entièrement fondée d'ailleurs en raison, que nombre de Saints ont dévoilé leurs dons surnaturels ou leurs révélations, « ou pour l'édification du prochain, ou par obéissance à leurs Supérieurs, ou par quelque instinct divin, ou par nécessité de se défendre eux-mêmes ».

Or, laissons de côté pour l'instant l'instinct divin. Je retiens seulement que le Cardinal Bellarmin a écrit l'histoire de sa vie, depuis sa naissance jusqu'à l'âge de 71 ans, sans ordre aucun de ses Supérieurs, sans aucune nécessité de se défendre. Or, c'est là une action qui a toujours été réputée comme inconvenante à un chétien. Un chrétien est tenu à observer les règles indispensables de l'humilité, enseignée, inculquée et pratiquée avec tant de force par le Christ dans son Evangile, comme base de toute sa céleste doctrine.

2. — *Témoignage du P. Segneri, S. J.*

Pour citer encore un auteur non suspect, prenons le P. Paul Segneri, dans la critique qu'il a élevée contre Mgr de Palafox, évêque d'Angelopolis (puisque je suis devenu, par souverain et exprès commandement de Votre Sainteté, depuis la mort du Cardinal Porzia, le Ponent de sa cause). Dans cette censure, dis-je, du P. Segneri, publiée à Séville par le P. Jean de l'Annonciation, carme déchaussé, on lit, page 12 :

> Je considère que l'auteur (Palafox) a écrit sa Vie de son propre mouvement, avec la permission sans doute, mais sans l'ordre de son confesseur. Or, les Saints, quand ils ont écrit sur eux-mêmes, n'ont publié que ce qui était à leur charge et à leur confusion, comme a fait Saint Augustin dans ses Confessions, mais non ce qui était à leur éloge.

La bonne foi du P. Segneri m'oblige à croire qu'il opposerait le même grief, adressé par lui à Palafox, même au Vénérable Bellarmin, qui a écrit lui aussi son autobiographie, non sur l'injonction de son confesseur, mais simplement à la demande d'un ami et confrère, le P. Eudémon-Jean.

II. — EXCUSES INVOQUÉES PAR LES POSTULATEURS.

1. — *L'autobiographie est-elle un écrit sans importance ?*

(2). Les premiers Postulateurs de la Cause, sentant la force de cette objection, se sont efforcés de la résoudre de plusieurs manières ; mais leurs réponses me paraissent quelque peu en dehors de la vérité.

Dans la Position : *Romanæ Beatificationis Pars III, Resp. ad object., cap.* 7, *par.* 1, *pag.* 8, ils prétendent ceci tout d'abord :

La difficulté provient d'une façon abusive de parler, qui fait équivoque et dont nous-mêmes avons bien été obligés d'user pour nous faire entendre. On dit : « Bellarmin a écrit sa propre Vie. » Ces mots, au sens propre, sont excessifs : car celui qui les entend conçoit immédiatement la pensée que Bellarmin, à l'instar de Jules César, a rendu public tout ce qui pouvait lui faire honneur et gloire : ce qui est tout à fait contraire à la réalité. Bellarmin n'a guère écrit qu'une petite relation (*relatiuncula*) sur quelques-uns des événements de sa vie.

Quelques lignes plus loin, ils appellent cet ouvrage : « Un écrit mutilé et écourté », et un peu plus bas encore : « Un petit abrégé (*breviculo*) de sa vie ». Page II, ils le baptisent : « Un écrit de rien (*scriptiunculam*) ». Quant à l'*Appendice* ajouté par Bellarmin : « Il faut, écrivent-ils, en dire autant de cet Appendice de deux pages ». Ils concluent enfin cette première riposte, en disant que Bellarmin a agi ainsi : pour qu'« il subsiste quelque petite note (*notula*), à laquelle on pût recourir ». Explication qui lèverait et atténuerait suffisamment la difficulté.

(3). Or, cette accumulation de diminutifs autour d'un mot « abusif » : *relatiuncula, scriptiuncula, breviculo, notula*, etc... peut diminuer grammaticalement la difficulté aux yeux du vulgaire ; mais au jugement des esprits cultivés, elle l'accroît. Cette mauvaise échappatoire rend vaine, pour ne pas dire ridicule, toute l'argumentation ; et l'on en peut conclure justement que l'objection est irréfutable, puisque, comme il sera facile de le prouver avec évidence, le Cardinal Bellarmin a écrit l'histoire complète de sa vie, se louangeant partout, avec plus de force et plus de précision que Jules César dans ses *Commentaires*, et que là-dessus les Postulateurs eux-mêmes devront finalement s'avouer battus.

La Vie écrite par Bellarmin, c'est vrai, ne ressemble pas à certaines Légendes des Saints, pleines de panégyriques ampoulés, de descriptions et parfois de récits fabuleux. En effet, comme le constate un auteur (*Can.*, livre II, chapitre 6) :

> Je le dis à regret plutôt que par manière de reproche : Laërte a rédigé beaucoup plus sérieusement ses Vies des Philosophes que les chrétiens leurs Vies des Saints; et Suétone a traité d'une façon de beaucoup plus impartiale et plus intègre l'histoire des Césars que les catholiques l'histoire, je ne dis pas de leurs Empereurs, mais de leurs martyrs, vierges et confesseurs.

Non, dis-je, l'autobiographie de Bellarmin ne saurait être comparée à ces apocryphes. C'est une Vie, composée au contraire selon toutes les règles de l'art, d'un style serré et précis, achevée et parfaite en toutes ses parties, telle que Cornelius Nepos a rédigé ses *Vies des Hommes illustres* : peut-être même a-t-elle plus d'ampleur. Jamais pourtant personne ne s'est avisé de traiter ces biographies de *scriptiuncula* ou de *breviculum*.

Or, elles sont moins prodigues de louanges, elles font moins figure de panégyrique que la Vie de Bellarmin par lui-même ; et celui-ci ne pouvait écrire rien de plus avantageux sur son compte que ce qu'il y a mis, comme nous le démontrerons en son lieu.

2. — *L'action de l'écrire n'a pu être en soi une action indifférente.*

(4). Les premiers Postulateurs, il est vrai, après avoir énervé l'objection à force de procédés de rhétorique, prennent, comme ils disent, l'offensive sur le fond, afin d'extirper la difficulté jusqu'aux racines : *ut penitus evellatur.*

A cet effet, ils invoquent sur-le-champ, au n° 11, l'opinion de deux Consulteurs, à savoir le P. Mirabello et Dom Mier, qui opinent :

> Parler ou écrire de soi, non seulement d'une façon privée, comme a fait Bellarmin, mais même publique, est en soi une action indifférente, qui peut devenir bonne ou mauvaise.

Et le Postulateur actuel, beaucoup plus courageux que ses devanciers, dans sa Riposte au *Votum* du Cardinal Azzolini, page 55, non seulement soutient qu'écrire sa propre histoire est une action en soi indifférente; mais, en outre, il prétend qu'entre toutes les autobiographies, il n'en est pas une, en dehors des Livres Saints, qui se justifie à plus de titres que celle du Cardinal Bellarmin.

Quelques lignes plus bas, il conclut :

> Non seulement on ne saurait tirer de là, par conséquent, aucune preuve de hauteur, vaine gloire ou ambition; mais, lors même que tout autre document nous ferait défaut, ce seul écrit suffirait à faire proclamer Bellarmin un héros d'humilité.

Ce sont là de pures hyperboles, non des réponses de bon sens.

Or, voilà tout ce qu'on a jamais répondu au *Votum*, déjà cité, du Cardinal Azzolini. Riposte si faible, qu'elle ne mérite pas d'être longuement réfutée.

Mais, pour traiter sérieusement la question, rappelons ceci tout d'abord :

Ecrire sa propre vie n'est pas une action indifférente; et toute opinion contraire est ouvertement fausse, directement opposée à l'esprit de l'Evangile.

Bellarmin, comme tout le monde, a hérité, en effet, du péché originel, qui consiste principalement en un péché d'orgueil. Or, quelle est la matière dont se nourrit le plus volontiers notre superbe? Ce sont nos propres actions, considérées par nous comme illustres et dignes d'être perpétuées par l'histoire dans le souvenir de la postérité. Enseigner qu'un chrétien puisse délibérément se mettre à considérer, à mûrir et à disposer dans son esprit, puis à développer en un style élégant ses propres faits et gestes, pour en éterniser la gloire aux yeux de la postérité, et que ce soit une action indifférente, voilà donc une contradiction évidente, qui saute aux yeux de quiconque est quelque peu éclairé de l'esprit de l'Evangile. Et qu'il ne puisse se concevoir d'action plus criminelle, plus grosse de vaine gloire et d'orgueil, c'est une chose, sans doute, qui frappe d'abord d'autant moins que ce vice est tout spirituel; mais pour la rendre en quelque sorte sensible, je dirai que cette tentation de se raconter soi-même est en son genre une occasion de pécher plus périlleuse pour un homme que la fréquentation d'une jeune, jolie et trop aimable dame, avec laquelle il souhaiterait ardemment de se trouver toujours et de converser seul à seul, en toute familiarité et sans contrainte.

Et la raison en est évidente. Car l'amour-propre est notre passion dominante, même avant la concupiscence. Nos actions sont nos filles chéries, nos épouses trop belles, vers qui nous sommes impétueusement portés; devant leur beauté, sans y prendre garde, nous restons béatement ébaubis et pleins de complaisance, à la manière de Lucifer et d'Adam notre premier père. Chaque fois par conséquent que nous appliquons volontairement notre esprit à les considérer, à les mettre en ordre, à les décrire, à les manifester à la postérité, cela n'est pas, cela ne peut jamais être une action indifférente. C'est au moins une occasion de péché, plus dangereuse encore, à sa manière, que de fréquenter, comme je l'ai dit, une femme trop avenante et de trop d'esprit : car, la concupiscence étant une passion du corps, on en reconnaît vite les premiers mouvements, au lieu que la superbe, étant une passion de l'esprit, demeure secrète; et plus d'une fois celui qui en est possédé ne s'en doute même pas.

Il est aussi plus malaisé d'en triompher que de l'amour; et c'est pourquoi nombre de païens sont restés chastes, mais aucun n'a su garder même l'apparence de la véritable humilité, vertu exclusivement caractéristique du christianisme, lequel seul nous a enseigné que le Fils de Dieu est descendu du ciel sur la terre.

Je pourrais confirmer cette doctrine par une multitude d'autorités tirées des Saints Pères. Tous ont parlé de l'orgueil en ce même sens. Pour rester bref, je me contenterai du sentiment de Saint Augustin, qui déclare dans sa Règle que l'« amour-propre gâte même les bonnes œuvres ». Et dans son Traité VIII, n° 9, sur la première Leçon de Saint Jean :

Voyez, écrit-il, quelles œuvres accomplit l'orgueil. Mettez-vous dans l'esprit qu'il en fait de semblables et presque d'égales à celles de la charité. La charite nourrit les affamés, l'orgueil aussi; la charité, il est vrai, pour la gloire de Dieu, l'orgueil à sa propre gloire. La charité jeûne, l'orgueil de même : et nous voyons les actions extérieures, sans pouvoir discerner entre elles.

Aussi Saint Bernard, qui a traité tout au long ce sujet, dans son *De gradibus humilitatis*, en conclut-il :

L'humilité est une vertu si glorieuse que la superbe elle-même essaie d'en prendre le masque pour ne point se faire mépriser.

D'où l'on peut clairement déduire que l'action en soi d'écrire sa propre vie est ou de l'orgueil ou tout au moins une occasion très dangereuse d'orgueil et de vaine gloire, et que la traiter d'action indifférente, comme les Postulateurs l'ont fait dans leurs écrits, est une erreur manifeste. Seule la fin que peut s'être proposée l'auteur, ou d'édifier et de secourir le prochain, ou de se défendre soi-même par nécessité, justifie parfois une pareille entreprise.

3. — *L'Autobiographie ne répond pas aux calomnies des Protestants.*

(5). Au reste, les premiers Postulateurs n'ont pas manqué, sans doute, de prétendre (page 8, n°s 22-23) que le Cardinal Bellarmin a pu avoir justement les meilleures raisons d'écrire son autobiographie :

Une excellente fin ou raison, disent-ils au n° 23, ce fut peut-être pour lui de réfuter les mensonges répandus par les hérétiques du vivant même du Cardinal.

Ainsi sont-ils partis d'une thèse insoutenable pour en venir à cette pure hypothèse d'intentions probables que Bellarmin se serait proposées ; et toute cette partie du procès est consacrée à démontrer qu'en effet, il a bien eu ces intentions-là.

On invoque, entre autres, la nécessité pour Bellarmin de combattre les calomnies semées contre lui par les hérétiques.

Mais c'est tout d'abord une invention manifeste, de l'aveu même de ses auteurs : car ils écrivent, même page, n° 20 :

Cet écrit mutilé et écourté fut remis par Bellarmin à titre privé et en secret au P. Eudémon-Jean, comme celui-ci en témoigne (*Sommaire,* n° 29, p. 98) ; et le P. Eudémon-Jean, gardien tenace du secret, cacha ce manuscrit dans les Archives de la Maison professe de Rome, où il serait resté éternellement enfoui, si les Postulateurs n'avaient été contraints à le divulguer cinquante ans environ après la mort de Bellarmin.

Ce qui me paraît en contradiction flagrante avec les suppositions précédentes : car comment Bellarmin aurait-il rédigé son autobiographie à l'effet de répondre aux calomnies protestantes, si son écrit devait rester caché à tous les yeux, enfoui parmi les énormes dossiers de la Maison professe?

La version adoptée par les premiers Postulateurs a été cependant recueillie par leur présent héritier, dans sa riposte au Cardinal Azzolini. Même il y ajoute, page 58 :

> Pour quelle raison, pour quel motif, Bellarmin a-t-il écrit ? Ce fut pour se ranger humblement aux avis de deux religieux en qui il avait la plus grande confiance.

Ici, comme on voit, apparaît une nouvelle fiction : car il n'y eut d'intéressé à l'affaire qu'un seul religieux ; et quelle est cette espèce nouvelle d'humilité, qui aurait contraint Bellarmin d'obéir là-dessus à un simple confrère, son confident le plus intime?

Mais le Postulateur poursuit, page 59 :

> C'est d'ailleurs une absurdité, très contraire à la saine doctrine, de la part de l'auteur de ce *Votum* (Azzolini), que de prétendre que, sans l'autorité du Supérieur qui l'y aurait obligé, on ne saurait justifier l'écrit de Bellarmin.

Or, nous avons démontré qu'il ne saurait, en effet, y avoir rien de plus grave et de plus opposé à l'Evangile, de la part d'un chrétien, que de se complaire au récit de ses propres faits et gestes, en dehors de la vraie et réelle nécessité soit d'obéir à son supérieur, soit de se défendre, soit d'édifier le prochain ; et je passe en conséquence par-dessus les textes de la Sainte Ecriture et des Pères, que le Postulateur invoque ici à l'appui de ses dires, car ils n'apportent aucun éclaircissement et embrouillent plutôt la question. Mais il revient presque aussitôt, page 60, par. IV, à la version précédente :

A quel moment enfin le Vénérable Bellarmin a-t-il écrit ce récit succinct ? En 1613, quand déjà avaient été semées de toutes parts les plus énormes faussetés sur la vie du Cardinal, et que raisonnablement l'on pouvait craindre, comme il est arrivé en effet, qu'il s'en répandît d'autres encore, à l'avenir, non seulement du fait des hérétiques, mais encore parmi les catholiques.

Et nous avons également montré l'inanité de ce prétexte ; mais, afin de la faire mieux saisir, observons dès maintenant que, quand il sera question un peu plus tard d'un secret violé, par Bellarmin, concernant la Bible de Sixte-Quint, nous entendrons ce même Postulateur changer lui aussi de langage :

Ce renseignement, dira-t-il page 75, donné par Bellarmin, demeura très caché dans les Archives des Jésuites.

Et alors, encore une fois, si Bellarmin n'a écrit que pour les Archives du Gesù, ce n'était donc pas pour répondre aux attaques des hérétiques, ou *vice versa ?* Car voilà à quelles contradictions on aboutit. Pour défendre Bellarmin d'avoir manqué à la modestie chrétienne, on nous dit que son autobiographie a été écrite pour confondre les calomnies répandues par les méchants contre lui ; et pour le défendre d'une violation évidente du secret pontifical, on n'y veut plus voir qu'une confidence à ensevelir dans les Archives de la Compagnie comme dans un tombeau.

Tantôt c'est une *relationnette*, un *bout d'écrit*, une *petite note* de rien du tout ; tantôt c'est une grande œuvre, de taille à faire éclater en Bellarmin l'héroïcité de la vertu d'humilité.

Or, je ne sais si cette *Vie*, en tombant aux mains des protestants, eût beaucoup contribué naguère à défendre Bellarmin contre leurs calomnies, ou au contraire si elle n'eût pas nui davantage encore à sa mémoire : en tout cas, on verra plus loin qu'il y a lieu de le craindre.

4. — *Elle n'a pas été écrite par ordre des Supérieurs légitimes.*

(6). Les premiers Postulateurs, embarrassés par le dilemme, alléguaient d'ailleurs, pour laver le Vénérable Bellarmin de la tache de vaine gloire et d'orgueil, un tout autre prétexte aussi peu consistant que les autres :

Le P. Mutius Vitelleschi, disent-ils toujours au même endroit, page 11, n° 28, le second des deux religieux à qui Bellarmin confia son bout d'écrit (*scriptiunculam*), méritait déjà d'être considéré comme son supérieur. Provincial du Piémont, il fut élu en effet Assistant général pour l'Italie en 1608 et, en 1616, proclamé Préposé général. En 1613, par conséquent, quand il voulut que Bellarmin écrivît sa petite relation (*relatiuncula*), il était Assistant. Or, quoique les Assistants ne soient pas à proprement parler des Supérieurs qui puissent rien ordonner au nom de la sainte obéissance, ils jouissent cependant, à l'égard surtout de la Province pour laquelle ils assistent le Général, d'une grande autorité et sont comme l'organe du Préposé.

Il y a là un mélange extraordinaire de faussetés, de contradictions et de pauvres artifices.

La première erreur consiste à donner à croire que Bellarmin a composé cette *scriptiuncula*, c'est-à-dire son autobiographie, sur les instances du P. Assistant Vitelleschi, alors que l'auteur atteste en personne qu'il l'a écrite à la demande seulement du P. Eudémon-Jean : *Rogatus ab amico et fratre.*

Seconde erreur, contradictoire au surplus : c'est que Bellarmin aurait remis son manuscrit au P. Vitelleschi. C'est au P. Eudémon-Jean qu'au témoignage des Postulateurs, page 8, il le confia en secret : *Quod quidem mutilum et diminutum scriptum privatim et secreto tradidit Patri Eudemon-Joanni, qui secreti tenax, occultavit illud in Archivio.* C'est seulement l'*Appendix* ou Supplément à sa Vie, écrit par le Vénérable Bellarmin, que celui-ci remit au P. Assistant Vitelleschi, sans date, ni de jour ni de mois ni d'année.

Quant aux artifices, prodigués par les avocats à propos des moindres détails de la cause, le pire consiste à prétendre que le P. Vitelleschi était presque le Supérieur du Vénérable, bien qu'il ne le fût pas, en fait, ou l'organe en quelque sorte du Préposé Général. L'Assistant, certes, peut avoir une certaine influence sur tels ou tels religieux qui désirent s'avancer par son intermédiaire dans la Compagnie ; il n'a pourtant sur eux aucune autorité réelle. Et affirmer par conséquent, que sur un Cardinal comme était Bellarmin, le P. Assistant pouvait avoir une supériorité sérieuse, c'est une assertion à dédaigner.

Que par là chacun juge si, en alléguant de pareilles raisons et en répondant avec tant de faiblesse, les Postulateurs ne donnent pas à penser que leur cause est ruineuse et croulante, et que leurs répliques sont inspirées, non par la vérité, mais par leur ardeur à soutenir n'importe comment leur procès.

5. — *L'autobiographie ne vise pas à l'édification.*

(7). Si ces diverses excuses demeurent inopérantes, l'exemple des autres Saints, grâce auquel les Postulateurs prétendent innocenter la conduite de Bellarmin, n'est pas moins hors de propos.

Moïse, Jacob, Samuel, David publièrent, il est vrai, selon l'opportunité des temps, quelques faits et gestes à leur propre louange, pour leur nécessaire défense ou par une impulsion de Dieu qui leur inspirait aussi leurs actions comme figures des temps à venir. Mais leurs livres ont été dictés par le Saint Esprit.

Pareillement Saint Paul se glorifie, pour confondre certains murmurateurs et pour justifier sa propre conduite. Mais s'il publie quelques-unes de ses vertus, il manifeste aussi ses péchés, ses blasphèmes, la persécution qu'il a dirigée contre la véritable Eglise et l'ardeur de ses mauvais penchants.

D'autres Saints encore, comme Basile, Grégoire de Nazianze, Célestin, Athanase, Jérôme, Dominique, Bernard, Ignace, dans leurs écrits ou dans leurs conversations, avec leurs amis ou avec leurs religieux, ont, selon les circonstances et la nécessité soit de se défendre, soit d'édifier le prochain, manifesté quelques-unes des révélations, vertus et actions illustres qui les honorent; mais tout cela n'a que faire avec la *Vie* écrite par Bellarmin.

Il faudrait un volume pour examiner un à un les faits avancés à ce propos, par le moderne Postulateur, contre le *Votum* du Cardinal Azzolini; mais je me contenterai de retenir au passage celui des exemples invoqués qui concerne Dominique, ce grand saint, dont je porte le nom, sans mérite, hélas! de ma part. Cet illustre religieux, proche de la mort, révéla, en présence de ses moines, qu'il avait gardé intacte sa virginité. Mais bien qu'il l'eût fait pour les exciter à cultiver cette vertu angélique et par une impulsion de son zèle, néanmoins il fut tout aussitôt tourmenté par la crainte d'avoir péché par vaine gloire, et il se montra repentant de cette indiscrétion, ainsi qu'il appert de son Procès de canonisation, au n° 4, où on lit : « Il dit plus tard au même Frère en secret : *Frère, j'ai péché, car j'ai dit, en public, au sujet de ma virginité, devant les Frères, ce que je ne devais pas* ».

Par où l'on voit manifestement combien peu les Postulateurs ont considéré les faits, les exemples et tous les arguments dont ils ont usé en guise de riposte. Et, pour ne pas trop m'étendre, qu'on cite donc un seul Saint, aussi bien de l'Ancien que du Nouveau Testament, qui, sans nécessité et sans y être contraint par l'obéissance, mais pour condescendre au seul désir d'un ami, ait composé tout exprès un Livre, même à cacher et dissimuler dans des Archives, où il raconte minutieusement sa vie, de sa venue au monde à la vieillesse, mette en vedette ses hauts faits et ensevelisse ses fautes dans un profond silence; qu'on cite, dis-je, un seul exemple pareil à celui-ci, ou même un rapport véridique et simple, sans mélange d'adresses forcées et de manifestes contradictions. Personne, jusqu'ici, n'a jamais produit pareil précédent, et personne ne le produira jamais.

Notre premier point demeure donc établi d'une façon concluante; à savoir que le Vénérable Bellarmin, ou bien s'est rendu coupable du péché de vaine gloire, ou du moins, sur la pure réclamation d'un ami, son confident et simple confrère, s'est exposé et longtemps complu dans une occasion très grave et très périlleuse de vaine gloire et d'orgueil, sans obligation d'obéissance, sans nécessité aucune de défense ou d'édification, puisque cet écrit a été composé en cachette et immédiatement enfoui dans les Archives de la Maison professe de Rome : si bien que cette façon d'agir ne saurait à aucun titre être disculpée d'amour-propre et de vanité.

II

Examen critique du contenu de l'ouvrage.

§. — *Son importance comme œuvre littéraire: sa valeur au point de vue moral.*

(8). Je passe au second point, à savoir à la valeur concrète de cette histoire et à son contenu.

Loin d'être une *relatiuncula,* une *scriptiuncula* ou un *breviculum,* c'est bien une autobiographie complète, composée d'après toutes les règles du genre, où l'auteur raconte, d'un style précis, les incidents les plus menus comme les actions les plus fameuses qui puissent servir à sa renommée. A tel point que le Vénérable Bellarmin ne pouvait rien écrire de plus flatteur à sa propre louange, sans s'exposer à voir critiquer par la postérité sa prudence et condamner sa mémoire.

La première de ces deux propositions se déduit

assez d'un simple coup d'œil objectif sur cette biographie.

La *Vie* de Bellarmin forme en effet un petit volume de plusieurs feuilles in-folio, divisées en 50 paragraphes (1), avec deux autres pages environ d'Appendice. Bellarmin y décrit son enfance, sa jeunesse, son entrée dans la Compagnie de Jésus, ses différentes fonctions de scolastique, de Ministre, de Professeur, de Recteur, de Provincial, de Cardinal et d'Evêque jusqu'à l'âge de 71 ans; et si l'on y ajoute le récit des huit autres années qu'il survécut, avec les détails qu'il donne sur ses maladies et son heureux rétablissement, nous avons là une *Vie* plus exacte et plus longue que celle de beaucoup d'autres Saints.

Mais commençons à examiner, au point de vue moral, le contenu même de cette histoire : là gît la difficulté la plus grave. A savoir que Bellarmin ne pouvait parler de lui-même d'une façon plus avantageuse, j'allais dire, avec plus de pompe, qu'il n'a fait dans cet ouvrage, sans ruiner du même coup sa propre réputation de modération et de bon sens.

I. — L'AUTOBIOGRAPHIE, MONUMENT DE VAINE GLOIRE.

1. — *Bellarmin s'y reconnaît, dès l'enfance, tous les dons de l'esprit.*

(9). Pour établir cet autre point, il n'est besoin d'ailleurs, d'aucun raisonnement; il suffit de lire,

(1) 73, d'après la numérotation que nous avons adoptée, plus 7 paragraphes pour l'Appendice : soit, en tout, 80.

et d'examiner avec attention toute la trame de cette vie.

C'est d'abord la noblesse, la piété de sa mère et surtout sa qualité de sœur de Marcel II, puis la propre naissance de l'auteur en 1542.

Il raconte, un peu plus loin, qu'à « *l'âge de cinq ou six ans, il avait coutume de prêcher; qu'il avait l'esprit, non pas pénétrant et élevé, mais apte à tout et propre à acquérir également toutes les connaissances* ».

Un génie si propre à tout et capable de toutes les sciences suppose une trempe d'esprit des plus remarquables. Mais le moderne Postulateur, dans sa réponse au *Votum* du Cardinal Azzolini, tronque cette citation et en rapporte seulement, page 16, les premiers mots : *il avait un esprit, non pas pénétrant, ni élevé;* et rapprochant ensuite ces paroles du prétendu silence observé par Bellarmin sur ses vertus, il en tire un syllogisme de fantaisie, dont la conséquence est celle-ci :

— Donc Bellarmin, dans cet écrit, est un héros d'humilité.

Certes, si Bellarmin avait osé dire : « J'eus un esprit sublime et profond; j'ai possédé toutes les vertus au degré héroïque », il se serait disqualifié pour toujours. Mais il s'en est tenu à ce que tout autre homme, fier de son intelligence, eût précisément écrit à sa place : « J'avais des dispositions encyclopédiques : *ingenium accommodatum ad omnia ut æqualiter se haberet ad omnes disciplinas capiendas* ».

Est-ce vraiment assez pour parler d'héroïcité de l'humilité? Dans une cause de tant d'importance et d'éclat, il est indispensable d'user tout au moins de plus de sincérité et d'une plus sérieuse et plus solide façon de répondre aux difficultés, pour ne pas trahir la vérité, tromper les Consulteurs et le Souverain Pontife en personne, s'il n'était assisté de l'Esprit-Saint.

Le Vénérable Bellarmin poursuit (par. 4) que, dans cette tendre enfance, il composait des vers si élégants que « *nullum in illis verbum poneret non virgilianum :* pas un mot qui n'y fût de Virgile ». A Florence, il écrivit une hymne au Saint Esprit, qui fut imprimée, « *sans nom d'auteur, parmi les morceaux choisis des écrivains célèbres* »; et c'est lui qui, suppléant au silence de l'éditeur, nous révèle sa paternité. Son hymne à Sainte Marie-Madeleine fut insérée par Clément VIII au Bréviaire, « *de préférence à celle du Cardinal Antoniano* », excellent poète et l'un des hommes les plus éminents de cette époque.

Après avoir rappelé son habileté au chant et aux instruments de musique, ainsi que son entrée dans la Compagnie de Jésus, il nous fait savoir qu'il étudia la philosophie au Collège romain, et « *qu'à la fin du cours il défendit toute la Philosophie, et comme dix ou douze de ses condisciples devaient être promus Maîtres, il expliqua seul au nom de tous la question de l'âme et défendit la thèse sans Président contre les arguments des Maîtres* ».

Ayant quitté Rome après ces actions d'éclat, il devint professeur à Florence, où, à son enseignement à la jeunesse du Collège, il mêla des questions philosophiques, « *pour s'acquérir de l'autorité* ». Il commença à prêcher, « *à l'âge de 22 ans, encore imberbe* ». Durant son premier sermon, une femme pieuse se tint en prière, à deux genoux, de peur que le jeune prédicateur ne manquât de mémoire; « *mais Bellarmin y allait en ce temps-là avec plus de hardiesse et d'inspiration qu'une fois devenu vieux* ».

Au par. 17, étant passé de Florence à Mondovi, il prêcha, par ordre de ses Supérieurs, pendant trois jours, avec un tel succès, que « *le Supérieur, quoique d'une façon tout à fait imméritée, avait écrit aux Pères de Rome :* JAMAIS HOMME N'A PARLÉ COMME CET HOMME ». Par la suite, il prêcha tous les dimanches. Pourtant, un jour, invité à prendre la parole à l'improviste, il n'eut même pas une heure pour s'y préparer; « *mais il plut à Dieu que jamais il ne parlât avec autant de fruit ni avec autant d'aisance qu'il ne fit, ce jour-là, de l'abondance du cœur; et les chanoines de lui dire :* UNE AUTRE FOIS, VOUS PRECHEREZ VOUS-MEME, AUJOURD'HUI C'EST UN ANGE DU CIEL QUI NOUS A ADRESSÉ LA PAROLE ». Il pratiqua encore en ce Collège nombre d'autres actions remarquables, qu'il rapporte en personne à grand renfort de paroles flatteuses : « *Au Collège de Mondovi, il exerça tous les offices : car il professa en classe, il lut durant les repas, il prêcha à l'église, il adressa des exhortations aux Frères, il accompagna les prêtres à leurs affaires; il suppléa le portier durant que celui-ci était au réfectoire, il remplit même le matin les fonctions d'excitateur* ».

2. — *Gratuite assertion, à ce propos, de prétendue humilité.*

(10). Le moderne Postulateur, dans sa réfutation du *Votum* du Cardinal Azzolini, page 37, répond là-dessus comme il suit :

Ce fut donc humilité et non pas orgueil (de la part

de Bellarmin), que de rapporter qu'il jouait d'instruments de musique depuis l'âge de 16 ans, qu'il savait réparer les filets et que le Provincial avait fait signe à son maître de le laisser parler... C'est par humilité qu'il s'étend sur les petits vers qu'il a composés par jeu et qui furent préférés à ceux d'Antoniano. Trop médiocre sujet de vanité pour un Bellarmin.

Mais pour formuler un avis plus sincère, plus vrai et plus conforme aux textes, voilà précisément ce qui s'appelle repaître son esprit de vanité, même en choses de si peu d'importance. Car, de même qu'un glouton, après avoir fait la chère la plus exquise, se jette encore sur les mets les plus communs et les plus grossiers ; de même, peu satisfait des applaudissements dont on le comblait dans sa vieillesse comme grand théologien et de la considération que lui valait la pourpre, Bellarmin voulut, après cette splendide moisson d'honneurs capable de rassasier toutes les ambitions, ramasser encore jusqu'aux épis tombés et aux glanes d'amour-propre, qui étaient restés dispersés derrière lui, ici et là, au cours de sa longue carrière. À sa très minutieuse attention de vanité en éveil, n'ont donc échappé ni le plus minime de ses mérites, ni le moindre de ses vers latins, sans aucune valeur du reste et depuis longtemps tombés en oubli, ni son habileté au chant et à la musique, talents qui, même portés à un degré remarquable, n'eussent guère eu à figurer parmi les travaux héroïques d'un homme qui ne fût pas plein de soi-même, à plus forte raison d'un Cardinal et d'un religieux. Il va jusqu'à mentionner une soutenance de thèse, comme en passent tous les étudiants, et le soin qu'il mit à se faire valoir comme théologien et philosophe auprès de ses jeunes élèves « *ut compararet sibi auctoritatem* », et ses tournées de prédication, la plus commune des aventures pour tout religieux et en particulier pour ceux de la Compagnie.

Je ne sais par quel courage, — pour user d'un euphémisme, — le Postulateur prétend que tous ces récits, non seulement ne révèlent pas un fond de vaine gloire, mais encore respirent un sentiment d'humilité. Et j'ignore, au contraire, si un véritable ami de la vérité conviendrait de cette humilité d'intention, même au cas où Bellarmin se serait contenté de conter sa vie en pur historien ; mais ce dont je suis bien sûr, c'est que pas une personne de bon sens ne saurait l'absoudre d'une excessive estime de soi-même, en l'entendant rappeler que tels vers latins, dont il est seul à se souvenir, sont de lui, les baptiser *virgiliens*, nous apprendre qu'ils ont pris place dans une anthologie des meilleurs auteurs, qu'ils ont été applaudis du Pape, insérés au Bréviaire, préférés à ceux d'un Cardinal Antoniano ; que lui-même a soutenu ses thèses, avec un tel succès et un tel savoir que sembla superflue l'assistance du Régent, et que celui-ci fut prié de se taire par le P. Provincial, pour avoir voulu suggérer je ne sais quoi au jeune Bellarmin ; qu'après un acte célébré avec tant d'éclat, il fut classé et promu avant dix ou douze de ses condisciples ; qu'il chargeait son programme, comme professeur, de digressions métaphysiques « *pour s'acquérir de l'autorité* » ; qu'il prêcha, encore imberbe, à l'âge de 22 ans ; qu'une dame pleurait à son sermon, et qu'on écrivit de lui à ce sujet comme de la Sagesse increéée : *Numquam locutus est homo sicut hic homo ;* que d'autres enfin l'ont pris en chaire, non pour un homme, mais pour un ange descendu du ciel.

Oui, le Postulateur a beau qualifier tout cela d'« humilité héroïque » et de « trop mince sujet d'orgueil pour un Bellarmin »! Quel plus grave sujet d'amour-propre Bellarmin pouvait-il cependant tirer des actions d'un enfant et d'un si jeune homme? Quelle pire énormité, quelle vantardise de moins de retenue, un homme aveuglé et mis hors de soi par sa fatuité pouvait-il commettre, que de s'approprier les paroles arrachées aux foules par la prédication de Jésus-Christ, au chapitre VII de l'Evangile de Saint Jean?

Quoi encore! Il conte comment, étant tout jeune homme, il lui arriva de prononcer un sermon tiré en grande partie de Saint Basile : « *habuit concionem in maxima frequentia auditorum, sed totam fere desumpserat ex oratione S. Basilii* ». Jusqu'ici, c'est fort bien, et l'on pourrait prendre cet aveu ingénu pour un acte d'humilité; mais il ajoute aussitôt : « *Sciebat enim in illo auditorio non multos esse, qui furtum ex Basilio agnoscere possent* ». Comment! la vanité de Bellarmin et l'estime qu'il avait conçue de lui-même étaient arrivées déjà à un tel point que, tout jeune encore et sans expérience, il tentait de se parer de l'éclat de style et de pensée d'un des Saints Pères, d'un Docteur de l'ancienne Eglise, qui seul entre tous les Grecs mérita le titre de Grand? Et non seulement il ne citait point sa source, mais il n'eût pas consenti à faire mention de son emprunt, même s'il avait pu penser que quelqu'un dans l'auditoire était susceptible de s'apercevoir du larcin!

Bellarmin manque ainsi d'une vertu élémentaire que les païens, malgré leur orgueil, possédèrent et prêchèrent à tous, selon le mot de

Pline l'Ancien : « Il est bon, à mon avis, et rempli de décence ingénue, d'avouer quels sont ceux qui nous ont servi de guides ». Ce que cet ancien mit du reste en pratique comme il l'enseigne.

N'y a-t-il pas lieu de s'étonner, par contre, de l'attitude de notre Vénérable? Sous le moindre prétexte, il coiffe son nom d'une auréole. Il se fait gloire même de son habileté à racommoder les filets de chasse : « *Didicit etiam retia pro venatione ita bene ac statim desarcire ut nunquam viderentur scissa* ». Voyez comme il souligne avec insistance qu'il opère « *sur le champ* » et avec tant d'adresse qu'il n'y paraît plus! Peut-il y avoir, en plus mince sujet, plus clair indice d'une évidente passion de la vaine gloire?

Mais nous en entendrons bien d'autres.

Le moderne Postulateur poursuit au même endroit :

> Il en faut dire autant du récit, pure amplification littéraire, des félicitations que Bellarmin recueillit en Vénétie, étant encore jeune homme, et de la lettre adressée aux Pères de Rome : *Numquam locutus est homo sicut hic homo,* parole que Bellarmin en personne qualifie de pure hyperbole. Mais que pouvait-il faire ? Puisqu'il devait écrire son autobiographie à l'exemple de Saint Ignace, il lui fallait bien, comme celui-ci, remplir son papier de quelque chose.

Même si le moderne Postulateur avait voulu essayer de toutes les façons de ruiner totalement sa cause, il n'eût certainement pas trouvé mieux! Quoi! un Bellarmin, à l'âge de 71 ans, raconte donc sa vie simplement pour noircir du papier? Et le Saint Patriarche Ignace n'est pas mieux traité ici que le Vénérable Bellarmin!

Mais il n'est pas nécessaire de pousser plus avant nos réflexions sur cette façon de discuter : elle parle d'elle-même et mérite la pitié plutôt qu'une réfutation.

Poursuivons donc notre lecture de l'autobiographie.

3. — *Suite de l'examen : la carrière religieuse de Bellarmin.*

Après que Bellarmin eut illustré par tant de hauts faits la ville et le collège de Mondovi, le P. Provincial résolut de l'envoyer étudier la théologie à Padoue; mais il lui arriva avant son départ une « plaisante » aventure qu'il nous faut, pour écarter tout soupçon d'exagération, rapporter ici textuellement :

Avant de quitter Mondovi, il m'arriva quelque chose de plaisant.

Le P. Recteur m'avait pris comme compagnon pour une visite au couvent de Saint Dominique et le Prieur des Dominicains, ayant invité le P. Recteur à se rafraîchir, celui-ci déclina l'invitation.

— Mais ce petit Frère qui vous accompagne, dit le Prieur, boira bien un coup, lui ?

C'est de moi qu'il ne connaissait pas, qu'il parlait ainsi. Or, étant venu le lendemain au Collège, il me trouva à l'entrée qui remplaçais à ce moment le portier, et il me pria de faire venir le prédicateur.

— Le Prédicateur ne peut venir, lui répondis-je; mais je lui redirai fidèlement ce que votre Paternité voudra bien me confier pour lui.

— Non, dit le Prieur, je ne saurais vous expliquer ce que je lui veux. Conduisez-moi donc chez lui ou appelez-le au parloir.

— Je vous l'ai déjà dit, repris-je, le prédicateur ne peut venir.

Et comme le Prieur insistait, je fus contraint de lui dire :

— Je suis celui que vous demandez, et je ne puis venir ici puisque j'y suis.

Le Prieur se rappelant alors son manque d'égards de la veille, fut souvert de confusion, il sollicita très humblement son pardon et demanda que le jour de Noël, au sermon, je publiasse la Bulle promulguant des indulgences pour ceux qui aideraient de leurs aumônes le chapitre général des Frères Prêcheurs. Ce que je promis de faire.

(11). La gravité de notre sujet ne nous permet guère de nous arrêter à ce mince incident. Mais, en réalité, est-il rien de plus « plaisant », semble-t-il, pour ce Père de la Compagnie de Jésus, que la mésaventure d'un Dominicain, surtout d'un Prieur, réputé et âgé sans doute, tout couvert de confusion et s'abaissant à demander pardon à sa jeune Révérence : « *Tunc memor Prior pridianæ irrisionis erubuit, et humiliter satis petiit veniam*, etc... ». Ce récit suggère, en effet, ou laisse supposer plus encore qu'il n'exprime. Car enfin, le seul fait, de la part du Prieur, d'avoir offert à un inconnu de quoi se rafraîchir, n'était pas une action si noire qu'il eût eu tant à en rougir et à s'en excuser si humblement! Et quoiqu'il en soit, on reste abasourdi de voir un Cardinal septuagénaire, en nous contant sa vie, faire encore mention, sans aucune nécessité, de pareilles vétilles, après avoir gardé, un demi-siècle durant, toujours vif, le souvenir de cette mauvaise plaisanterie.

Mais les premiers Postulateurs, comme celui

d'aujourd'hui, ont passé, de concert, tout cela sous silence.

Arrivé de Mondovi à Padoue, Bellarmin commença d'y étudier la théologie sous deux professeurs, l'un jésuite, l'autre dominicain : « *Tunc nostri Fratres habebant duos Præceptores, unum domi, alterum in scholis publicis, Fratrem Ambrosium Barbaranum Dominicanum* ». Traitant des Lois, ce dernier n'enseignait rien qui ne fut dans Soto : « *cito dimiserunt eum* ». Quant au P. Charles, jésuite, il enseïgnait la prédestination *ex prævisis operibus*, alors que Bellarmin « *in suis scriptis ponebat sententiam S. Augustini de gratuita prædestinatione* ». Tout ceci est parfait, et, de la part d'un étudiant, prouve beaucoup de discernement. Nous considérons, cette fois, comme tout à l'éloge de Bellarmin d'être ainsi resté fidèle à une doctrine qui jusqu'alors était d'enseignement commun dans l'Eglise : éloge qu'il a justement mérité et ne semble pas rechercher ici avec affectation.

Mais de Padoue, pour le Carnaval, Bellarmin se rendit à Venise, où il prêcha en présence de Sénateurs, qui l'écoutèrent « *attentissime* ». Et « *multi Nobilium Senatorum manus illi osculare volebant* ». Si cela n'est pas recommencer à se vanter sans vergogne, du moins est-il malaisé d'attribuer pareil récit à un excès d'humilité.

De Venise, il vint à Gênes, où, durant deux jours, à la Cathédrale, il argumenta sur la Rhétorique d'Aristote, la Logique, la Physique, la Métaphysique, la Mathématique et toute la Somme de Saint Thomas. Cependant dans l'ardeur de la discussion, le P. Charles Faraone, président, est tenté d'intervenir pour porter secours au jeune défenseur ; mais « *jussit Provincialis ut*

P. Carolus taceret et sineret N°°° per se respondere ».

Comblé de tant d'honneurs, Bellarmin, quittant l'Italie, se rendit par ordre à Louvain, où, ayant reçu les ordres sacrés de Cornelius Jansenius, il enseigna la Théologie : « *et scholam theologicam Lovanii primus N°°° aperuit* ». Ainsi, toujours, transpire dans ces notes quelque vantardise et estime propre. A quoi bon, en effet, ce *primus*, sinon pour rehausser encore sa personne?

Obligé de fuir devant l'invasion des hérétiques, rentré plus tard à Louvain, il commença d'y prêcher avec un tel succès et devant une telle assistance qu'à peine l'auditoire pouvait tenir dans l'église. Quant au fruit de ces sermons, il écrit : « *De fructu concionum hoc solum possum dicere, in concione quadam habita in die Animarum, magnum motum ad pœnitentiam extitisse* ». Et d'un autre sermon, prêché dans l'Octave de la Fête-Dieu : « *Multos fuisse confirmatos in Fide veritatis, vel etiam conversos ab errore, ut a fide dignis accepit. Multa alia dicebantur* ». C'est pourquoi les Pères de Louvain ne pouvaient consentir à son retour en Italie : « *Patres Lovanensis Collegii non acquieverunt ut N°°° discederet, cum peteretur instanter a Cardinali Borromeo* (par. 38) ».

Raconter qu'il avait converti des pécheurs et des hérétiques, certes, Bellarmin l'aurait pu faire pour l'édification du monde chrétien, et pour la gloire de Dieu, s'il avait pris soin d'attribuer en quelque chose ces résultats à la grâce. Mais il ne fait même pas mention de ce secours divin, comme s'il s'agissait d'œuvres tout humaines et dépendant surtout du libre arbitre, selon la doctrine de Molina, que ne suivait pourtant pas à cette époque le Serviteur de Dieu.

4. — *Réflexion critique.*

(12). Qu'on me permette donc ici une brève réflexion.

Je crois volontiers qu'est d'ores et déjà suffisamment démontré mon premier point : à savoir que le Cardinal Bellarmin ne pouvait guère écrire sur son propre compte rien de plus flatteur, rien de plus glorieux que cette autobiographie; et même j'estime qu'en l'écrivant il a fait grand tort non seulement à l'idée qu'on pouvait se former de son humilité, mais encore à sa réputation d'homme discret, prudent et habile.

Seulement, pour se former une vraie et naturelle idée de la *Vie* écrite par le Vénérable Serviteur de Dieu, peut-être vaut-il mieux ne pas en rompre la trame ni s'attarder davantage à discuter les chicanes des Postulateurs et les exemples mal compris ou appliqués de travers qu'ils en tirent pour appuyer leur thèse. Considérons donc plutôt, sérieusement et sincèrement, tout l'ensemble de l'autobiographie et, en bloc, l'enchaînement des faits.

C'est ainsi que moi-même, ainsi que je l'ai noté dès le début, j'avais eu d'abord beaucoup de sympathie pour ce grand Cardinal et toujours réclamé pour lui, à l'instar des autres, un culte public, mais je le confesse ingénûment, en pesant et étudiant avec toute la maturité que mes très faibles moyens me permettent son autobiographie, je me suis senti profondément ébranlé et déçu. Je le vois, pour tout dire en un mot, nous dépeindre sa vie jusqu à l'âge de 34 ans environ, en 25 paragraphes tout remplis d'applaudissements; il est partout acclamé, à l'en croire du moins. Et le moderne Postulateur prétend que cette Geste splendide « est un pur développement oratoire pour se conformer à l'exemple de Saint Ignace »!

5. — *Fin de la Vie de Bellarmin.*

(13). Pour en finir avec cette *Vie*, il convient de considérer dès à présent les quelques mots qui la terminent :

« *Hæc scripsit N°°° rogatus ab amico et fratre, anno* 1613, *mense junio. De virtutibus nihil dixit, quia nescit an ullam vere habeat. De vitiis tacuit, quia non sunt digna quæ scribantur.* »

Saint Augustin avait conté ses fautes et tu ses vertus. Bellarmin, lui, a observé ponctuellement le silence sur ses défauts; mais il n'apparaît pas qu'il soit resté muet sur ses qualités. Il est évident au contraire qu'il n'a oublié aucun de ses mérites, si minime qu'il fût; et l'expression : *De virtutibus nihil dixit* ne concorde guère en particulier avec le soin qu'il a pris de noter, par exemple, qu'il rendait au prochain le bien pour le mal. C'est là pourtant un fruit de cette charité évangélique, qui est elle-même l'âme, la forme et l'esprit de toutes les vertus : *forma virtutum*, selon Saint Thomas. Or, Bellarmin écrit au par. 50 de sa Vie : « *Et sic reddidit Sixto Pontifici bona pro malis* », c'est à savoir le mal que Sixte-Quint lui avait fait en mettant à l'Index ses *Controverses.*

C'est ainsi encore que, nommé Recteur du Collège Romain, par. 52, il se donnait déjà comme modèle :

Afin de donner aux autres l'exemple de la simplicité religieuse, je fis retirer de la chambre du Recteur divers meubles précieux et objets sacrés, ainsi que les peintures, appelées tableaux, et toutes les autres choses qui ne sont pas indispensables; et je ne voulus rien posséder de plus que les autres Frères (on ne sait si ce mot de Frères désigne exactement ici les Pères ou les autres coadjuteurs).

Cardinal (par. 59), *je résolus de ne rien changer à ma manière de vivre, quant à la sobriété des repas, l'oraison, la méditation, la messe quotidienne et les autres règles ou coutumes de la Compagnie; secondement de ne pas amasser d'argent et de ne pas enrichir mes parents.*

Créé archevêque de Capoue en 1602, le second dimanche après Pâques, il se réfugia durant quatre jours au Collège romain pour échapper aux visites et partit de là sans délai pour sa résidence :

Ce départ si prompt de la Ville Eternelle, dit-il, *provoqua l'étonnement de beaucoup de gens, et même du Souverain Pontife, car la plupart du temps, les prélats de la Curie ont peine à quitter la Cour pontificale; et un autre Cardinal, qui avait été consacré avec moi comme évêque de Bari, différa son voyage jusqu'à la fin d'octobre.*

Ici, il ne s'agit plus seulement de vertu, mais d'une vertu qui, par comparaison avec la conduite du Cardinal Bonvisi, qui tarda six mois à rejoindre son archevêché, apparaît plus éclatante, et par surcroît d'autant plus rare : « *quia ut plurimum Curiales vix avelli possunt a Curia* ».

Les anciens Postulateurs de la Cause romaine de Béatification (*P. III. Ad objectiva, pag.* 23) répondent à cela que ce rapide départ est certainement une preuve d'héroïque obéissance : « *Quod... eroicæ obedientiæ argumentum certissimum nemo esse negabit* ». Mais cet héroïsme me semble à moi une pure imagination des Postulateurs, lesquels supposent deux choses : la première, que ce subit éloignement était voulu du Pape, alors que Bellarmin lui-même atteste que le Pape, loin de l'avoir ordonné, en demeura tout surpris : « *admirationem attulit ipsi Pontifici* » ; la seconde que Bellarmin, ayant le plus grand désir d'émettre son *votum* à la Congrégation *De Auxiliis*, voulut pourtant se conformer sans délai et complètement à la volonté et aux désirs du Pontife : ce qui est bien éloigné de la vérité, puisque, sur la question du molinisme, Bellarmin résista au contraire à la volonté de ce Pape durant tout son règne, comme on le prouvera ultérieurement.

Les premiers Postulateurs ajoutent (même page) que le séjour prolongé du Cardinal Bonvisi à Rome était de notoriété publique : « *Addimus quod mora Cardinalis Bonvisi publica erat* ». C'est vrai ; mais le parallèle entre le départ à l'improviste de Bellarmin et le long retard de Bonvisi se serait-il aussi étroitement établi dans l'opinion, si le Serviteur de Dieu ne l'avait institué en écrivant sa propre vie ?

Le Postulateur moderne répond là-dessus au Cardinal Azzolini, page 68 :

> Le mépris à l'égard de l'archevêque de Bari, le cardinal Bonvisi, est une invention fantaisiste.

Ainsi le nouvel avocat de Bellarmin est-il partout égal à lui-même dans ses malheureuses réfutations! L'illustre Cardinal Azzolini citait ici les paroles de Bellarmin et les expliquait dans leur sens naturel. A quelle fin le Cardinal Bellarmin raconte-t-il, en effet, le retard du Cardinal Bonvisi, sinon pour donner plus de relief à son propre empressement, comme à un acte de vertu? Et qu'on relise tout ce paragraphe du Cardinal Azzolini, ainsi que la réponse du Postulateur, l'on reconnaîtra vite combien solide est le raisonnement de l'un, combien faible la réponse de l'autre.

Quelqu'un de moins affectionné que moi à la mémoire du Serviteur de Dieu noterait même ici que Bellarmin se fait gloire, comme d'un acte héroïque, d'avoir rejoint sur-le-champ sa résidence, ce qui n'était après tout qu'un acte élémentaire de justice; et que, voulant à tout prix, exalter son geste et ne pouvant le faire à son propre compte, il tente de le faire aux frais d'autrui, en manquant de charité au prochain et en entachant la réputation du Cardinal Bonvisi et des autres Prélats de la Curie romaine. C'est ainsi que le Pharisien de l'Evangile se glorifiait d'observer la Loi à la différence des autres hommes et du Publicain : « *Quia non sum sicut cæteri homines, et velut hic Publicanus* ». Mais je n'irai pas jusque-là.

Je souhaiterais plutôt, si possible, prendre ce passage lui-même en bonne part et ne pas attribuer à la vaine gloire tant de traits assez fâcheux de la *Vie*, que nous avons dû relever jusqu'ici, mais qui ne correspondent pas *ad unguem* aux sentiments du Vénérable Bellarmin, tels du moins qu'ils se sont généralement manifestés au dehors, à part cette malencontreuse *Autobiographie*.

Il nous faut bien cependant tenir compte de certaines lettres, peu nombreuses il est vrai et familières, imprimées à Rome chez Manelli en 1630, par les soins du P. Fuligatti, jésuite.

Dans la Lettre 74, Bellarmin écrit au P. Dalmenio pour lui tracer le plan d'un *Avis au lecteur,* à placer en tête de ses *Sermons* :

Je désire fort que soit l'imprimeur, soit Votre Révérence fasse précéder mon ouvrage d'une Préface au Lecteur, dans laquelle vous attesterez que j'ai prononcé ces sermons à Louvain avant la quarantaine, alors que j'étais jeune encore, et que je n'avais jamais songé à les mettre en volume, que je n'en avais même conservé, par devers moi, aucune copie autographe, mais que c'est à vous qu'il a paru bon d'éditer ces discours tels que vous les avez retrouvés.

Ce qui s'appelle de la vaine gloire, travestie en modestie, et qui ajoute à sa propre malice celle d'un mensonge. Car, sans doute, les préfaces et avertissements sont pleins de pareils tours, au point de n'être plus aujourd'hui que des prospectus sans crédit. Personne n'y croit. Les grimaces en provoquent la nausée ou le rire; tant ces façons de mendier la gloriole semblent puériles. Mais, dans le cas présent, il y a quelque chose de plus grave et de plus peccamineux, étant donnée la fausseté des faits allégués, à répandre par la presse en toute connaissance de cause.

Il est si faux, en effet, que Bellarmin n'avait jamais songé à éditer ses sermons, que cette même lettre de lui commence ainsi :

J'ai traité avec le T. R. P. Général de la revision de mes sermons, et il a écrit au Recteur du Collège des

Jésuites à Cologne de désigner deux hommes doctes d'entre nos Pères qui revisent ce volume de Sermons et en permettent ensuite l'impression.

Qu'on accorde à présent ces mots avec sa volonté de faire écrire dans la Préface que lui-même « *unquam de editione cogitavit* » ! N'est-ce pas une manifeste contradiction ? N'est-ce pas, pour parler en toute liberté, une tromperie dictée par le vaniteux désir de faire valoir davantage sa prédication?

Au surplus, cette Lettre du 24 avril 1610 fut suivie d'une autre, datée du 8 juin 1612, deux ans plus tard : c'est la 94°, adressée au P. Simon Riccio, franciscain, où l'on découvre plus manifestement encore que rien n'est vrai de ce que Bellarmin voulait faire écrire dans la Préface au recueil de ses sermons.

Voici comment débute ce message :

> « J'ai appris que l'exemplaire de mes Sermons latins, que Votre Révérence a en mains, n'a pas été pris sur mon AUTOGRAPHE. »

Et pourtant, dans la Préface, il voulait qu'on dît qu'il n'avait conservé ni son manuscrit ni aucune copie de son ouvrage !

Et plus loin, dans la même lettre, il ajoute pour se faire entendre plus clairement :

> Les moines de Pavie reçurent de moi le manuscrit de mes sermons, et, en ayant pris copie sur l'AUTOGRAPHE, ils les lisaient au réfectoire.

Pour dissiper toute équivoque et couper court à tout subterfuge, il concluait enfin :

> Je prie Votre Révérence qu'elle épargne à ma ré-

putation le discrédit de cette mauvaise édition, et qu'elle la rejette ou bien qu'elle corrige sa copie d'après les deux exemplaires que j'ai envoyés là-bas par votre Procureur Général.

Le voici donc qui avoue avoir gardé une copie, l'avoir envoyée à Cologne, pour qu'on l'y imprimât, alors que dans la fameuse Préface, il faisait affirmer le contraire : « *illic inventas esse* ». Vraiment le vieux proverbe a raison de dire : *Il faut bonne mémoire pour bien mentir.* Bellarmin a oublié ce qu'il avait écrit deux ans plus tôt, ou simplement il n'a pas prévu que ces deux lettres contradictoires seraient publiées un jour et découvriraient sa supercherie. Or, il s'agit d'une matière légère et de peu d'importance, sans doute; mais le Saint Esprit nous en prévient : *La bouche qui ment tue l'âme.* Et Bellarmin étant si pieux, si délicat de conscience, comme je l'accorde au Postulateur, s'il est tombé pourtant dans cette faute par vanité, on voit combien cette passion le dominait.

Reprenons maintenant le fil de notre discours. On sait que durant les trois années de son épiscopat à Capoue, Bellarmin distribua d'abondantes aumônes aux pauvres et aux lieux pies; il fit trois fois la visite de son diocèse, célébra trois Synodes et un Concile provincial :

Je dénombrai, écrit-il paragraphes 62 et suivants, *les familles pauvres du pays et tous les mois je leur adressais des sommes d'argent déterminées; j'assignai à divers lieux pies des secours mensuels, en dehors de ceux qu'on distribuait chaque jour à ma porte et aussi des largesses extraordinaires. Je résidai trois ans à Capoue; je visitai chaque année le diocèse, j'y tins trois synodes, j'y convoquai le Concile de la province, qui n'avait pas été célébré depuis* 18 *ans.*

Il raconte ensuite qu'il se rendait au chœur avec les autres Chanoines, aussi bien les jours de fête qu'aux simples féries, comme il le dit par. 65 :

J'assistais à l'Office divin avec les Chanoines, les jours fériés, non pas seulement pour Matines et Laudes, mais d'un bout à l'autre; aux simples féries, j'assistais au moins à l'office du matin, tant pour retenir les Chanoines au chœur que pour les former à une psalmodie grave et lente et pour toucher les appointements y attachés, dans l'intérêt des pauvres : c'est à eux, en effet, que je distribuais intégralement ces bénéfices.

Il conte ses prophéties :

Je prédis dès le commencement que je ne gouvernerais que trois ans cette Eglise.

Il conclut enfin :

Je vis en ce moment ma 71e *année; et tous les ans, de préférence au mois de septembre, je fais une retraite; j'y vaque à l'oraison et au silence.*

(14). Si ce ne sont pas là des vertus, qu'appellerons-nous ainsi ? Et comment accorder avec sa dénégation : *De virtutibus nihil dixit*, cette histoire détaillée de ses bonnes œuvres? Pour moi, à vrai dire, je ne le vois pas.

Mais examinons si du moins les Postulateurs de la cause le savent mieux que nous. Ils se sont efforcés de répondre à quelques-unes des difficultés produites, sinon à toutes, sans qu'ils me paraissent en avoir résolue une seule. Au contraire, par leurs répliques insubsistantes, ils les ont aggravées, comme je le ferai voir toujours plus clairement.

II. — Réponse aux instances des postulateurs.

I. — *Bellarmin parlerait le moins possible de lui-même et de ses vertus.*

(15). Dans le Tome précité du Procès romain de béatification, il est ainsi répondu aux précédentes objections (troisième partie, page 14, par. 3, n° 35) :

> Bellarmin, dans son autobiographie, a certainement parlé de lui-même le moins possible; car il pouvait à loisir énumérer chacune de ses vertus, voire les plus hautes : il s'est tu entièrement sur ce point.

Pour faire saisir toute la faiblesse de cette riposte, je demanderai à mon tour aux Postulateurs de quelles vertus ils nous parlent.

Est-ce des vertus intérieures ? Est-ce des vertus extérieures ?

S'il s'agit des vertus intérieures, Bellarmin ne pouvait en effet en faire mention dans sa *Vie*, sans se nuire à lui-même et sans tomber dans la plus visible aberration : car c'est un oracle de l'Esprit Saint qu'*aucun homme ne sait s'il est digne d'amour ou de haine*. L'Eglise elle-même ne saurait se prononcer sur la valeur des vertus intérieures; et si Bellarmin avait écrit : « J'ai une ardente charité, une humilité profonde, j'ai fait une sincère pénitence et pratiqué un véritable esprit de pauvreté », il se serait exposé aux risées de toute la postérité comme ayant donné ouvertement dans la plus ridicule jactance. Aussi, quand il écrit : *De virtutibus nihil dixit,* et quand les Postulateurs insistent qu'au sujet de ses plus grandes vertus *omnino siluit,* ils veulent parler, sans doute, c'est entendu, des vertus intérieures, de Dieu seul connues.

Mais si l'on en vient aux vertus extérieures, certes, Bellarmin nous a conté les siennes, au contraire, avec toute l'exactitude possible et les a publiées à haute et intelligible voix dans cet écrit destiné à en perpétuer le souvenir, comme nous l'avons suffisamment démontré.

2. — *Il ne dirait rien du succès de ses* « Controverses ».

(16). Les Postulateurs insistent, immédiatement après ce passage, dans les termes suivants :

> Alors qu'il aurait pu dire avec quel applaudissement avait été reçu par exemple son livre des *Controverses,* et quel prix on y attachait, il a gardé là-dessus le silence.

Peut-on, tout d'abord, tenir pareil discours plus mal à propos ? Parce que Bellarmin ne nous a pas conté quel favorable accueil avaient reçu ses volumes de *Controverses,* est-ce une raison d'en conclure *a priori* qu'il nous a caché ses plus belles vertus ? Ne célèbre-t-il donc pas lui-même, par écrit, la charité qu'il a mise à rendre à Sixte le bien pour le mal ; sa miséricorde à l'égard des pauvres ; ses aumônes, son zèle, ses exercices spirituels au mois de septembre, ses méditations, ses prières, l'universel enthousiasme soulevé par ses prédications; ses travaux, la visite répétée de son diocèse, sa tempérance, son détachement, la pauvreté de ses appartements ? S'il n'a pas parlé de ses livres, c'est donc — et voilà tout, — une pure distraction de sa plume.

Ou plutôt, il n'a rien oublié; et pour que les Postulateurs s'appliquent à l'avenir avec plus de soin à dire toujours la vérité, reportons-nous pour eux au par. 42 de l'autobiographie :

En 1589, *le cardinal Gaëtani fut envoyé en France en raison des troubles graves du Royaume, et je lui fus adjoint par le Pape Sixte V. En France, mon nom commençait à être célèbre à cause de l'édition de mon livre des* CONTROVERSES. *Aussi beaucoup de gens voulaient-ils me voir et accouraient fréquemment sur mon passage.*

Et maintenant, que les Postulateurs réfléchissent au courage qu'il leur a fallu pour venir nous attester publiquement et effrontément : *De iis omnino siluit !*

Retournant de France à Rome et passant par Bâle, Bellarmin nous rapporte encore, par. 49, comment une multitude de personnes se désolèrent de n'avoir pu faire la connaissance d'un aussi grand homme :

Je passai par Bâle, mais incognito; aussi rapporte-t-on qu'aussitôt qu'on y connût mon passage, nombre de gens furent très fâchés de n'avoir pu me voir. Voulaient-ils me nuire ou bien m'honorer ? Je n'en sais rien.

L'un et l'autre, en tout cas, est également à sa gloire.

3. — *Il ne ferait même pas mention de la vénération unanime à son égard.*

(17). Les Postulateurs continuent au même lieu, toujours sur le même sujet :

Il pouvait rappeler quel prix avaient attaché à sa piété, à sa doctrine, à sa prudence, les Souverains Pontifes, les Cardinaux, les Rois, les Peuples; combien de témoignages il en avait reçus, publics et réitérés; et il ne souffle pas même un mot de tout cela.

Plût à Dieu qu'en effet, il n'eut rien dit de tant d'avantages ! Mais il semble incroyable que des Postulateurs aient pu avancer des choses aussi contraires à l'évidence des faits.

Quoi ! Bellarmin n'a soufflé mot de la piété qu'honoraient en lui les peuples ? Mais voici ce qu'il écrit au par. 67 de son autobiographie :

Je lisais les Vies de tant de saints Evêques, dont j'avais fait un choix dans Sirius, et je me sentais spirituellement aidé par cette étude. J'aimais mon peuple et mon peuple m'aimait. Jamais les ministres du Roi ne m'infligèrent la moindre vexation; ils me vénéraient au contraire, car ils m'estimaient un véritable serviteur de Dieu.

Peut-on trouver récit plus clair et plus pompeux ?

Si cela ne suffit pas aux Postulateurs, passons à la Lettre 142 de l'édition ci-dessus mentionnée, écrite à l'Archevêque de Vienne qui avait demandé à Bellarmin de lui retracer la règle de vie d'un saint Pasteur. Au lieu de lui rappeler les préceptes généraux auxquels doit s'en tenir quiconque désire administrer comme il faut l'Eglise que Dieu lui a destinée; au lieu de lui proposer comme exemple la vie d'un Ambroise, d'un Martin, d'un Borromée; Bellarmin répond :

> Quant à *moi,* comme sur un miroir, *j'*ai tourné *mes* yeux et *mon* cœur vers la Vie de ceux qui furent d'excellents et fameux Evêques, lisant leur histoire, étudiant leurs faits et gestes, *m'*efforçant, avec la grâce de Dieu, de devenir pareil à eux, en imitant leurs vertus. C'est pourquoi *j'*avais toujours ces hagiographies entre les mains, etc...

Il y eut donc chez Bellarmin, non seulement de la jactance, mais de l'aveuglement et une véritable infirmité de cœur à cet égard : car il n'était nécessaire d'être ni grandement humble ni saint; il suffisait d'un peu de jugement pour ne pas se proposer soi-même en exemple à l'un des premiers prélats de France qui demandait le moyen de devenir un vrai Pasteur. Et cependant les Postulateurs écrivent : « *De his ne unum quidem verbum fecit* ».

Mais passons outre.

Les Postulateurs insistent à nouveau. Suivant eux, le Vénérable Bellarmin a, dans son autobiographie, caché les succès de son apostolat parmi les hérétiques. Ils écrivent donc, page 21, qu'il n'a pas revendiqué la gloire qui lui revenait de ce chef, c'est-à-dire, « au sujet de la conversion des hérétiques et de tant d'autres faits dont il n'a rien dit du tout dans cet abrégé, mais qu'il a dissimulés au contraire par un méritoire artifice de son humilité ».

Cet éternel : *nihil omnino dixit,* une exacte citation de Bellarmin suffit encore à le réfuter et à le confondre. Au n° 37, l'*Autobiographie* nous raconte, en effet, que, grâce à ses prédications, « *beaucoup de personnes furent confirmées dans la foi à la présence du corps du Christ dans l'Eucharistie ou même converties de leur erreur, comme il l'a appris de témoins dignes de foi* ».

CONCLUSION DE CETTE PREMIÈRE PARTIE.

Bellarmin ne pouvait rien écrire de plus avantageux pour lui-même sans trahir à tous les yeux sa vanité ou sa sottise.

(18). L'on ne saurait donc ne pas s'étonner et même s'émerveiller, en considérant cet aplomb des Postulateurs, qui répètent tant de fois leur : *nihil omnino dixit*, alors qu'en réalité, à chaque fois, le Serviteur de Dieu a vraiment tout dit : *omnia dixit*, tout divulgué, les petites choses et les grandes, et tout mis en évidence.

Mais pour quelle raison se sont-ils jetés dans d'aussi manifestes contradictions et se sont-ils acharnés dans ce parti-pris de nier que Bellarmin eût écrit ce qu'ils pouvaient vérifier de leurs propres yeux comme le plus formellement acquis ?

C'est que, acculés par la difficulté, — à moins de nier l'évidence, — ils voyaient eux-mêmes la conséquence nécessaire à en tirer : à savoir que Bellarmin avait manqué de l'humilité évangélique, indispensable pour mériter un culte public, et qu'au contraire, il avait encouru la tache de vaine gloire et d'orgueil. Puisque Bellarmin a réellement écrit ce dont les Postulateurs se refusent à convenir, il s'ensuit en effet, par un aveu tacite, mais obligé de leur part, que le vénérable Serviteur de Dieu ne s'est pas suffisamment signalé par son humilité. Il lui a manqué cette vertu fondamentale, d'autant plus exigible lorsqu'il s'agit de placer quelqu'un sur les autels, qu'elle apparaît indispensable même à tout chrétien qui ne veut pas bâtir sa maison sur le sable, mais sur la pierre stable et permanente, selon la parole de Jésus-Christ. Car tout le bien que nous pouvons faire n'est rien, si nous en recherchons au dehors la louange, comme nous l'enseigne Saint Grégoire ; et en voici la raison : « Celui-là est impuissant à préserver en lui des esprits du mal le zèle des célestes désirs, qui ne sait pas se dérober aux éloges des hommes ». Or, nous avons montré plus qu'à l'évidence que Bellarmin non seulement n'avait pas caché ses œuvres dignes de recommandation, par le plein exercice de la nécessaire vertu d'humilité, mais encore que sa mémoire était obscurcie d'une ombre de vaine gloire. Nous pouvons donc en conclure ici :

— Si, après avoir pris tant de peine et s'être tant étudiés à soutenir cette cause, ses Postulateurs n'ont pu produire ou montrer un fait, petit ou grand, glorieux pour le Serviteur de Dieu, que celui-ci n'ait copieusement rappelé dans son autobiographie ou ailleurs, grâce à son heureuse mémoire, mon second point demeure définitivement établi ; à savoir que le Vénérable Serviteur de Dieu ne pouvait rien écrire sur son propre compte de plus avantageux ni de plus glorieux, sans mettre lui-même sa réputation en péril et passer non seulement pour un vaniteux, mais encore pour un homme privé du sens commun et sans jugement.

SECONDE PARTIE

Episodes caractéristiques

§. — *Cas que Bellarmin faisait de sa propre science.*

(19). J'ai omis à peu près jusqu'ici de parler de la science de Bellarmin.

Or, les Postulateurs prétendent, naturellement, que même de cette science *ne unum quidem verbum fecit;* et de combien cette affirmation est éloignée de la vérité, ce que nous avons dit déjà le montre assez. Mais, pour plus ample confirmation, soulignons d'abord au passage quelques autres traits de Bellarmin à cet égard.

Dans l'Appendice à sa *Vie*, il se décerne en premier lieu : « *le don de facilité, qu'il a reçu de Dieu pour tout comprendre et tout expliquer* ». Pressé par la nécessité d'enseigner aux autres, « *il apprit pour son propre compte les lettres grecques et hébraïques; il lut presque tous les Pères, les Histoires, nombre de Docteurs scolastiques, les Conciles ou du moins les abrégés qu'on en a faits, voire tout le corpus du Droit canonique; et il n'eut jamais beaucoup de mal à entendre ce qu'il lisait* ». Envoyé à Naples pour y reviser les écrits de Salmeron, en cinq mois seulement, « *il relut les immenses volumes de ce Père, et tous les jours il lui faisait part des erreurs découvertes* ». Et bien que Salmeron, au premier choc, en fût froissé et s'efforçât d'abord de défendre ses doctrines, « *pourtant, dès le lende-*

main, d'un esprit plus calme, il faisait toutes les corrections demandées ». Dans une Congrégation sur la réforme du Bréviaire, il se mit à contredire le Père de l'Histoire ecclésiastique, le Cardinal Baronius, lequel inclina son jugement devant son jeune émule : « *Baronius niait, mais, lorsqu'il eut entendu mon avis et mes motifs, il déclara publiquement qu'il avait perdu sa cause, et que mon opinion lui plaisait maintenant plus que la sienne* ».

Le moderne Postulateur dira-t-il encore que c'est chose légère, de la part de Bellarmin, que d'avoir ainsi fait état de la supériorité de son érudition sur celle de Salmeron ou sur celle du grand Baronius, à propos d'un point d'histoire ecclésiastique ? En tout cas, nul n'osera le prétendre de ceux qui s'aviseront de lire certaine épître dialoguée entre Clément VIII et Bellarmin, imprimée dans le recueil de ses Lettres familières que nous avons mentionné plus haut.

I

La Lettre à Clément VIII.

Dans cette pièce, le grand Pontife, si savant, guidé dans la voie du salut par Saint Philippe de Néri et par Baronius son disciple, prend d'abord figure d'élève de la petite classe ou de jeune novice, tandis que Bellarmin se donne l'air d'un Père Maître et d'un Père Recteur.

Et même en admettant que ce dialogue se soit vraiment tenu à l'époque où ce grand Pontife confia le soin de sa conscience à Bellarmin, il n'en est pas moins d'un grand et insupportable orgueil de l'avoir laissé par écrit dans ses papiers, de façon à ce qu'il pût être plus tard imprimé. Daigne Votre Sainteté jeter un coup d'œil sur ce petit ouvrage : Elle verra que j'en parle le plus modérément qu'il se peut, et que je n'ai rien exagéré. Mais pour qu'Elle n'ait pas même à prendre tant de peine, je rapporterai ici une phrase seulement de cet écrit : c'est la dernière réponse que fait le Pape :

Nous avouons que non seulement en ceci, mais en beaucoup d'autres choses et même sur tous les points, Nous avons péché, et que sur aucun Nous n'avons satisfait ni ne satisfaisons comme il faut aux devoirs de Notre charge.

Or, je dis que ces mots, écrits en marge du manuscrit par le Pape, comme réponse à Bellarmin, en tant que directeur de sa conscience, Bellarmin était tenu à les taire, sous le sceau du secret au moins naturel, sinon sacramentel. Cependant ce même Bellarmin, qui ne pouvait ignorer avec quel scrupuleux silence, avec quel soin jaloux il devait veiller sur cet écrit, même avant qu'il fût apostillé par le Pape, certifiait en personne à celui-ci en le lui remettant :

Qu'il n'avait été vu de personne, et qu'il n'en existait pas de copie : de sorte que Sa Sainteté pouvait s'en servir ou le brûler, comme il lui paraîtrait être le mieux, et que personne n'en saurait jamais rien.

Et le P. Bartoli, dans sa *Vie de Bellarmin* (lib. 3, cap. 4) pense tout au contraire qu'il existait de cette pièce au moins un double. Car Bartoli (à cet endroit) raconte que lui-même en possédait une copie originale, contenant 20 chapitres, dont Bellarmin n'adressa que six au Pape pour commencer.

Un témoin, il est vrai (*Process.*, 2e partie, *de Relevant.*, page 46) a attesté que cet écrit avait été publié, sans doute, soit par le Pape, soit par quelque autre qui l'eut par hasard en main. Cependant le même témoin convient que le Pape rendit l'original apostillé de sa main à Bellarmin, et que lui-même, témoin, en a tiré plusieurs copies, alors que ledit original se trouvait être à ce moment-là la propriété du P. Buffalo. De telle sorte que Bellarmin aurait, en somme, donné la permission de copier comme on l'a voulu l'autographe et que le témoin susdit l'avoue.

D'autre part, c'est un pur faux-fuyant que de prétendre : « Il faut bien que l'écrit soit tombé d'abord entre les mains de tierces personnes ou que le Pape en ait donné lui-même connaissance, car on en a rempli toute la Curie; moi-même en ai vu l'original et en ai pris des copies ». Si chacun a pu prendre librement tant de copies de l'original, il n'est donc pas difficile de deviner comment l'écrit s'est répandu dans Rome; et la question est justement de savoir d'où sortait l'original que Clément VIII, s'en étant dessaisi, n'a certainement livré de son côté ni à Bartoli ni au P. Buffalo.

II

Autre trait de jactance.

Mais une des jactances les plus exorbitantes, me semble-t-il, que j'aie rencontrées au cours de cette *Vie* de Bellarmin par Bartoli, est celle qu'on lit au chapitre XI.

Un Juif aurait donc déclaré devant certains Sénateurs, à Oliva, célèbre monastère près de Dantzig, que si tous les Cardinaux menaient la même vie que Bellarmin, il ne resterait pas un seul Israëlite qui ne se fît chrétien ; et Bellarmin en personne, en contant cette anecdote, y ajoutait ce trait qu'un Protestant aurait fait la même déclaration concernant les hérétiques. Bellarmin en aurait même pris occasion de dire (ces paroles sont tirées textuellement du P. Fuligatti) :

> J'ai déjà pour ma canonisation deux témoignages, celui d'un Juif et celui d'un hérétique ; il ne me manque plus que le troisième, celui d'un Turc ou d'un païen.

Et bien que le P. Fuligatti prétende que Bellarmin aurait dit cela par manière de plaisanterie, il est impossible d'excuser le Cardinal d'avoir, en colportant ce récit, fait un éloge excessif de sa sainteté. S'il avait été exempt de vaine gloire, il eût usé plutôt des paroles de Saint Jean Chrysostome qui expriment un sentiment du même genre : « Il n'y aurait plus de païens si nous prenions nous-mêmes le soin d'être chrétiens comme il convient (*Homélie X, sur la seconde Epître à Timothée*) », au lieu de vouloir s'appuyer sur le bon exemple que donnait sa propre vie. Car je ne fonde pas ma censure sur ce que Bellarmin dit ici de sa canonisation, mais sur le récit qu'il fait de l'impression produite par sa sainteté sur un juif et sur un hérétique. Et de même que je crois sincèrement que l'allusion à la canonisation n'est qu'une plaisanterie, ainsi vois-je le reste tout rempli de vanité et non sans péché; car s'enorgueillir de ses bonnes œuvres est une faute vraiment grave.

Et c'est pourquoi, si l'on en vient à considérer d'ensemble sous ce point de vue tant d'illustres actions que Bellarmin rapporte à sa gloire, il n'y a rien à répliquer à l'accusation la plus formelle de vaine gloire, à moins de nier purement et simplement, comme nous l'avons vu faire jusqu'ici, les faits les plus patents, attestés de la main même du Vénérable.

III

L'affaire du molinisme

1. — *Variations personnelles sur la Grâce.*

(20). Mais pour ne pas me départir de cette question de la doctrine ou de l'érudition de Bellarmin, non seulement le Vénérable Serviteur de Dieu a fait vanité de son savoir, mais encore il en a joué de tout temps pour soutenir son opinion dans les controverses les plus graves, avec une étrange désinvolture, selon les temps, les circonstances et ses sympathies personnelles.

Alors qu'il était, jeune encore, étudiant à Padoue, nous avons vu au par. 21 de son autobiographie, sa profession de foi :

> *Le P. Charles enseignait la prédestination d'après la prévision des mérites,* ex previsis operibus, *mais moi je soutenais dans mes écrits l'opinion de Saint Augustin sur la prédestination gratuite.*

Au tome de ses *Controverses* consacré à la Grâce et au libre arbitre (lib. 2, cap. II), il enseigne encore que les Saints Pères ont jugé que cette prédestination gratuite avant toute prévision des mérites, appartient à la Foi catholique : « *Ad fidem catholicam hanc pertinere tradunt et contrariam ad Pelagianos rejiciunt* ».

Il le répète encore à la fin de ce chapitre, où il prononce clairement : « *Haec sententia, non quorumdam Doctorum opinio, sed fides catholicæ Ecclesiæ dici debet* ».

Or, cet article de la prédestination gratuite est le point central des fameuses controverses *De Auxiliis* débattues sous Clément VIII et Paul V, entre les défenseurs de Molina et ceux de la prédétermination physique ; c'est la thèse capitale de la théorie dominicaine.

Autre point non moins important, c'est que la grâce ne reçoit pas son efficacité du consentement de la volonté humaine. Aussi Bellarmin écrit-il, de l'opinion contraire (Lib. 2, *de Gratia et lib. arbitr., cap.* 12) : « *Haec opinio aliena est omnino a sententia D. Augustini et quantum ego existimo a sententia etiam Scripturarum divinarum* ».

Et pourtant, après s'être prononcé si nettement, Bellarmin, quand éclatèrent les fameuses controverses *de Auxiliis,* ne rougit pas, pour sauver son confrère Molina, dans un écrit présenté à Clément VIII, et qu'il prend soin de recommander lui-même, en l'appelant *opusculum dilucidum;* il ne rougit pas, dis-je, d'avancer qu'il ne voit aucun passage des Ecritures qui soit formellement contraire à la doctrine moliniste, laquelle fait précisément dépendre l'efficacité de la grâce du seul libre arbitre des hommes. Quant au dogme de la prédestination, loin de se déclarer ingénument contre un auteur qui en était venu à ce point de témérité de qualifier d'absurde et d'injurieuse la doctrine de la prédestination gratuite, Bellarmin s'efforce, dans le même opuscule, de faire croire au Pape que Molina, en substance, n'enseigne rien de contraire à la vraie doctrine, et que nombre d'autres théologiens plus anciens se sont davantage éloignés du sentiment scolastique.

2. — *Il laisse altérer par d'autres ses ouvrages.*

Il convient en outre d'observer que les *Controverses* de Bellarmin ont été imprimées pour la première fois à Ingolstadt en trois volumes, dont le premier parut en 1586, le second en 1588 et le troisième en 1593, et qu'on y a introduit plus tard des altérations sur divers sujets, regardant justement le chapitre de la Grâce, par l'entremise, à ce qu'on croit avec quelque probabilité, du Jésuite Valenza : car, celui-ci, qui fut l'un des plus ardents défenseurs de Molina, se trouvait, en effet, à Ingolstadt à cette époque, et depuis 1574, il faisait soutenir publiquement à Dœllingen des thèses étroitement conformes au système moliniste. Au surplus, les auteurs des biographies de Bellarmin louent celui-ci d'avoir laissé, sans ressentiment, altérer sa pensée ; mais si l'on veut bien considérer de plus près les choses, Bellarmin ne pouvait et ne devait pas, alors qu'il s'agissait de questions essentielles, permettre que ses livres enseignassent autre chose que ce qu'il croyait lui-même sincèrement.

Quiconque aurait en main les écrits originaux de Bellarmin, tels qu'on les conserve, dit-on, aux Archives du Collège romain, pourrait faire, je n'en doute pas, à cet égard, de belles découvertes. Mais je noterai seulement ici une chose que j'ai pu tirer de ce que j'avais à ma portée dans ma bibliothèque.

Au livre premier du Traité *De Gratia et liber. Arbitr.*, chapitre 12, la thèse de la prédétermination physique se trouve qualifiée ainsi, en caractères gras :

Cette opinion me paraît ou bien ne faire qu'une avec l'erreur de Calvin ou de Luther, ou du moins ne s'en écarter guère.

En outre, au livre 4 du même Traité, ch. 14, même note :

L'opinion qui place cette prédétermination dans la volonté, ne me paraît pas se distinguer, sinon d'une façon toute verbale, de l'opinion des hérétiques qui nient le libre arbitre.

Or, que ces deux endroits aient été altérés, il n'y a pas lieu d'en douter, puisqu'on voit, en d'autres passages, à savoir au livre 4, ch. 11 et 16, que la thèse de la prédétermination physique est reconnue au contraire comme appartenant à l'enseignement de Saint Thomas et qu'elle est expressément désignée comme offrant le moyen le plus probable de concilier la liberté humaine avec la coopération divine. Bellarmin ajoute même :

Cette opinion semble très conforme tant à l'Ecriture qui dit qu'en Dieu nous avons l'être, la vie et le mouvement, qu'à la raison et à l'ordre qui relie à la cause première toutes les causes secondes.

En outre, les Docteurs de Louvain, dans la

Lettre qu'ils ont placée en tête de leur censure contre Lessius, attestent que Bellarmin avait enseigné, dans leur Université, touchant la Grâce et la prédestination, une doctrine directement opposée à l'enseignement moliniste, qui procède de celui de Lessius et de ses disciples. Cette Lettre, écrite au nom de toute l'Université de Louvain, interpelle tout droit les PP. Jésuites et leur parle franchement, ouvertement et clairement, en ces termes :

Personne encore n'a perdu la mémoire, mes Révérends Pères, de ce que Robert Bellarmin, du haut de votre chaire et sur ce même sujet, a pensé et publiquement enseigné. Aujourd'hui, des dogmes différents et tout à fait contraires, etc...

Aussi les Jésuites eux-mêmes ne se sont-ils pas risqués à nier absolument que Bellarmin eût professé alors des doctrines conformes à celles de la prédétermination, comme on peut le voir dans Gabriel de Nereo (*Scientia media defendenda*, Tome I, lect. 175, n° 1860). Cependant puisque tel était le sentiment de Bellarmin, comment a-t-il pu laisser courir sous son nom, dans des livres de lui, que la prédétermination physique était une opinion presque calviniste ou luthérienne ?

Il est vrai que le second passage, qui se trouve au livre 4, chapitre 14 de l'édition d'Ingolstadt citée tout à l'heure, et dans une autre de Lyon, également de 1593, a été omis plus tard, ainsi que les 28 paragraphes suivants, dirigés contre la prédétermination physique soutenue par les thomistes, dans les éditions d'Ingolstadt de 1596 et de Venise en 1599, que Bellarmin a autorisées d'une façon particulière. Mais le premier texte, du livre 1, ch. 12, suprêmement injurieux pour toute l'Ecole thomiste, se retrouve dans toutes ces éditions; et tout au plus, à ce qu'en disent Didace, Alvarez et Thomas de Lemos, Bellarmin aurait-il déclaré au Cardinal d'Ascoli que c'est par inadvertance que cet endroit avait été réimprimé. Or, si l'on veut bien réfléchir au nombre infini d'éditions que Bellarmin a vu, de son vivant, donner de son ouvrage, et que toutes contiennent ce passage, il y a lieu de se demander si cette déclaration a été faite d'un cœur bien sincère : car jamais Bellarmin n'a exigé qu'on effaçât ces lignes. Bien plus, il n'en parle même pas dans l'ouvrage qu'il a publié tout exprès pour de pareils cas, intitulé : *Recognitio omnium Librorum suorum.*

Et une autre preuve des altérations considérables infligées aux *Controverses* de Bellarmin par les premiers éditeurs, c'est ce livre même de Revision générale de ses œuvres. Sans doute, il y combat la prédétermination physique; mais il s'efforce du moins d'y expliquer exactement ce qu'il avait voulu dire au livre I *de Gratia et lib. arbitr.*, chapitre 12 :

Ce dernier passage est tiré des endroits où Saint Augustin lui-même montre d'où vient que la grâce soit efficace, quoique sans nous déterminer physiquement, mais seulement moralement, par manière de persuasion.

Mais il déclare que son propre sentiment était :

Que la volonté était mûe par la grâce, même efficacement et physiquement; que Dieu, par la grâce adjuvante (efficace), semblait mouvoir la volonté d'une manière vraiment efficiente et physique.

Et il ajoute :

Ce que nous voulons répéter, de peur que quelqu'un n'estime que nous ne reconnaissons aucune motion de la volonté par la grâce, sauf une motion morale.

Finalement je puis représenter encore à Votre Sainteté qu'à la Bibliothèque vaticane existent cinq tomes contenant les leçons données par Bellarmin, alors qu'il était recteur au Collège romain, et que là, si le texte est authentique, il appelle probable l'opinion thomiste qu'il a abandonnée plus tard dans ses *Controverses* en la qualifiant d'équivalente ou de tout proche de celles de Luther et de Calvin.

Le moderne Postulateur convient, il est vrai, dans sa Réponse au Cardinal Azzolini (page 31 et 35), de cette mutilation infligée en Allemagne à la doctrine de Bellarmin ; et il écrit :

Pour répondre au fait de cette altération de quelques rares opinions de Bellarmin, que jugèrent bon de pratiquer les PP. Jésuites d'Allemagne pour rendre plus fructueuses les œuvres du Cardinal, il suffira de répondre ici avec le Cardinal Launa que *Saint Augustin en deux Livres de Rétractations a corrigé plus de deux cents propositions de ses précédents ouvrages.*

Pour laisser de côté bien des choses qu'on pourrait objecter à ce propos, chacun sait que Saint Augustin a rétracté de lui-même ses erreurs passées : s'il avait permis aux partisans du système adverse de toucher à son enseignement, que diriez-vous de ce Docteur ? Or, les Pères d'Allemagne s'étaient engagés à fond dans la défense de la *Concordia* de leur confrère Molina, accusé de semipélagianisme. Le P. Valenza surtout fut l'un des protagonistes de sa cause à la Congrégation *de Auxiliis*. Cependant Bellarmin, qui, depuis l'âge d'étudiant, était partisan de la prédestination gratuite combattue par Molina, et qui, publiquement, à Louvain, avait enseigné de la façon la plus claire l'efficacité de la Grâce par elle-même, tolère avec patience le changement radical introduit dans son enseignement au sujet de ces graves controverses dogmatiques, pour condescendre à l'entreprise de ses confrères. Et, grâce à la complexité de circonstances qu'il convient d'examiner avec attention, on prétend le justifier par l'exemple de Saint Augustin, poussé à écrire son livre des *Rétractations* par la maxime de Jésus-Christ : « De toute parole oiseuse qu'il aura dite, l'homme rendra raison au jour du Jugement », et autres semblables, que ce grand Saint rapporte dans son Prologue.

Qu'on écoute donc, et qu'on pèse ce que Bellarmin lui-même a écrit dans l'Appendice à son *Autobiographie*, au sujet du livre de Molina :

> *Au sujet du livre de Molina,* De Concordia, etc..., *d'abord j'avertis le P. Préposé Général, avant qu'aucune contestation se fût élevée, qu'il s'y rencontrait beaucoup de propositions mal sonnantes, et je les lui remis par écrit. Le P. Général les envoya en Espagne; et il en résulta une nouvelle édition du P. Molina, où il s'efforçait d'adoucir les dites propositions et déclarait avoir parlé par manière de discussion et non d'assertion.*

Donc, avant même que ne s'élevât aucune dispute, nombre de propositions du P. Molina apparaissaient mal sonnantes. Voire, celle de la prédestination dépendant de la prévision des mérites semblait une erreur contraire à la foi. Aussi, dans une seconde édition, le P. Molina s'efforce d'« adoucir » : *illas emolire conatur.* Mais en réalité il adoucit peu ou prou. Ces propositions « mal sonnantes » sont toujours là. En confrontant les deux éditions que j'ai sous les yeux, je n'y trouve aucune différence. Et l'on peut lire et consulter sur cette question, à propos de Bellarmin (car je ne puis rapporter ici tout au long ce que je souhaiterais) deux auteurs célèbres, bien connus tous deux de Votre Sainteté : ce sont le P. Serry et le P. Massoulié.

3. — *Son attitude dans la controverse* De Auxiliis.

Quoi qu'il en soit d'ailleurs des altérations subies par les œuvres de Bellarmin et de ses contradictions, recopions ce qui suit dans l'Appendice à son *Autobiographie :*

Plus tard, la dispute ayant éclaté, j'écrivis, sur l'ordre du Pape Clément, quel était mon sentiment sur la censure des Frères Prêcheurs, dans un Opuscule *très clair, où je montrai en quoi consistait toute la controverse, et que l'opinion des Dominicains était plus périlleuse encore que celle de Molina. Cet opuscule fut d'abord admirablement reçu et approuvé par le Souverain Pontife.*

Pourtant, si ce lucide ouvrage — *Opusculum perlucidum* — fut si merveilleusement accueilli par le Pape, — *mire probatum est,* — pourquoi ne décida-t-il point du sort de la censure ? Oh ! c'est que le Pape changea du tout au tout :

Mais plus tard, poursuit Bellarmin, *Clément VIII changea entièrement d'avis; et tant que je fus à Rome, il ne voulut plus qu'on traitât de cette question en public de peur que je n'assistasse à la discussion.*

Le P. Bartoli, dans sa *Vie de Bellarmin* (lib. 2, cap. 8) prétend même que le Pape donna à Bellarmin l'archevêché de Capoue pour l'éloigner de Rome, sous prétexte d'honneur : fait qu'interprète d'une façon plus fantaisiste encore le P. Frizon, en avançant sans aucune espèce de preuve que le Pape fit de cet archevêché la récompense de Bellarmin pour avoir soutenu avec constance la doctrine de Molina.

Donc, « *non mire probavit dilucidum opusculum* », ou bien « *non totus mutatus est.* »

4. — *Impertinences à l'égard du Pape.*

Cependant Bellarmin continue :

Le Pape voulut qu'aussitôt après mon départ reprît la discussion entre les Cardinaux du Saint Office. Cependant, j'avertis souvent le Souverain Pontife de prendre garde aux embûches et de n'aller pas s'imaginer qu'il pouvait par lui-même, n'étant pas théologien, arriver à l'intelligence d'une question très obscure. Je lui prédis ouvertement que la question ne serait pas définie par Sa Sainteté; et comme Elle me répliquait que si, je lui rétorquai : Non, Votre Sainteté ne tranchera pas ce débat. Je prédis la même chose à Charles del Monte qui plus tard me rappela ce souvenir.

(21). Il y a ici bien des choses, et fort graves, à considérer.

En premier lieu, la controverse concernait un dogme catholique, pour la définition duquel le Pape est infaillible; et le Vénérable Bellarmin se met en opposition avec le Pape, pour l'empêcher de trancher cette controverse dogmatique, parce que, dit-il, le Pape n'est pas un théologien, à pouvoir pénétrer cette obscure dispute. Comme si les Papes, à moins d'être de profonds théologiens, ne pouvaient définir les querelles dogmatiques !

Il avise en outre le Pape de prendre garde aux embûches : *ut caveret fraudes.* Mais duquel des deux partis en lutte, le Pape devait-il redouter ces embûches ? Je laisse à chacun le soin de faire là-dessus ses réflexions et n'ai pas besoin de demander ce qu'en pense le public.

Allons plus loin : que dites-vous de cette prédiction, que le Pape ne résoudra pas cette querelle ? Est-ce une prophétie ou une menace ? Car on ne saurait dire, pour un événement de cette importance, que le Vénérable Serviteur de Dieu a parlé au hasard.

Mais ce qui frappe surtout, c'est que Clément VIII, après tant de discussions et de consultations des Congrégations cardinalices, déclare enfin vouloir en finir, et que le Serviteur de Dieu s'y oppose : « *Et cum illi Clemens VIII replicaret se definiturum, respondit : Sanctitas Vestra non definiet* ».

Pour bien comprendre et pénétrer jusqu'au fond cette réponse, il convient de rappeler que Bellarmin avait composé, comme on l'a vu, un *Opusculum dilucidum,* qui avait merveilleusement plu au Pape, lequel alors déclarait sien l'avis de la Société de Jésus : « *Sententiam Societatis Papa vocabat sententiam nostram, id est suam et Societatis* ». D'où l'on peut arguer que le Pape était alors un profond théologien, et que si, à cet heureux instant, il avait voulu mettre un terme à la controverse, le Vénérable Serviteur de Dieu ne s'y serait pas opposé : car sa définition se serait alors inspirée du « très lucide opuscule » composé par Bellarmin. Mais comme le Pape a changé : *sed postea mutatus est,* il n'est donc pas resté théologien et, par conséquent, il n'est plus en état de définir la cause.

Cette longue résistance de Bellarmin doit être considérée, en outre, comme d'autant plus surprenante qu'il s'agissait pour lui d'une cause en partie personnelle, où tout homme prudent, sage et avisé eût du se méfier, craindre de se leurrer, par le seul jeu préconçu de ses sympathies les plus désordonnées, à l'égard tant de soi-même que des siens.

5. — *Vaines explications du Postulateur.*

(22). Le moderne Postulateur répond, en réfutant le *votum* du Cardinal Azzolini (page 70), en ces termes :

> D'avoir eu en cette occasion comme en tant d'autres un si grand courage, ce serait matière à un panégyrique, et non à un blâme.

Certes, si Bellarmin avait déployé ce courage dans une affaire qui lui fût personnellement indifférente, où il n'eût eu aucune part ni intérêt, son intervention eût été, je ne dis pas louable, mais tolérable; mais sa résistance au Pape dans sa propre cause ne saurait être présumée totalement innocente. Qu'il ait même, de vive voix et par écrit, exposé, comme il fit, au Pape son sentiment avec une intrépide candeur; jusque-là point de mal. Mais qu'il ait ensuite persisté à contredire le Pape et à le tracasser ou par ses menaces ou par de prétendues prophéties; à lui reprocher de ne pas être théologien, parce que la Compagnie le voyait d'un avis contraire au sien : ceci n'est plus matière à panégyrique, mais un excès d'ardeur, pour ne rien dire de plus, et qui mérite d'autant moins d'excuses que Bellarmin plaidait son propre procès et celui de sa chère Compagnie, et par conséquent devait s'avouer sujet aux préjugés de cet attachement.

C'eût été encore trop d'ardeur, à mon faible jugement, de la part de Bellarmin, si son opposition s'était déclarée en un sujet vraiment controversable. Mais il est ici tout à fait remarquable que la partie que défendait le Pape avait l'assentiment de la majorité, pour ne pas dire de l'unanimité des Cardinaux et des Docteurs, et qu'il fallait encore compter en sa faveur le suffrage de toute l'antiquité, alors que Bellarmin défendait l'auteur d'une doctrine nouvelle, dont le P. Henriquez, jésuite, dans sa seconde censure avait dit :

Cette doctrine, défendue par les membres habiles et puissants de certaine grande famille (religieuse), occasionnerait dans toute l'Eglise un périlleux dissentiment et causerait la ruine de beaucoup de catholiques.

Sur aucun chef, on ne saurait donc approuver la résistance, voire la révolte du Serviteur de Dieu.

Mais le moderne Postulateur insiste :

Que Clément VIII eût professé, non la théologie, mais la jurisprudence, c'était une vérité notoire à la Curie, et plus connue encore en histoire.

Elle n'apparaissait pas cependant si « notoire », quand Clément VIII approuvait encore le *Dilucidum opusculum* et que *sententiam Societatis vocabat suam*. Ou si elle l'était déjà, cela n'émouvait guère alors Bellarmin.

Au surplus, si les Papes qui ont professé la jurisprudence et non la théologie, ne peuvent, avec l'assentiment du Sacré Collège, définir les causes dogmatiques, ces mêmes Papes pourront-ils béatifier des Serviteurs de Dieu ?

Certainement oui, déclare le moderne Postulateur ! Et il s'échauffe fortement contre le Cardinal Azzolini, parce que celui-ci a rappelé que pour la canonisation, il y a un jugement sur les preuves humaines de la sainteté, qui réclame une grande diligence et un consentement unanime.

Sur quoi, le Postulateur s'exclame :

Saint Thomas enseigne que la divine Providence préserve l'Eglise d'être trompée en pareille matière par un témoignage humain.

Et, page 2, sur un ton encore plus vif :

Il convient d'ajouter, avec Bellarmin, qu'il ne saurait arriver, en vertu des promesses du Christ, que le Pontife *temere definiat;* autrement l'autorité ferait défaut outre mesure à cette définition.

Même, ajoute-t-il, ce serait prêter le flanc aux accusations des modernes sectaires, qui opposent cette difficulté aux Bulles d'Innocent X, d'Alexandre VII et de Clément XI, que d'admettre que ces Papes, faute de connaissances spéciales, n'ont pas agi avec prudence (Voir *Causam quesnellianam*, pages 196 et 122.)

Or, je le demande, à mon tour, au moderne Postulateur :

Jésus-Christ, qui a promis son assistance à l'Eglise pour décider des canonisations, la lui refuse-t-il pour trancher les controverses dogmatiques, du genre de la controverse *de Auxiliis ?* Et alors, pourquoi, au cours de toute cette affaire, le Vénérable Serviteur de Dieu objecte-t-il toujours, et le moderne Postulateur répète-t-il après lui, que Clément VIII n'était pas théologien ? Il lui suffisait d'être Pape. Et il est aussi légitime au moins de recourir en cette affaire à la seule assistance du Saint Esprit que pour les procès de béatification, dont la décision dépend bien davantage de témoignages humains. Car, autrement, que répondre aux auteurs protestants, curieux de savoir si par hasard Innocent X, Alexandre VII et Clément XI savaient plus de théologie que Clément VIII ?

6. — *Contre l'infaillibilité.*

(23). Finalement, le moderne Postulateur, pour justifier la résistance opposée par Bellarmin au Souverain Pontife, réplique fièrement, page 71 :

Je ne vois pas bien, quant à moi, ce qu'ont à faire ici les répréhensions des hommes, alors que Dieu, par le don de l'esprit prophétique, canonisait les paroles de Bellarmin; car ce ne fut pas autre chose qu'une prophétie, ce franc parler : « *Sanctitas Vestra non definiet* »; et les Procès comme les autres documents authentiques s'accordent à le constater.

En réalité, ces autres documents « authentiques » se réduisent à Fuligatti et à quelques-uns de ces confrères pareils à lui; et l'on voudrait savoir si tous ont eu aussi quelque inspiration du ciel, qui leur ait permis de distinguer ici entre vraies prophéties et prédictions arbitraires. Car, si nous consultons l'histoire et les actes de la Cause, nous y constatons, quant à nous, que toutes les prérogatives prophétiques de Bellarmin se réduisent aux prorogations, aux dilations et aux manèges d'un parti qui, refusant d'adhérer au sentiment du Pontife, s'efforçait de le détourner de sa résolution notoire de définir en sens contraire la controverse.

Cette histoire est aujourd'hui connue à fond de tout le monde, mais beaucoup mieux encore que de personne, par Votre Sainteté.

Certes, si le Vénérable Serviteur de Dieu avait vraiment reçu ces lumières prophétiques dont on le gratifie, il n'aurait pas été aussi inquiet du changement d'opinion du Pape et, certain de l'avenir, il se serait tenu plus tranquille. Or, non seulement sa propre prophétie ne le rassura guère, mais au contraire, quand il dut cesser de vive voix son opposition, il la continua par écrit.

Voici l'une de ses lettres à Clément VIII; j'en garde dans ma bibliothèque une copie prise sur celle que conserve la Bibliothèque Angélique et dont on ne saurait mettre en doute l'authenticité. Le P. Serry l'avait traduite en latin et imprimée dans son histoire de la Congrégation *de Auxiliis;* mais le texte original n'en a jamais été, que je sache, mis au jour. Je le donnerai ici *in extenso*, ou du moins en voici les principaux passages relatifs à cette controverse.

Donc, après avoir produit de multiples témoignages en faveur du système de Molina, la lettre poursuit en ces termes :

Et puisque j'ai commencé d'entretenir Votre Sainteté de cette affaire, je la supplie de délivrer au plus tôt l'Eglise de ce scandale, de refaire l'union religieuse et d'enlever aux hérétiques ce motif de se réjouir de nos discordes.

Même, s'il m'est permis de dire ce que je pense en chose de si haute importance, comme créature et fidèle serviteur de Votre Béatitude, vos saints Prédécesseurs ne se sont pas efforcés principalement de pénétrer, par la force du génie et de l'étude, la profondeur des dogmes, mais de rechercher le sentiment commun de l'Eglise, les maximes des évêques et des docteurs; et, à cet effet, les Souverains Pontifes, à commencer par Saint Pierre, se sont à l'ordinaire servi des Conciles pour déterminer la vérité de la foi. Je dirai plus. Nombre de Papes, sans trop se fatiguer en recherches, ont heureusement condamné beaucoup d'erreurs avec l'aide des Conciles et des Académies; et d'autres, par trop de zèle, ont mis en grand embarras eux-mêmes et l'Eglise.

Par exemple, Léon X n'a pas fait de longues études pour condamner l'hérésie luthérienne; il lui a suffi d'approuver les résolutions prises par les Universités catholiques de Cologne, de Louvain et d'ailleurs. Paul III, Jules III, Pie V ne se fatiguèrent qu'assez peu, sans doute, à l'étude, et néanmoins, avec l'aide du Concile, ils ont proclamé de très importantes vérités; et de même, au témoignage de Saint Augustin, Innocent et Zosime condamnèrent dans le monde entier l'hérésie de Pélage, *cooperantibus Conciliis africanis*.

Par contre, Jean XXII, s'étant persuadé que les

âmes des Saints ne voient pas l'essence divine et pensant que telle avait été la doctrine de Saint Augustin, s'efforça d'établir son opinion et, sans soumettre l'affaire à une consultation publique du Concile ou des Académies, parce qu'il savait que l'Université de Paris lui était contraire, s'attarda à trouver dés passages conformes de Saint Augustin. Comme l'écrit Villani, tous les bénéfices étaient pour ceux qui lui apportaient quelqu'un de ces endroits-là, favorables à son opinion. Aussi, bien peu étaient-ils assez osés pour lui en parler librement, et il se fermait à lui-même la porte de la vérité. Finalement, en 18 années de Pontificat, il ne vint pas à bout de son dessein, parce que l'assistance divine, dont jouit le Saint Siège, ne lui permit pas de faire un décret contraire à la vérité. Et, aussitôt qu'il fut mort, son successeur donna une définition conforme aux sentiments des docteurs.

Votre Sainteté sait aussi dans quel péril Sixte V, de sainte mémoire, se mit lui-même et toute l'Eglise, en voulant corriger la Bible selon son propre sentiment, et je ne sais pas s'il y eut jamais danger plus grand.

Très Saint Père, je ne vous dis pas cela pour vous détourner de l'étude, mais pour vous remettre bien en vue que cette voie est trop longue et que l'Eglise reçoit le plus grand dommage de l'emploi de pareils moyens.

Votre Sainteté dit qu'on lui a soumis une matière de foi. Si c'est matière de foi, « elle importe à tous », comme dit le Pape Nicolas; il faut donc la mettre en délibération publique et non pas en traiter « entre quelques-uns et secrètement »; car, bien que tous soient obligés à croire et à obéir dès que Votre Sainteté aura prononcé son arrêt, même si elle le faisait sans recourir à personne, néanmoins cela ne se passerait pas sans murmure et sans lamentations de la part des Eglises et des Universités, qui se plaindraient de n'avoir pas été consultées. Tel n'est pas du moins le chemin ordinaire et battu par nos aînés, dont Votre Sainteté n'a pas coutume de s'écarter. Après toute l'étude et toute la fatigue que s'est donnée déjà Votre Béatitude, il convient donc d'en venir à une consultation publique, soit d'un Synode épiscopal, soit au moins d'une Congrégation des Docteurs de différentes Universités. Il vaudrait mieux avoir fait déjà quelque diligence publique à cet égard, ou la faire au plus tôt, que d'attendre que Votre Sainteté ait fini de tout lire, puisque, comme je l'ai déjà dit, tant de sollicitude n'est pas nécessaire de la part de Votre Sainteté, et qu'Elle n'a déjà que trop vu et lu.

Je conclus :

Que Votre Sainteté, par l'amour qu'elle porte à Dieu et à l'Eglise, par la sainte haine qu'elle éprouve pour les divisions et les hérésies, recommande cette affaire à Dieu et se résolve ensuite à éteindre vite cet incendie.

Or, il n'y a que deux moyens d'y parvenir.

L'un est de souffrir, de tolérer, en imposant le silence aux deux parties : et cette solution n'est pas sans exemple, car le Concile de Trente savait bien qu'il existait dans les Ecoles l'opinion ou l'erreur d'une prédestination *ex prævisis operibus* et *de dilectione Dei super omnia ex viribus liberi arbitrii* et autres choses semblables. A ce même Concile assistaient Dighio, Cattarino, Turriano et d'autres qui défendaient cette opinion, et cependant il ne plut pas au Concile de s'abaisser à ces détails, surtout en un temps où l'Eglise était combattue par des hérésies qui ravalaient la liberté.

L'autre façon d'en finir est de convoquer un Synode épiscopal ou, si cela n'agrée pas, d'appeler à Rome certains députés élus par toutes les Universités catholiques, ou du moins de leur communiquer par écrit tous les chefs de discussion, les ouvrages déjà composés pour et contre, et, après avoir tenu cette espèce de conseil public, de définir ce que Dieu inspirera à Votre Sainteté.

Mais, à cette fin, pour mieux aboutir, je Vous supplie de tout mon cœur, de fermer la bouche de ceux qui disent que Votre Sainteté est déjà persuadée, qu'Elle penche toute d'un côté et qu'Elle n'entend pas volontiers la partie adverse. Car s'il en était ainsi, personne n'oserait dire ce qu'il pense, et je confesse à Votre Sainteté qu'on m'a rapporté certaines paroles graves que Votre Sainteté aurait prononcées contre la doctrine des futurs conditionnés, telle qu'on la professe communément dans les Ecoles, comme fondée sur l'Ecriture, les Saints Pères et la manifeste raison. Aussi étais-je résolu de me retirer et de ne plus traiter avec personne de cette affaire. Mais si je perds toute hardiesse et me retire par peur d'offenser, moi qui suis une créature de Votre Sainteté et qui ai passé plus de trente ans à étudier ces matières, que feront les autres ?

Quant à la façon de clore la bouche à ceux qui parleraient à tort et à travers, il n'est pas besoin que je l'enseigne à Votre Sainteté qui est si prudente et sait tout. Sur quoi, je demande pardon de mon insistance et baise vos pieds sacrés.

(24). Quand il ne resterait de tous les obstacles à la béatification de Bellarmin que cette seule lettre, ce serait encore un empêchement des plus graves.

Cette lettre rappelle étrangement, en effet, la fameuse Pastorale, publiée en 1719, à Paris, par le Cardinal de Noailles, et où l'on cite justement Bellarmin pour démontrer que les points de foi n'ont pas coutume d'être définis en dehors des Conciles ; et cette doctrine nouvelle est bien celle, en effet, qu'il enseigne *ex professo*, au tome II de ses *Controverses*, livre 2, *de Concilio*, cap. 11, page 10 de la dernière édition de Venise où on lit :

Tertio, *d'après la coutume de toute l'Eglise et de tous les siècles.* — Dans l'Eglise, en effet, a toujours régné cette coutume que, pour élucider les questions douteuses, se tinssent des Conciles d'évêques. Les Pontifes romains eux-mêmes ne condamnèrent jamais aucune hérésie nouvelle sans nouveau Concile. Il suffit pour s'en convaincre de parcourir soit les tomes conciliaires, soit les histoires ecclésiastiques. Or, ce qui s'est toujours fait, du consentement de tous, qui osera nier qu'on le peut dire certainement obligatoire et qu'il ne le soit en réalité.

Cette doctrine de Bellarmin nous est opposée aujourd'hui encore à chaque instant, et se retrouve invoquée, comme nous l'avons dit, dans la Pastorale précitée du Cardinal de Noailles, page 203, contre la Bulle *Unigenitus*. Or, combien n'aurait-on pas exagéré encore cette théorie, si la lettre ci-dessus avait été alors connue de l'archevêque de Paris ?

On a répliqué jusqu'ici que le sentiment de Bellarmin était une opinion particulière et qu'il s'était évidemment trompé. Que ne tirerait-on pas cependant de là, s'il était admis aux honneurs des autels ? Dans son autobiographie, le Vénérable Serviteur de Dieu rappelle au Pape qu'il ne doit pas trancher cette controverse dogmatique parce qu'il n'est pas théologien. Dans sa lettre, il écrit que les Papes qui veulent faire les théologiens et les docteurs, troublent l'Eglise; et il en cite des exemples. Il veut que les Papes, par devoir, pour définir les querelles religieuses, rassemblent un Concile ou consultent les Universités catholiques. Il décide également, avec une netteté inouïe jusque-là à Rome, du moins en nos temps : *Se è materia di fede, tocca a tutti.* Et pour tout dire en un mot, la tâche trop lourde de défendre envers et contre tous le système de Molina, adopté par la Compagnie, l'a poussé à un tel amas de contradictions qu'il ne reste rien debout des Bulles d'Innocent X, d'Alexandre VII, de Clément XI, ni de la pratique ordinaire du Saint Siège.

Mais surtout quelle contradiction plus patente que d'inculquer au Pape que d'une part le chemin qu'il a pris *est trop long* et qu'il faut en venir sur le champ à une décision, parce que tout retard porterait à l'Eglise le plus grave dommage; puis, pour abréger et expédier toute cette affaire, de lui proposer un Concile. Il faut avoir vraiment perdu l'esprit pour ne pas voir qu'il s'agit en réalité, de la part de Bellarmin, d'un très subtil artifice pour échapper à une situation critique, gagner du temps (le temps fut toujours l'allié des Jésuites) et les fournir des armes dont ils se sont enfin prévalus avec tant d'avantage.

Non moins artificieux est le conseil, que Bellarmin donne enfin au Pape de se garder *des embûches*, afin que le Pape croie que ces embûches lui étaient dressées par l'autre partie, tandis que la sincérité régnait du côté du conseilleur, et pour que les Dominicains, prévenus, n'en puissent pas dire autant les premiers et plus justement.

Toute cette lettre, par elle-même, heurte d'ailleurs tellement et si ouvertement le respect dû à la Chaire Apostolique, que nous n'avons pas besoin d'autres développements pour le montrer. Mais s'il m'est permis de parler avec la même liberté de langage que le Serviteur de Dieu, j'oserai me demander si cette théorie et cette façon d'agir de Bellarmin n'ont pas donné ou ne pourraient donner lieu à d'autres, catholiques ou non, de contredire et de résister, de vive voix ou par la presse, aux décrets pontificaux, quand ils sont contraires à leurs propres opinions. Encore le devoir sacré et très étroit que j'ai de défendre l'honneur du Saint Siège, me fait-il seul parler ici avec cette liberté. Mais qu'arriverait-il si le Serviteur de Dieu était élevé sur les autels, comme auteur approuvé par l'Eglise, et que nos ennemis fissent imprimer et son autobiographie et cette lettre, ou même, sans les publier, s'ils nous opposaient ce que Bellarmin, dans sa lettre CXI déjà connue, écrit au P. Lessius, parlant de cette controverse :

Quant à ce qui concerne la querelle doctrinale, sache Votre Révérence que la partie adverse se plaint à grand tapage que la doctrine pélagienne soit enseignée et embrassée publiquement contre l'Apôtre, contre Saint Augustin, contre Saint Thomas, contre la majorité des Evêques de notre temps. Et je ne pense pas qu'il puisse être apporté de remède à ces maux, sinon par un concile général.

Comment d'ailleurs tant de Bulles ont-elles pu être publiées, après la mort du Vénérable Serviteur de Dieu, sur tant de controverses dogmatiques, sans Concile, sans Synodes, sans consultation des Universités catholiques, alors qu'un docteur demain béatifié enseigne que cela ne se doit pas faire ? Que pourra-t-on répondre désormais ? C'est un nouveau motif, pour moi, de croire — et chacun doit en tomber d'accord, — qu'on ne saurait placer Bellarmin sur les autels sans s'exposer aux plus graves inconvénients.

Qu'on réfléchisse surtout attentivement à ces paroles :

Vos saints Prédécesseurs ne mirent pas leur fondamentale sollicitude à pénétrer, à force de génie et d'étude, la profondeur des dogmes, mais à rechercher le sentiment commun de l'Eglise, et principalement des Evêques et des docteurs; et à cet effet, ordinairement, les Souverains Pontifes, à commencer par Saint Pierre, se sont servis des Conciles pour déterminer la vérité de la foi. Votre Sainteté dit qu'on lui soumet une question de foi. Si c'est une question de foi, elle nous concerne tous; elle doit être mise en délibération publique et non pas se traiter entre quelques-uns, en secret.

Qu'est-ce qu'ont jamais dit de plus fort les Jansénistes ?

Il est vrai que Bellarmin avoue que tous sont obligés à croire et à obéir, quand le Pape publie sa sentence, même sans consultation préalable; il ajoute toutefois :

Néanmoins, cela ne se ferait pas sans murmure et sans lamentations de la part des Eglises et des Universités, qui se plaindraient de n'avoir pas été entendues; et du moins n'est-ce pas le chemin suivi d'ordinaire par nos aînés ?

De telle sorte que, d'après la doctrine de Bellarmin, Innocent X, Alexandre VII et Clément XI ont fourni un juste sujet de plaintes aux partisans de Jansénius, pour n'avoir pas, dans la publication de leurs Bulles, suivi la voie et pratiqué l'ordre observé par les précédents Pontifes.

Bien plus, si un Bellarmin, italien, cardinal, demeurant à Rome, et conseiller immédiat du Pape, peut à ce point se plaindre de n'être pas consulté, quelles raisons les Evêques d'au delà des monts n'auront-ils pas de le faire à leur tour, voire de prétendre davantage et d'étendre toujours plus loin les conséquences de cette doctrine ?

Je ne dirai rien des menaces que Bellarmin fait au Pape de se retirer : « Si je perds tout courage et me retire par peur d'offenser... que feront les autres ? » Quelle vanité ! Se croit-il donc le plus savant et le plus courageux d'entre les cardinaux ?

On peut observer en outre que, tout à l'heure, d'après son autobiographie, il avait suggéré au même Pape « de se méfier des manœuvres » ? Est-ce ici la délicatesse et la sincérité d'un saint ? Et quel est donc le parti qui, en l'occurrence, multiplie manifestement les intrigues ? Celui de Bellarmin qui, redoutant l'arrêt du juge, s'efforce, par des considérations erronées et des artifices politiques, de l'intimider et de le détourner de publier ses résolutions, ou bien l'autre, celui des thomistes, qui désire entendre l'oracle du Souverain Pontife ? Le Vénérable Serviteur de Dieu sent si bien lui-même la gravité de cette lettre, qu'au début il supplie le Pape de la brûler :

> Je supplie, en toute humilité et révérence, Votre Sainteté de daigner lire cette lettre et puis de la brûler, car je ne veux pas qu'elle soit vue par d'autres que vous.

La vérité ne fuit ni ne redoute ainsi la lumière ; mais *qui male agit odit lucem*. Sur une controverse publique concernant la foi, composer un libelle secret pour épouvanter le Souverain Pontife, et exiger en même temps que cet écrit soit brûlé, afin de ne laisser aucune trace : c'est un double et audacieux attentat. Mais l'attentive Providence qui régit l'Eglise a voulu, au contraire, par une disposition expresse, que cette lettre fût conservée pour l'édification publique.

7. — *Autres manœuvres molinistes.*

(25). Une autre preuve confirmative de l'engagement trop rigoureux pris par Bellarmin de défendre la nouvelle doctrine mise au jour par Molina et adoptée par la Compagnie de Jésus, nous est fournie par le Sommaire (n° 13, p. 57). Un témoin dépose ainsi :

Il était fort patient. Tellement patient que, même lorsqu'on lui donnait des occasions de vivacité, il répondait avec douceur.

Ainsi, en particulier, un Père X... (dont je ne me rappelle plus le nom), régent de collège alors, était venu le trouver à l'occasion de plusieurs propositions qu'il voulait faire imprimer touchant la question *De Auxiliis*. Le manuscrit fut remis audit Cardinal Bellarmin, pour le reviser avec M. le Cardinal de la Rochefoucault; et les deux cardinaux se partagèrent la besogne par moitié, conformément aux ordres de Sa Béatitude.

Le susdit Père était donc venu, comme je l'ai dit, trouver le Cardinal Bellarmin, pour traiter avec lui de ses thèses; mais le vénérable Serviteur de Dieu n'en approuvait aucune, ne les trouvant pas conformes à la doctrine des Docteurs ecclésiastiques et en particulier, ni à celle de Molina, ni à celle de Suarez. C'est pourquoi ce Père s'emporta de telle sorte qu'il se mit à discuter, sans aucun respect et même avec un notable manque d'égards à l'égard du cardinal, comme s'il s'agissait d'une personne de peu de valeur.

Si cela n'était enregistré dans le Sommaire, cela paraîtrait incroyable.

Je ne loue pas, certes, mais je comprends la mauvaise humeur de ce Père Régent. Qui ne se serait ému d'une prévention aussi étrange ? Et lequel des deux mérite davantage le blâme, ou Bellarmin pour sa passion exclusive à l'égard de Suarez et de Molina, ou le régent pour son mouvement d'irritation? Je le laisse à décider à d'au tres. Mais que dire d'un juge, désigné par le Pape, qui se fait partie et ne veut pas approuver certaines propositions, parce que contraires, en particulier, à Molina, dans le livre de qui le Serviteur de Dieu lui-même avait découvert des propositions « mal sonnantes », selon ses termes exprès ? Et quelle espère de sainteté était donc celle de Bellarmin ?

IV

La Bible de Sixte-Quint.

1. — *Exposé de l'affaire par Bellarmin.*

(26). Passons maintenant à l'édition de la Bible de Sixte-Quint : question mise par ailleurs en tout son jour dans le *Votum* du Cardinal Azzolini.

Mais, avant tout, pour bien appréeier l'affaire, exposons le fait dans les termes même employés par Bellarmin, qui au par. 50 de son autobiographie conte ainsi l'incident :

En l'an 1591, *Grégoire XIV se demanda que faire de la Bible éditée par Sixte V, où beaucoup de passages avaient été profondément altérés. Il ne man-*

quait pas d'hommes graves pour conseiller de proscrire publiquement cet ouvrage. Mais je démontrai en présence du Pontife qu'il ne fallait pas en prohiber la lecture, mais seulement le corriger de telle sorte que, tout en sauvant l'honneur du Pape Sixte, on en pourrait publier une version amendée. A quoi l'on arriverait si, au plus vite, on supprimait du texte les changements malheureux et qu'on réimprimât cette Bible sous le nom de Sixte-Quint, en l'enrichissant d'une Préface où l'on expliquerait que, dans la première édition sixtine, par trop de hâte, s'étaient glissées quelques erreurs, par la faute soit des typographes, soit d'autres. Et ainsi rendis-je au Pape Sixte le bien pour le mal.

2. — *Premier mensonge.*

(27). Dans cette relation, il y a nombre de choses très fâcheuses et pour Bellarmin et pour le Saint Siège.

Ainsi Bellarmin y met lui-même en parallèle le mal à lui fait par le Pape Sixte et l'héroïcité de sa propre charité, qui alla jusqu'à rendre à un Pape le bien pour le mal, — sans parler bien entendu, de la profonde humilité qui lui a fait transmettre par écrit ce trait à la postérité : nous avons assez insisté sur ce point. Il y rend en même temps public que Sixte-Quint est bien l'auteur de la Bible fautive, « *in qua erant multa perperam mutata* ».

Mais surtout, pour dissimuler cette incorrecte version de nos Saints Livres, après en avoir fixé par écrit le souvenir, quel remède Bellarmin a-t-il proposé et appliqué? Il a composé sans doute la Préface qu'il avait conseillé de mettre en tête de la nouvelle édition de la Bible; mais il y oublie précisément d'excuser le Pape des corrections nécessaires en rejetant sur d'« autres », — *vel aliorum,* — la faute indéterminée des erreurs commises, pour s'en tenir à l'excuse des simples coquilles d'imprimerie : *prœli vitia,* sans plus.

(28). Là-dessus, le moderne Postulateur, embarrassé de tous points, lance deux réponses arbitraires. Il distingue, page 74, deux *prœli vitia,* l'un *mécanique* de la part des imprimeurs, et l'autre *doctrinal,* à la charge de tous ceux qui ont fait partie de la Commission typographique vaticane. Après quoi, comme s'il reconnaissait qu'il s'agit d'une pure invention de sa fantaisie, il s'abandonne au pire déraisonnement qui se puisse imaginer ; et il écrit, page 75 :

— Ou le Cardinal Azzolini reconnaît bonne la réponse donnée plus haut, ou non. S'il la reconnaît bonne, j'aurai le contentement de lui avoir fait voir la vérité. Sinon, il aura la consolation de voir Bellarmin déshonoré comme menteur, mais non pas tout seul. Car si Bellarmin, qu'on suppose avoir écrit sur la minute de la Préface les deux mots *prœli vitio*, est coupable de tromperie, est-ce qu'apparaissent plus véridiques le Pontife et les Cardinaux qui l'approuvèrent ?

(29). Peut-on concevoir une réponse plus étrange et plus préjudiciable à la cause ? Si pareille réplique était publiée et s'envolait au delà des monts, qu'en diraient partisans et adversaires, catholiques et hérétiques ? Mais, en réalité, il ne s'agit présentement d'instruire le procès de béatification ni du Pape ni des cardinaux ainsi accusés d'avoir coopéré au mensonge. Le procès actuel concerne le seul Bellarmin, inventeur d'un mauvais expédient qu'on ne saurait justifier à aucun titre. A quoi sert de compromettre comme complices de cette duplicité la tiare et le Sacré Collège ?

3. — *Subterfuge proposé au Pape.*

(30). Plus évidente encore est la duplicité qui fait suggérer au Pape par Bellarmin que « *sub nomine ejusdem Sixti... Biblia recuderentur* ».

Puisque réellement la Bible nouvelle n'était pas de Sixte-Quint, dont l'édition avait été supprimée, quelle conscience pousse le Serviteur de Dieu à perpétrer une aussi manifeste tromperie et à remettre cette publication apocryphe sous le nom d'un Pape défunt ?

Dieu a permis que de cette évidente falsification ne se scandalisassent trop ni les fidèles ni les autres; mais ce qui aggrave en soi le mauvais conseil, c'est que Bellarmin s'en fasse gloire, écrivant de soi-même : « *Reddidit Sixto Pontifici bona pro malis* ».

Sur cette seconde tromperie, les Postulateurs ni d'hier ni d'aujourd'hui n'ont su que répondre. Elle est cependant publique, connue des hérétiques eux-mêmes; et, lorsque ceux-ci verront Bellarmin sur les autels, les commentaires ne manqueront certainement pas. Du reste, ils abondent déjà, et si je les passe sous silence, c'est par souci de la brièveté.

4. — *Violation du secret pontifical.*

(31). Un troisième grief considérable, à relever en la circonstance, c'est la violation du secret de la Congrégation.

Ici encore, les réponses adoptées par les Postulateurs anciens pour excuser cette indiscrétion ne concluent rien. Ils écrivent, en effet, dans leur riposte *Ad obstativa*, page 33 :

Quel mal a donc causé Bellarmin à la mémoire de Sixte-Quint, puisqu'il rapporte cette malheureuse altération (dans un écrit privé de 1613) à deux amis, qui étant tous deux de doctes théologiens, ne pouvaient l'ignorer.

Or, il est vrai que certains casuistes modernes enseignent que « révéler un secret à un ou deux amis en stricte confidence n'est pas une action coupable ». Mais cette nouvelle théologie, outre qu'elle est fausse, est préjudiciable et à la société humaine et au Souverain.

Ecrire au surplus : « *Qui cum essent docti theologi non poterant hæc nescire* », est une affirmation bien arbitraire. Car, si le fait était public, il n'était pas besoin d'être de doctes théologiens pour le connaître ; s'il était secret, ce n'est pas le titre de théologiens érudits qui autorisait à le leur apprendre.

Mais l'autre réponse, que les Postulateurs donnent au bout de quelques lignes est encore plus surprenante et nous fait saisir sur le vif l'extrême difficulté que présente la défense de Bellarmin.

Bellarmin, disent-ils, révéla dans un écrit privé certains secrets de cette Congrégation ; donc ce qui s'y faisait n'était pas soumis à la loi du Saint Office.

Et pourquoi ? Parce que « *nemo præsumitur malus nisi probetur* », nul n'est présumé coupable sans preuve. Cette argumentation ressemble aux précédentes. La révélation de ce qui s'est fait dans la Congrégation, avoue-t-on, n'est pas niable ; donc si Bellarmin a parlé, c'est qu'il n'y avait pas de secret. Or, le raisonnement vaudrait si Bellarmin eut été impeccable; mais comme il fut un homme mortel, aussi bien que les autres, la déduction est vraiment insubsistante. Il serait trop facile, grâce à elle, de résoudre toutes les objections qui se font à la béatification de n'importe quel Serviteur de Dieu.

(32). Le moderne Postulateur, lui, tente, il est vrai, par un autre moyen, de cacher la vérité; il répond au Cardinal Azzolini, page 35 :

> Le fait était notoire, dans le monde catholique et protestant, puisque dès 1606 avait été écrit le fameux livre de Thomas James, *La Guerre des Papes,* sur Sixte-Quint et Clément VIII.

Il ajoute qu'au rebours le récit fait par Bellarmin en 1613 fut tenu très secret aux Archives de la Compagnie, — où pourtant il n'en confondait et annihilait pas moins, comme nous l'avons observé plus haut, les calomnies des hérétiques !

Or, dans la réalité Bellarmin, pour avoir dévoilé ce secret, ne saurait être excusé ni sur la renommée publique ni sur le livre de Thomas James. Ce n'est pas d'eux qu'il a appris ce qu'il savait et ce qu'il divulgue sur la Congrégation. Car on connaissait, sans doute, alors les variantes entre la Bible de Sixte et celle de Clément : personne ne se doutait que « *non deerant viri graves qui censerent ea Biblia esse publice prohibenda.* » Et c'est ce que tient à nous apprendre Bellarmin. On savait qu'il se rencontrait dans l'édition sixtine, beaucoup de fautes, *prœli vitio,* puisque telle était l'explication de la Préface; on ignorait que nombre de versets « *male mutata erant* », et qu'il s'y était glissé non seulement des erreurs typographiques, mais encore de réelles altérations du texte : *vel typographorum, vel aliorum.* On savait que l'ouvrage avait été entièrement remis sous presse; on ignorait que, par ordre de Grégoire XIV, s'étaient réunis le Cardinal Colonna, le Cardinal Allen, le Maître des Sacrés Palais *cum aliis tribus aut quatuor,* sans oublier Bellarmin, à qui fut confié le soin d'écrire l'Avis au lecteur « *quam idem composuit* ». On ignorait de qui était l'expédient, ou, comme parle Azzolini, l'« emplâtre » que cette Préface fut pour le livre; Bellarmin tient à ce qu'on sache qu'il en est l'auteur.

Bref, il n'aurait dû, à aucun prix, authentiquer ce qu'on savait déjà, ni rendre public ce qu'on ignorait encore, surtout dans un écrit et, par conséquent, par le témoignage d'un homme aussi qualifié que lui, d'une si grande réputation, et qui avait présidé au maniement de toute cette affaire. Voilà sa faute. Et les postulateurs nient en vain qu'il eût été tenu ici par le secret du Saint Office; ils le nient, comme à l'ordinaire, « sans aucun fondement, uniquement parce qu'il leur est avantageux de le nier ». Et du reste, même s'il n'avait pas été question du secret du Saint Office, le secret naturel obligeait dans une affaire aussi grave et de tant de conséquence.

Même, comme le prétend Azzolini, il est probable que le Vénérable était lié sous peine de censure.

Rien ne sert par conséquent, pour excuser Bellarmin, de dire que « l'écrit fut tenu très secret aux Archives de la Compagnie » : car, même si Bellarmin s'était contenté de révéler de vive voix à deux ou trois amis, un secret de cette importance, est-ce qu'il ne se serait pas rendu coupable de la faute la plus grave ? Certainement si.

Or, non seulement de la bouche à l'oreille, mais la plume en main, Bellarmin a trahi un secret très important, touchant l'auguste réputation d'un Pape qu'il était chargé de défendre, — secret, dis-je, touchant à l'honneur présent de la Religion, intéressant la sincérité et la foi du Saint Siège ; et Bellarmin l'a livré aux PP. Eudemon-Jean et Vitelleschi, sans parler de l'archiviste au moins des Jésuites.

Il est donc coupable d'une double faute. Car tout écrit de par sa nature demeure : *manet*. Et non seulement Bellarmin a bien confié ce manuscrit, plutôt qu'aux flammes, à un ami ; mais il a voulu qu'il fût déposé dans des Archives, où il pourrait être consulté tôt ou tard par plusieurs personnes, comme, en fait, quiconque, par la suite, a écrit la vie de Bellarmin, a pu l'y voir et l'y copier. Ainsi, entre autres, le P. Bartoli, qui s'en est servi et le cite textuellement. De ces Archives, enfin, ce papier pouvait un jour ou l'autre venir à la grande lumière, comme il est arrivé pour notre malheur, puisqu'il est aujourd'hui imprimé.

Et je me dispense de répéter ici, qu'à lire ce récit, même sans idée préconçue on y voit transpirer partout l'arrière-pensée de se louer soi-même. Mais qu'on me permette de faire au moins une observation très opportune. A quoi bon, messieurs les Postulateurs, recourir à un expédient mensonger et inconsistant pour défendre l'éditeur posthume de la Bible de Sixte-Quint ? Si Bellarmin avait examiné le texte primitif en toute sincère critique, comme il le devait, il n'y aurait certainement trouvé, comme il ne s'y trouve en réalité, aucune erreur contre la foi catholique. Quant aux variantes philologiques, vu l'immense quantité des exemplaires manuscrits et à la suite des innombrables éditions du Livre divin, par l'inadvertance soit des copistes soit des typographes, rien n'était plus naturel que d'y rencontrer des divergences accidentelles plus ou moins défendables, certes, mais nullement scandaleuses. Et pourquoi ne pas s'en tenir à cette réponse d'ailleurs sincère et vraie, ou à d'autres du même genre, qui se pouvaient évidemment faire, sans réplique possible pour nos ennemis, comme l'a entrepris fort heureusement, un siècle et demi plus tard, le P. Henri de Buzentopp, mineur récollet, professeur de théologie à Louvain, dans son célèbre ouvrage, imprimé à Cologne, l'an dix de ce siècle-ci, sous le titre *Lux de luce*, etc... in-quarto ? Ce livre étant entre les mains de tous, chacun le peut consulter à loisir, et je n'en citerai, pour être bref, que ce mot, page 316 :

Rien, par conséquent, de contradictoire chez l'un et l'autre Pontife; entre les deux Bibles, aucune diversité essentielle, mais seulement accidentelle, de forme et de détail.

Tant il est vrai que, bâti sur la vérité comme fondement, l'édifice ne croule jamais, et ne craint ni violences ni mensonges : car la vérité, selon l'expression de Saint Augustin, « peut être cachée, elle ne saurait être vaincue ».

V

Dernier trait de jactance.

(33). Ce serait finalement matière à longs discours que le glorieux relief attribué par Bellarmin, à la fin de son Appendice, à tout ce qu'il a fait pour obtenir la béatification de Saint Ignace. Il s'en explique en ces termes :

Pour la béatification du Bienheureux Ignace, je me remuai beaucoup; je fus le premier... qui présentai le Mémoire au Cardinal Gesualdo, préfet de la Congrégation; et je me donnai tant de mal qu'en très peu de temps, l'affaire réussit, alors que si elle n'avait pas abouti en ce temps-là, grâce à mes instances près de tous les Cardinaux de la Congrégation, Dieu sait quand cette Béatification eût été obtenue.

Il se livra aux mêmes pressions pour la béatification de Saint Louis de Gonzague, et démontra que celui-ci devait être béatifié et pour son innocence et pour sa pénitence : « *ad similitudinem Sancti Joannis Baptistæ... et ejus votum omnes Cardinales secuti sunt* ».

Et ce majestueux assentiment des Cardinaux met fin fort congrûment à l'Appendice d'une Autobiographie, qui s'ouvre par le récit de la préférence qui fut accordée aux vers de l'auteur sur ceux du cardinal Antoniano.

TROISIEME PARTIE

Sur le Procès "de Virtutibus"

§. — *Où commence, pour les vertus, le degré héroïque ?*

(34). J'ai voulu, quant à moi, commencer mon *votum* par les obstacles qui s'opposent à la réussite de notre procès, afin d'aplanir enfin les voies à un examen plus particulier des vertus dont fut enrichi le Vénérable Serviteur de Dieu.

Car je n'ai encore parlé que de son humilité, et montré qu'il avait manqué de cette vertu, au moins au degré héroïque. Même, il a péché contre elle souvent et dans de notables rencontres. Or, s'il est vrai, — et rien n'est plus sûr, — que « l'humilité est le fondement de la sainteté », comme le dit Saint Cyprien, martyr (Sermon *de Nativit. Christi*), il me sera d'autant plus facile de terminer mon *votum* en montrant qu'à Bellarmin manqua la sainteté nécessaire pour qu'on le canonise. Et bien qu'au procès on ait exalté ses autres mérites, on pourra toujours lui opposer cette maxime très sûre de Saint Augustin (*Epist. 5 ad Diosc.*) :

> Si l'humilité ne précède, n'accompagne et ne suit tout ce que nous faisons, en vain nous nous réjouissons de quelque bonne œuvre : l'orgueil en a arraché déjà tout le fruit de nos mains.

Aussi le Cardinal Casanata a-t-il observé doctement et avec un grand sens, dans un *Votum* en latin, qu'il a traduit de sa propre main en langue vulgaire et dont les copies se sont répandues dans le public à tel point qu'on ne comprend pas pourquoi les Postulateurs n'en font même pas mention ; le Cardinal Casanata, dis-je, a observé que chez le Cardinal Bellarmin se rencontrent, il est vrai, un excellent naturel, de grandes qualités, la bonté, l'amour de Dieu, la ponctuelle observation de sa règle, tant comme religieux en son privé que comme cardinal et comme évêque ; mais que toutes ces vertus furent en lui au degré ordinaire, commun à tous les chrétiens, religieux et prélats, non au degré héroïque, comme il est exigé de ceux qu'il s'agit d'exposer sur les autels à la vénération publique.

Tel est encore l'avis du Cardinal Azzolini; et sans doute le moderne Postulateur taxe presque à chaque page cet éminent Prélat de faussetés énormes, mais, qu'il me soit permis de le dire, sans jamais donner une seule bonne justification de ces injures.

Venons-en donc au fait, en commençant par la foi.

(35). Mais, avant tout, je pose en principe incontestable que nous ne pouvons connaître directement de l'héroïcité des vertus internes, dont le jugement est réservé à Dieu, qui seul pénètre les cœurs, comme je l'ai déjà rappelé. Nous constatons seulement les effets, les fruits extraordinaires et étonnants, que ces vertus produisent à l'extérieur, et nous en pouvons déduire la réelle existence d'un degré extraordinaire de sainteté.

On dispute beaucoup d'ailleurs sur la vraie notion des vertus au degré héroïque; mais, laissant de côté les opinions diverses des théologiens, je m'appuierai seulement sur les conclusions communes à tous.

I

Des vertus théolog les.

I. — L'héroicité de la foi chez Bellarmin.

(36). Le moderne Postulateur accuse notamment le Cardinal Azzolini (pag. 31) de deux faussetés ; car l'éminent Prélat dans son *Votum* soutient qu'on ne voit en Bellarmin aucun acte indiscutable de vertu héroïque et que ses écrits ne sauraient aucunement déceler par eux-mêmes une foi éminente.

1. — *Inanité d'un premier témoignage.*

Pour prouver l'énormité de la première erreur, le Postulateur renvoie le Cardinal Azzolini aux sommaires des Procès et aux résumés des témoignages. Mais qu'on lise attentivement et ces sommaires et ces résumés, on n'y trouvera rien (c'est du moins ce qui m'est arrivé) qui ne soit commun à tout bon chrétien, à tout bon religieux. Je puis d'ailleurs me tromper en prenant pour acte de vertu commune ce que le Postulateur estime d'une vertu héroïque ; mais devra-t-on m'accuser pour autant d'être un faussaire ?

Prenons un des principaux documents recueillis par ces longs et redondants Sommaires.

Un témoin dépose : « Je sais qu'il eut la foi théologique au degré héroïque ».

C'est tout d'abord une nouveauté inouïe que de voir un témoin s'ériger en juge du plus ou moins d'héroïcité de la foi, chez celui dont il parle. Son devoir est de déposer au sujet d'actions extérieures grâce auxquelles le juge pourra conclure qu'en effet la foi interne de l'enquêté fut héroïque ; mais son rôle ne va pas plus loin.

Et comment ce témoin a-t-il appris que la foi de Bellarmin atteignait un pareil degré ?

C'est, dit-il, que Bellarmin professa ses *Controverses* et les édita avec un tel fruit que le duc de Bavière lui écrivit qu'elles avaient engendré à Dieu une multitude d'enfants, et qu'en Anglèterre fut instituée une chaire pour les réfuter.

Document qui a paru si probant que le P. Bartoli et le récent Postulateur (page 62) l'ont reproduit triomphalement. Or, je démontrerai bientôt que ces *Controverses* ne sauraient à aucun titre prouver l'héroïcité interne de la foi. De sorte que ce témoignage qualifie d'héroïque la foi de Bellarmin sans en fournir la moindre raison.

2. — *Autre trait aussi peu convaincant.*

(37). Autre trait qu'on donne comme exemple de foi héroïque : on le trouve au Sommaire et au rapport du moderne Postulateur, p. 2.

Le Cardinal Crescenzi dépose que Bellarmin, nonobstant ses mérites, avait coutume de dire — *mi ricordo avergli sentito dire più volte* — « qu'il désirait obtenir de Dieu la grâce d'aller au Purgatoire : car il ne se jugeait pas digne du Paradis, c'eût été présomption ; mais il se contentait du Purgatoire ».

Est-ce assez pour avoir une foi héroïque ? Cette parole de Bellarmin ne prouve guère, quant à la foi, que ceci : qu'il croyait au purgatoire. Mais quel est le catholique qui n'y croit pas ? Et si tous ceux qui y croient ont par là même la foi au degré héroïque, celle-ci devient d'un mérite bien ordinaire et d'un prix bien commun.

Cent autres témoignages, allégués dans les Sommaires, ne supposent de même qu'une foi partagée par tous les bons chrétiens.

3. — *Ses ouvrages prouvent-ils l'héroïcité de sa foi ?*

(38). Azzolini a écrit enfin que les œuvres imprimées par Bellarmin ne sont pas davantage un argument de foi héroïque : et c'est l'évidente vérité.

Le moderne Postulateur répond, page 31 :

Toute là question est de voir de quel esprit intérieur, de quelle intention procédèrent les énormes in-folios de Bellarmin et les fatigues qu'ils lui coûtèrent. Si c'est de la pensée de sa propre gloire, tout cela, dans la balance de Dieu et de l'Eglise, n'est que vanité et superbe. Mais si c'est du dessein de défendre la foi, de l'illustrer et de la répandre, ces ouvrages sont le gage certain d'une foi héroïque, voire d'une séraphique charité.

Eh bien ! je suppose que ce second « dessein » soit acquis, et je maintiens que la conséquence qu'en tire le Postulateur est non seulement injustifiée, mais erronée.

Comment ? Parce que Bellarmin, en publiant ses *Controverses* et ses autres ouvrages, n'a pas été un pur vaniteux, le voilà un héros de la foi, un séraphin de la charité ! Donc, tous les théologiens catholiques, qui ont écrit et écriront contre les hérétiques, ou sont des orgueilleux, ou sont des saints à placer sur les autels. Qui ne voit combien faux est ce raisonnement ? Car, ou bien le Postulateur n'accorde plus ni foi, ni zèle, ni vertu commune à tant de bons chrétiens, religieux ou docteurs, ou bien il les canonise en masse. Ce qui est de beaucoup dépasser les

« audaces » de plume tant du Cardinal Azzolini que du Cardinal Casanata.

Certes, je loue grandement les œuvres de Bellarmin, et je conviens qu'elles sont très utiles à l'Eglise; les premiers savants de l'Europe en tombent d'accord avec moi, qui ne suis qu'un médiocre écolier. Mais j'ai dit aussi et répète que beaucoup d'autres théologiens ont écrit sur ce sujet des *Controverses,* principalement entre catholiques et protestants, avec beaucoup plus d'éclat, de force et de fruit que Bellarmin; et pourtant il n'est jamais venu à l'esprit de personne d'en tirer cette bizarre et ridicule conséquence qu'ils ont tous joui d'une foi héroïque. La seule *Exposition de la foi catholique,* et la seule *Histoire des variations des Eglises protestantes* de Bossuet ont confondu plus d'hérétiques et sont mieux faites pour les convaincre que tous les volumes de Bellarmin, d'un si grand mérite d'ailleurs à tant d'autres titres; et chacun doit présumer que Bossuet a écrit de bonne foi et par zèle pur vis-à-vis de la religion catholique. Dirons-nous pourtant que, de ce seul chef, il fut un héros de la foi, un séraphin de la charité? Monsieur Arnauld a écrit, avec toute la force possible, contre la morale des calvinistes, un ouvrage approuvé par tous les évêques de France. Monsieur Nicole a composé, en collaboration avec lui, un livre convaincant, contre les mêmes Calvinistes, sur la présence réelle du corps de Jésus-Christ dans l'Eucharistie, livre loué même par les Souverains Pontifes. Je ne sais, si, à ce titre, ces auteurs obtiendraient, du moderne Postulateur, l'honneur d'être promus héros et séraphins.

Quoi encore? Qui a défendu avec plus de force, avec une érudition plus profonde et une doctrine plus solide que Georges Bullo, la foi des Pères anténicéens ? Et pourtant celui-là n'était même pas catholique.

Tout cela soit dit pour remettre dans son vrai jour l'inepte réponse du Postulateur, et nullement pour déprécier en soi l'œuvre du Vénérable, supérieure à tous mes éloges.

II. — L'Espérance en Bellarmin.

(39). De même que la foi, l'espérance, chez Bellarmin, n'eut rien d'héroïque.

Les Postulateurs anciens et moderne la veulent telle, parce que le Serviteur de Dieu soupirait ardemment après le Paradis qu'il appelait (page 36) : *casa sua*. Mais tout bon chrétien, qui observe l'Evangile, aspire au Paradis et l'appelle sa demeure et sa Patrie : il en parle, il y tend comme le voyageur vers son pays. Les pécheurs même se flattent encore d'y parvenir, à moins d'avoir perdu toute espérance. Mais dans aucun des Sommaires, je ne découvre de faits extraordinaires qui supposent ou démontrent, chez le Vénérable, l'héroïcité de cette vertu.

Quant au Postulateur qui taxe, une fois de plus, de sottise, à ce propos, le Cardinal Azzolini, laissons-le nous démontrer d'abord, comme il s'y engage, que le Cardinal Bellarmin « écrivit et imprima ses *Controverses* dans l'intention de défendre la foi catholique, etc... » Le P. Fuligatti nous apprend, en effet, « qu'il (Bellarmin) n'avait jamais pensé à les publier, et que, lorsqu'il en reçut l'ordre du Général, cela lui parut si nouveau et si inattendu qu'il en demeura surpris et confus ».

Or, s'il comptait laisser ce manuscrit enfoui dans sa cellule du Collège romain, je ne vois pas bien comment son intention principale fut d'en faire un moyen de défendre et répandre la foi.

Et le Postulateur raisonne aussi mal sur l'espérance.

III. — La charité de Bellarmin.

(40). Ce même piteux logicien, dans sa Réponse à Azzolini, pour démontrer l'héroïque charité de Bellarmin, entre mille autres documents, produit, page 28, la mémorable déposition d'Amerighi, qui atteste :

J'ai connu ledit Illustrissime Monsieur le Cardinal Bellarmin, personnage d'une foi pure, d'une ferme espérance et d'une indicible et ardente charité. J'ai admiré en lui la réalisation de la parole de Saint Paul : *Caritas omnia suffert.*

Ce témoignage, choisi par le Postulateur comme le plus décisif entre tant d'autres, est tout à fait inapte à démontrer l'héroïcité de la vertu de charité en Bellarmin. Car des témoins, je l'ai déjà dit, doivent déposer sur les faits et gestes des Serviteurs de Dieu d'une façon simple, directe et sincère, pour que les juges qualifiés à cet égard puissent former là-dessus leur avis et discerner s'il s'agit vraiment de vertus héroïques ou ordinaires. Au contraire, ces mots, employés par un témoin, d'*indicible*, d'*incroyable*, de *la plus ardente*, etc... ne servent à rien, quand on n'apporte ni faits ni résultats qui démontrent le degré supérieur de vertu interne.

Les témoins sont cités, dans ces causes de béatification, non pour apprécier les sentiments intérieurs d'un homme, car là-dessus il n'y a point de témoignage qui vaille, en dehors de Dieu, qui seul « scrute les reins et les cœurs ». Mais on leur demande d'attester les faits externes, d'après lesquels les Souverains Pontifes, éclairés des lumières d'En-Haut, conjectureront la vertu du dedans. Et c'est en cette décision que consiste la prérogative ou l'infaillibilité du Pontife romain, pour la canonisation des Saints. Si donc le document choisi par le Postulateur entre tant d'autres comme le plus remarquable et le plus décisif de tous, est à ce point inconcluant, qu'on juge des autres.

Chacun, dit Saint Augustin, peut se vanter de la plus ardente charité envers Dieu et ne saurait être convaincu de mensonge, sinon d'après les effets extérieurs. Cette charité comporte, en effet, un détachement singulier et entier de soi-même, du monde et des parents.

Sur aucun de ces trois points, Bellarmin n'apparaît un héros.

Son *Autobiographie,* étudiée ici phrase à phrase, et d'autres faits rapportés ci-dessus en grand nombre, sont un témoignage de la complaisance qu'il a mise à paraître aux yeux du monde. Qu'on prenne au surplus les vies du Vénérable qu'ont écrites Bartoli, Fuligatti et d'autres : on verra que tout ce qui s'y rencontre, comme minutieux détail ou souvenir flatteur, a été révélé d'abord par le Saint lui-même, dans le beau style nourri, propre à la grande histoire, où il excellait : de telle sorte que les écrivains postérieurs n'ont fait qu'amplifier et orner de fictions nouvelles les événements contés par Bellarmin, en les complétant à peine pour les quelques années pendant lesquelles survécut l'auteur.

Passons donc à la question des parents, sur laquelle nous n'avons pas non plus l'intention de nous attarder.

II

Des vertus cardinales.

I. — De son détachement de la famille.

(41). Au Sommaire, page 43, par. 14, on lit :

> De plus, il est vrai qu'il fut fort peu attaché à ses parents, leur donnant peu, et plutôt en raison du besoin qu'ils en avaient que pour tout autre motif, les considérant comme des pauvres.

Divers témoins déposent dans le même sens; mais je me hâte pour rester bref.

Bellarmin donnait donc aux siens, et s'il leur fut « fort peu attaché », son détachement n'eut pourtant rien d'héroïque. Car je ne censure pas ici le fait de ses aumônes aux siens, mais j'en conteste l'héroïcité.

En outre, Bellarmin transféra une pension de 300, d'autres disent de 400 écus à ses neveux sur les revenus du diocèse de Capoue, avec la permission nécessaire. Mais c'est toujours une opération dangereuse que la translation de biens ecclésiastiques, patrimoine des pauvres, faite à l'avantage de la famille. Le moderne Postulateur répond à Azzolini, page 48, que cette pension « fut un miracle de sa modération à l'égard des siens ».

Et comment prouve-t-il pareil « miracle » ? Il le prouve, grâce à l'attestation du P. Minutolo, qu'on lit au Sommaire (add. n° 14, p. 4) :

Il obtint de Sa Sainteté, plus encore pour complaire à notre P. Général que parce qu'il en éprouvait lui-même le désir, de pouvoir transférer à deux seulement de ses neveux, qui ne se trouvaient pas trop à l'aise, près de 300 écus à eux deux.

Tel est donc, mis en relief, le grand « miracle » de modération allégué par le Postulateur !

Sur quoi, j'observerai deux choses.

La première, c'est que le déposant atteste que ces neveux « n'étaient pas trop à l'aise » ; et d'autres témoins sont d'accord avec lui là-dessus. Ils étaient donc « à l'aise », quoique sans excès. Ils n'étaient donc pas pauvres, bien que Bellarmin, d'un œil trop humain, les eût considérés comme tels.

Ma seconde observation, c'est que le Cardinal Bellarmin était un religieux, lié par son vœu de stricte pauvreté. Or, que ce soit un « miracle de modération » de la part d'un régulier d'avoir aidé ses parents peu à l'aise et de leur avoir laissé des pensions sur les revenus de son évêché, pour en jouir même après sa mort, je laisse à d'autres le soin d'en juger.

Le Postulateur allègue ici hors de propos un passage de Saint Thomas, lequel ne parle en cet endroit ni d'un évêque, ni de sa famille, à doter sur des biens d'Eglise qui appartiennent aux pauvres, ou par justice ou du moins par charité.

Mais, pour le triomphe de la vérité et la plus grande illustration de la saine doctrine, je ne saurais mieux faire, à propos de cette pension de 300 écus sur l'Eglise de Capoue, que d'invoquer l'enseignement du Cardinal Bellarmin lui-même. Certainement, si le Postulateur avait mieux étudié les ouvrages du Vénérable Serviteur de Dieu, il n'aurait jamais eu le courage d'appeler ce népotisme un « miracle de modération ».

Bellarmin nous enseigne donc premièrement que les Evêques sont obligés, de droit divin, ou par justice ou par charité, de consacrer leur superflu aux œuvres pies, et que s'ils y manquent et qu'ils soient précipités en enfer, peu importe que ce soit pour avoir violé la charité ou la justice : « *Parum enim refert utrum Prælatus damnetur ad Inferos quia peccavit contra justitiam, an quia peccavit contra charitatem, non bene distribuendo facultates suas.* (*Epist. ad Nepot.*, *contr.* 9) ».

Il enseigne ailleurs que c'est un défaut commun parmi les ecclésiastiques que de trop aimer leurs parents ou alliés : « *Videtur enim vitium esse commune viris ecclesiasticis ut nimio ardore prosequantur affines et consanguineos* ».

C'est pourquoi, ajoute-t-il, doit être observée avec la plus grande exactitude la règle établie par le Concile de Trente, session XXV, chapitre I, dont voici les termes :

> Il leur est interdit formellement (aux Evêques) de prendre soin d'enrichir des revenus de l'Eglise leurs consanguins, alliés et familiers, car les canons des Apôtres défendent que les biens ecclésiastiques, qui sont à Dieu, aillent aux parents; mais si ceux-ci sont pauvres, qu'on leur donne comme pauvres. (*Idem*, contr. 8.)

Or, les neveux de Bellarmin, de l'aveu des témoins et du Postulateur, n'étaient pas « pauvres », mais à l'aise, quoique tout juste; il est donc évident que le Cardinal ne fut pas un observateur très diligent de la règle du Concile, mais, qu'au contraire « *augere studuit nepotes suos* ».

Peut-être le Postulateur ripostera-t-il que Bellarmin obtint dispense du Pape pour transférer la pension. Mais est-ce donc là « le miracle de sa modération », que d'avoir sollicité et obtenu dispense de faire ce qui en soi ne convenait pas ?

De plus, d'après Bellarmin, toute dispense est abusive, et nulle, sinon au tribunal humain, du moins au tribunal céleste, quand il n'y a pas de juste motif de l'accorder. Ce sont ses propres paroles : « *Sciendum est pontificiam dispensationem, quando non adest justa causa dispensandi, valere in foro fori, sed non in foro poli, ut aperte docet S. Thom. lib.* 9, *art.* 15 (Idem, *contr.* 5) ». Or, le bon et seul motif d'accorder cette dispense et de la demander, eût été ici la vraie et réelle pauvreté des neveux. Mais celle-ci n'existait point, puisqu'ils étaient « *commodi* », quoique « *non troppo* ». Donc, selon Bellarmin la dispense, valide *in foro fori*, resta nulle *in foro poli*. Doctrine que Bellarmin répète plus expressément encore (Contr. 6) en ces termes : « C'est pourquoi le Pape, s'il dispense sans cause légitime, pèche gravement, et sa faute ne libère pas de l'obligation le dispensé ».

De ces maximes d'ailleurs incontestées du Cardinal Bellarmin, me semble découler avec évidence que ne fut pas indemne de toute faute l'attribution de cette pension de 300 écus. Tout au moins personne ne peut-il nier qu'il subsiste un doute très fondé sur cette question de la culpabilité d'un acte qu'on nous présente comme la preuve d'un détachement « héroïque », un

« miracle de modération » et l'un des motifs de décerner à Bellarmin l'auréole !

On pourrait, sans doute, jusqu'à un certain point excuser la faute de Bellarmin, parce que, comme l'atteste au Sommaire le P. Minutolo : « Il obtint cette dispense de Sa Sainteté plutôt pour complaire à notre P. Général que pour satisfaire à ses propres désirs ». Cependant il est clair que le P. Minutolo en personne ne voit pas là d'acte de vertu bien frappant, et c'est pourquoi il essaie de rejeter sur le P. Général la responsabilité de cette faiblesse, alors que le moderne Postulateur, au contraire, bouillant de produire ce « miracle de modération », oublie de faire au P. Général sa part en ce « miracle ».

Contradictions qui en soi ne prouvent rien, sinon que la difficulté est insoluble et que les Postulateurs ne savent que répondre ! Et de là encore, il appert combien est vrai le sentiment du grand Cardinal Casanata, lequel, dans son très savant *Votum* sur cette cause, prononce entre autres :

> De même que présentement, il y a à peine une action coupable qu'on ne prétende rendre honnête grâce à la théologie moderne, de même à peine reste-t-il un bon chrétien à qui l'on ne prétende décerner un culte public.

II. — Bellarmin et la tempérance.

(42). Sur la tempérance de Bellarmin, le P. Eudémon-Jean, le plus intime confident du Serviteur de Dieu, dépose au Sommaire 29, p. 102 :

> Sa vie fut toujours celle d'un pauvre. Il mangeait,

pour le nombre des plats, comme dans la Compagnie, et de même pour la qualité, sauf quand ses serviteurs le trompaient à cet égard; il jeûnait toute l'année trois jours de la semaine et ne voulait pas, ainsi que je l'ai appris des siens, qu'on achetât alors pour lui autre chose qu'un petit poisson, pareil à celui qu'on sert dans notre réfectoire.

Un autre témoin dépose également (Somm., page 41) :

A table, il ne voulait rien autre qu'un plat, peu abondant et commun: et lorsqu'on lui servait de la volaille ou du veau, il fallait, pour lui en faire accepter, lui dire qu'on n'avait rien trouvé d'autre et que la dépense était la même.

Le Cardinal Azzolini déduit de là et d'autres détails du même genre, qu'on ne saurait ne pas taxer d'imprudence quelqu'un qui se laisse ainsi conter qu'à Rome il était possible qu'on ne trouvât si souvent à acheter que de la volaille ou du veau, et qu'il n'en coûtait pas plus qu'à manger du bouilli.

Là-dessus le Postulateur, avec son ardeur habituelle, s'élève (page 42) contre Azzolini et lui crie :

Où trouvez-vous écrite pour la première fois une extravagance aussi énorme ? Qu'on cite donc les paroles de ce prétendu témoin : *Il fallait pour lui faire goûter à ces mets plus relevés lui dire qu'on n'avait rien trouvé d'autre et qu'il ne lui en coûterait pas plus cher !* Quoi donc ? De l'avis de l'opposant, est-ce une chose admissible que les serviteurs donnent pour excuse à Bellarmin une pareille bourde et que Bellarmin s'y prête. Tels sont les sages qui veulent faire passer aux yeux du monde Bellarmin pour un innocent, c'est-à-dire pour un simple d'esprit retombé en enfance.

(43). Si ce Postulateur parle et écrit sérieusement, et s'il ne se moque pas tout uniment de nous, il commet ici deux impairs : l'un à l'égard du Cardinal Azzolini, en censurant celui-ci injustement, l'autre à l'égard de Bellarmin, en le faisant passer pour un hypocrite, afin de lui épargner de paraître un inconsidéré.

Donc, Bellarmin ne croyait pas qu'à Rome, on ne pût trouver rien d'autre à manger que du veau ou de la volaille, car, dit le Postulateur, s'il l'eût cru, il n'eut été qu'un « *sempliciotone e rimbambito* ». Par conséquent, sachant qu'on y trouvait d'autres plats communs, il se montra un hypocrite, en acceptant et en feignant de ne pas voir que ses serviteurs lui servaient de la volaille ou du veau, à l'heure même où il affectait de vivre et de se nourrir en pénitent, comme au réfectoire de la Compagnie. Il se rendit même par là d'autant plus coupable que sa dissimulation contribuait à encourager les frauduleuses manœuvres de ses domestiques. Une des deux conséquences s'impose par la force d'un juste dilemme.

Mais passons à l'héroïcité de cette tempérance.

Bellarmin, au témoignage de tous, maintenait sa table sur le modèle du réfectoire de la Compagnie, à peu de chose près, comme qualité. C'est-à-dire qu'elle était meilleure, mais « non de beaucoup ». Il faut donc en conclure ou que tous les Pères de la Compagnie sont des héros de tempérance et de pénitence, ou que Bellarmin ne fut pas non plus un héros de ce genre, puisqu'à sa table on faisait meilleure chère, quoique « *non di molto* ».

Mais il y a pis. Toute l'année, il jeûnait, sans doute, durant trois jours par semaine, se contentant d'un petit poisson. Mais tant de chrétiens en font autant; tant de religieux jeûnent sept mois par an et mangent d'une marée de qualité très inférieure à celle dont se nourrissait le Serviteur de Dieu, sans être réputés pour autant des héros de pénitence ! Innombrables sont encore aujourd'hui ceux qui ne mangent qu'une fois durant ces jours saints; et Votre Sainteté est du nombre, qu'il me soit permis de le dire, n'ayant jamais vu homme plus tempérant que Votre Personne sacrée, en fait de nourriture.

C'est la médiocrité de la qualité unie à celle de la quantité qui eût rendu particulièrement pénible pour Bellarmin cette pénitence. Mais parmi tant de dépositions (puisqu'il faut parler clair), on n'entend jamais parler de jeûne au pain et à l'eau, ou d'un repas d'herbes; jamais d'un voyage à pied, que je ne crois pas cependant contraire aux règles de la Compagnie; jamais d'une nuit passée sur la dure.

Cependant Bellarmin en personne parlant (Sermon 9, Dom. 4 Adv.) de la pénitence chrétienne si radoucie de nos jours, s'écrie :

> Nous sommes devenus aujourd'hui si délicats, si tendres, qu'à peine pouvons-nous supporter quelques jours de jeûnes pour tant de crimes et de péchés commis. Les cilices, la cendre, les veilles, la terre nue pour lit, les flagellations et les autres mortifications de la chair n'ont plus leur place non seulement dans les mœurs, mais presque déjà dans les livres.

Tels sont, en effet, les divers modes de pénitence que plus ou moins ont employé les Saints, même sans avoir commis beaucoup de péchés ni de grandes scélératesses. Mais de même que Bellarmin n'en trouvait plus trace dans la vie des chrétiens ni dans les mœurs de son temps, de même, à mon grand déplaisir, n'en vois-je pas un vestige dans la vie de Bellarmin. Aussi, pour parler à mon tour de lui dans les termes qu'il appliquait tout à l'heure aux autres, ne puis-je l'appeler un héros de mortification, mais tout au plus un chrétien médiocrement pénitent.

Il est dit seulement dans l'Abrégé, page 284, que « le Cardinal ne resta jamais au lit plus de six heures environ ». Or, une nourriture un peu meilleure que celle du réfectoire des Jésuites et six heures de lit, sont précisément de ces preuves qui jamais encore n'avaient été produites en faveur d'un héros de la pénitence à la Congrégation des Rites.

Mais, pour mettre définitivement en lumière cette question de l'austérité de la vie chez Bellarmin, il est nécessaire de faire encore réflexion que, s'il y a un principe indiscutable, c'est qu'on ne saurait proposer pour la béatification un Serviteur de Dieu qui ne s'est pas signalé par des austérités corporelles supérieures à la commune tempérance habituelle aux bons et justes chrétiens. Tous les auteurs qui ont professé sur cette matière l'enseignent ; et pour abréger, je citerai seulement les paroles du P. Augustin Matheucci, qui dans sa Pratique théologico-canonique (*Ad causam beatific.* 8, tit. 3, cap. 1, par. 3, page 40), écrit :

C'est pourquoi a prévalu la pratique du Saint-Siège, de ne jamais procéder à la béatification et à la canonisation des non-martyrs, avant que les austérités de la vie ne soient authentiquement prouvées. Car elles ne sont pas tant opportunes que nécessaires (pour le succès d'une cause). Nul n'a jamais été jugé digne d'un si grand honneur, qui n'y eût été recommandé par ces pénitences, comme le prononce expressément la Bulle apostolique, etc... Il ne faut pas, il est vrai, prendre ce principe tellement à la lettre que pour tous et chacun des serviteurs de Dieu en cause dussent se vérifier les pires macérations, sur la même ligne... Il suffit, en effet, qu'ils se livrent assidûment à la mortification corporelle, de telle sorte que de l'avis général, ils paraissent avoir dépassé la mesure ordinaire, d'après laquelle les justes ont coutume de comprimer par leurs austérités les appétits du corps contre la raison.

Or, Bellarmin, ainsi qu'il conste de la déposition des témoins invoqués, non seulement n'a pas dépassé le niveau ordinaire des austérités qu'ont coutume de pratiquer les serviteurs de Dieu; mais il menait une vie en somme moins sévère et plus commode que celle d'un grand nombre de bons chrétiens. Et parce que c'est là le point le plus important pour la cause dont il s'agit ici, il serait bon de confirmer enfin là-dessus notre sentiment grâce à une autorité supérieure à toutes les autres sans exception.

Cette autorité, c'est celle de Votre Sainteté, qui, dans son ouvrage, *De beatificatione Sanctor.*, lib. 3, cap. 28, n° 18, p. 131, écrit :

Ce même jugement (*de ne pas procéder à la béatification*), je croirais assez qu'il le faut porter au sujet de ces Serviteurs de Dieu, qui bien que n'ayant pas donné dans de pareilles faiblesses et s'étant abstenus d'un trop grand amour pour leur corps, cependant n'ont aucunement pris soin durant leur vie de macérer leur chair. Car, d'après ce que nous venons de voir, une mortification qui s'exerce par de longs jeûnes en dehors des jours de précepte, par des veilles extraordinaires, par des macérations et des flagellations volontaires, n'est pas absolument nécessaire en soi pour que chacun puisse sauver son âme. Toutefois, cette vie pénitente est exigée de quiconque veut parvenir au sommet de la perfection chrétienne, et, dans l'Eglise militante, ce ne sont pas tous ceux qui se sont pieusement endormis dans le Seigneur, mais seulement ceux dont il est démontré par de claires épreuves qu'ils sont parvenus au degré le plus parfait, qu'il convient d'inscrire au catalogue des saints. Il n'est pas permis par conséquent de douter de la vérité de ce que soutient Sacchi, etc...

Remettons-nous maintenant sous les yeux la déposition des témoins. Le vivre était donc, pour le nombre des plats, le même chez Bellarmin que pour la Compagnie et pas de beaucoup meilleure qualité, sinon quand les serviteurs le trompaient à cet égard. Or, la tempérance et la pénitence corporelle ne tiennent pas tant au nombre et à la qualité des mets qu'à leur convenance avec l'appétit ou les goûts de celui qui en use : car, attendu la variété des tempéraments, l'un sera très sobre en mangeant de trois plats et l'autre ne sera que modéré sur la bouche en en mangeant deux. Or, la table était chez Bellarmin, de meilleure qualité, quoique « *non di molto* » que celle du réfectoire des Jésuites, à laquelle il s'était déjà accoutumé sans en trop souffrir; et d'ailleurs ceux qui fréquentent au Gesù n'ont jamais sérieusement pensé à faire passer la façon dont on y vit pour une exemplaire mortication.

« Il jeûnait au surplus trois fois la semaine », c'est-à-dire autant qu'on peut le conjecturer le vendredi, le samedi et un autre jour à sa dévotion. Mais comment jeûnait-il ? Le témoin précité répond : « Il ne voulait pas, comme je l'ai appris de ses familiers, qu'on lui achetât d'autre poisson, que petit et semblable à celui qu'on servait dans notre réfectoire ». Ces jeûnes ressemblaient donc assez à ceux que pratiquent les Jésuites en communauté, quand encore ses serviteurs ne le trompaient pas; car, si ceux-ci parvenaient si facilement à lui faire manger de la volaille ou du veau pour du bouilli, sous prétexte qu'on n'avait trouvé rien d'autre à acheter dans Rome, combien plus facilement encore pouvaient-ils lui cuisiner de meilleur poisson, très différent de celui dont on nourrissait ses confrères? Et maintenant que chacun juge si cette façon de jeûner (c'est-à-dire uniment de faire maigre) trois fois par semaine, par exemple le mercredi, le vendredi et le samedi, selon la coutume de tant de bons chrétiens et à la manière du réfectoire des Jésuites, offre l'ombre d'un héroïsme ou d'une austérité extraordinaire, voire même d'une austérité assez relative.

Or, égale à la sévérité de ses jeûnes fut la privation que Bellarmin s'infligea quant au sommeil. Il dormait au lit environ 6 heures, disent les témoins déjà cités, moyenne très commune parmi ceux qui n'ont pas de longue nuits et plus encore pour nous, Italiens, qui pratiquons de coutume au milieu du jour une sieste raisonnable.

CONCLUSION

(Suivent neuf RÉFLEXIONS *ou notes sur les attendus qui précèdent. Nous avons utilisé ailleurs la substance des huit premières. Nous donnerons,*

pour finir, in extenso, *la neuvième. C'est la conclusion obligée du* Votum *de Passionei.*)

Les périls du dehors que créerait (en raison des réclamations des hérétiques) une béatification imprudente de Bellarmin, méritent donc certainement l'examen. Néanmoins ils ne sont rien encore au prix du péril intérieur que ferait courir à l'Eglise en ce procès le manque de preuves démontrant clairement l'héroïcité des vertus du Cardinal. Or, quel motif, quelle nécessité contraint le Saint-Siège à courir ces orageuses aventures ? Qu'a-t-il à perdre en suspendant cette affaire ? Les Postulateurs envisagent naturellement le propre lustre, l'avantage et les applaudissements qui leur reviendraient, si leurs vœux étaient exaucés. Mais moi, à cause du rang que j'occupe avec indignité, et par obéissance (comme Dieu m'en est témoin) aux vénérés et souverains commandements de Votre Sainteté, dégagé de toute préoccupation humaine, même la plus minime, en écrivant cet humble *Votum*, je n'ai eu d'autre fin et d'autre visée que le service de Dieu, l'honneur du Siège apostolique et la gloire de Votre Sainteté. C'est pourquoi je conclurai cet exposé sur les très sages paroles par lesquelles l'illustre Cardinal Casanata a mis fin à son *votum* en latin :

Attendu que nous ne pouvons en tout état de cause éviter le danger d'erreur, dans une affaire aussi grave, faute de preuves pour ces vertus qui doivent être, chez les Saints, héroïques, non spéculativement, mais en fait; attendu que nous ne nous trouvons pas en face d'une renommée de sainteté constante, étendue au monde entier, mais plutôt du plus profond silence jusqu'à l'heure présente; attendu qu'on ne nous montre ni apparitions, ni révélations, ni invocations, ni miracles, à moins que nous n'admettions pour tels certains bruits faibles et incertains ; je crois qu'il serait très périlleux de nous écarter de la voie prescrite par le Saint-Siège, d'une façon particulière aujourd'hui, en raison de la fréquence des Canonisations et des demandes d'argent ou des libéralités qu'on a coutume de répandre en retour de la réussite de ces sortes de procès. Une certaine facilité s'y glisse, par où diminue la vénération; et la dignité des oracles du Siège Apostolitique s'y ravale. Ajoutons, comme s'en plaignent une multitude de cœurs pieux, un relâchement complet des opinions morales; on n'estime plus pécher qu'en tombant dans d'énormes excès; l'antique rigueur de la discipline de l'Eglise est tombée en désuétude, et les causes de canonisation des Saints, qui comptent parmi les causes majeures, se réduisent de plus en plus aux formes d'un procès au for externe, d'une façon peu exemplaire. C'est pourquoi, si l'on ouvre la voie en approuvant de pareilles vertus et en leur conférant le titre d'héroïques, il est à craindre — Dieu nous en garde — que s'engourdisse le sens spirituel et que la vraie piété ne fasse place à l'hypocrisie. Et c'est pourquoi j'estime qu'il ne conste pas des vertus dans le cas et à l'effet dont il s'agit.

Tel est mon propre jugement, qu'avec le plus profond respect je dépose aux pieds de Votre Sainteté, dont j'implore la bénigne indulgence si j'ai été trop prolixe, espérant d'autant plus facilement l'obtenir que la longueur de mon *votum* résulte uniquement de l'examen de doctrines marquantes du Serviteur de Dieu qui n'avaient pas encore été discutées, d'une quantité de faits très graves qu'à ma souveraine surprise aucun *votum* précédent n'avait encore produits, et finalement d'une exacte analyse de l'*Autobiographie* du Serviteur de Dieu. Si les autres affaires en cours m'avaient permis d'étudier plus minutieusement tous les procès, toutes les *Vies* — au nombre aujourd'hui de neuf ou dix, que je n'ai pu d'ailleurs ni voir ni trouver toutes, — sans parler de tous les écrits de ce grand Cardinal, j'aurais pu dire encore davantage, en longueur et en importance. La faiblesse de mon jugement, mon peu d'habileté et, pour le dire en un langage plus exact et sans fausse humilité, mon ignorance ne me laissent aucun espoir d'avoir pu satisfaire pleinement au très fin discernement de Votre Sainteté. Il n'y a qu'une chose que je puisse affirmer et soutenir avec constance, c'est d'avoir écrit comme j'ai cru et comme je crois, selon ma conscience, en toute liberté, pour obéir au commandement exprès et souverain de Votre Sainteté, à laquelle, avec la plus entière soumission, je m'en remets entièrement.

III

Lettre de Bellarmin à Clément VIII

Voici la fin de ces quelques écrits concernant le Cardinal Bellarmin.

On admirera avec quelle désinvolture Bellarmin a livré à sa Compagnie ces papiers indiscrets, concernant sa propre conscience ou celle d'autrui. Il est peu probable qu'aucun Pape trouve jamais dans cet exemple un encouragement à choisir encore un bon Père pour confident : son secret prendrait sur le champ le chemin du Gesù.

Ce fut le cas notamment pour les deux lettres de Bellarmin à Clément VIII, précédemment discutées par le Cardinal Passionei. Le Votum *donne d'ailleurs un extrait suffisant de la seconde, concernant la controverse* de Auxiliis; *mais c'est à peine s'il cite un court extrait de la première, non moins édifiante à sa manière. C'est pourquoi nous la traduisons ici en entier.*

Elle a trait à la réforme de l'administration ecclésiastique et, en particulier, à la conduite à tenir par le Souverain Pontife à l'égard des évêques.

Et le R.P. Couderc, S. J. (Tome I, page 295) *se demande, sans doute, au sujet de ces pages, « ce qu'on y doit admirer le plus, le zèle et la sincérité de Bellarmin, ou l'humilité et les saints désirs de Clément VIII ». Le lecteur sera sans doute moins embarrassé que ce Jésuite. La patience et la modestie du Pape éclatent partout, en dépit des leçons méritées qu'il est obligé d'infliger au génie de dénigrement et à l'inexpérience manifeste des grandes affaires dont témoigne l'écrit du Vénérable. On s'explique mieux, après l'avoir lu, la rapide disgrâce d'un homme d'une si grande réputation de savoir et de vertu, dont le Pape s'était d'abord applaudi d'avoir fait sa créature : c'est que Bellarmin a su se rendre bien vite insupportable.*

C'est lui, manifestement, qui, en cette circonstance encore, a fait ou laissé courir plusieurs versions d'un échange intime de vues qui lui avait permis, grâce à ses fonctions de conseiller du Saint-Siège, de surprendre la pensée de son bienfaiteur. Pietrasanta nous apprend par exemple (l. III, p. 261) *que le Cardinal aurait donné l'original de cette lettre au P. Etienne del Buffalo* (*P. Steph. de Bubalis*). *Mir* (Tom. II, p. 234, Un réformateur de l'Eglise) *emprunte le texte qu'il en donne à une autre copie fortement expurgée de l'historien espagnol du Vénérable, le P. Jacques Ramirez* (Vida del piissimo y sapientissimo P. Roberto Bellarmino, livre III, chap. X). *H. Laemmer* (Meleteatum Romanorum Matissa, p. 367) *a signalé enfin diverses variantes, qui témoignent de l'abondance des manuscrits. C'est la vulgarisation organisée de confidences sacrées.*

Nous avons suivi, pour notre traduction, la version de Mir, complétée, en italiques et entre cro-

*chets, grâce à l'*Auctarium *du P. Le Bachelet. Le P. Ramirez n'a pas, en effet, supprimé seulement, dans son texte, les références patristiques, accumulées par le Vénérable à l'appui de sa thèse, mais encore les détails les plus curieux et, dans une intention qui n'échappera à personne, presque toutes les applications pratiques, d'un caractère nettement diffamatoire. Quant à la réponse de Clément VIII, la façon dont Ramirez la présente, la rend par endroits presque inintelligible; nous avons préféré l'intercaler, alinéa par alinéa, dans le texte, comme ont fait Bartoli et d'autres biographes.*

Pour excuser en soi cette espèce de satire, si peu fondée, certains panégyristes prétendent, il est vrai, que Bellarmin était à ce moment-là le directeur de conscience ou tout au moins le théologien du Pape; mais alors l'indiscrétion qu'il a commise, en divulguant sa mercuriale et la réponse, n'en est que plus inexcusable. Il faut choisir entre l'impertinence et l'infidélité au secret.

D'autres espèrent atténuer l'impression de l'écrasante riposte de Clément VIII, en y reconnaissant l'écriture de Baronius (Cf. G. Calenzio, La vita e gli scritti del card. Cesare Baronio, Rome 1907, p. 602). *Même si Baronius a tenu la plume, il a pourtant écrit sous la dictée du Pontife et parle en son nom. Que ces notes aient été, au surplus, rédigées de concert, après mûre délibération entre un Pape aussi pieux et aussi éclairé que Clément VIII et le Vénérable Père de l'Histoire ecclésiastique, c'est ce qui achève de rendre plus accablants encore leurs perpétuels et mérités rappels à la réflexion, à la modération du jugement et à une interprétation plus charitable des faits, qui finissent par donner assez vilaine figure à celui qu'on prétend exalter aux dépens de tous.*

Ramirez rattache ouvertement à la liberté de parole de Bellarmin, en cette occasion, son éloignement par Clément VIII à Capoue, et c'est aussi l'avis du P. Couderc et des autres historiens jésuites. Mais il est trop facile de qualifier de noble franchise de vulgaires excès de langage. L'inévitable fatigue causée par ce parti-pris de ravaler l'Eglise hiérarchique, les entêtements de Bellarmin et ses importunités en faveur d'opinions compromises, les insolences enfin et les menaces, pareilles à celles que nous avons pu lire déjà dans l'autre Lettre à Clément VIII citée par Passionei, expliquent, il est vrai, la « disgrâce » du Vénérable, mais justifient du même coup la mémoire du Pape des insinuations calomnieuses dirigées contre cette prétendue revanche de son amour-propre blessé sur ses premières complaisances.

Le Bachelet date l'adresse ci-dessous de la fin de 1600 *à juin* 1601.

*Plusieurs corrections ou notes marginales et autres montrent d'ailleurs que Bellarmin n'a cessé, par la suite, malgré la pérempoire riposte du Souverain Pontife, de se complaire à son factum. C'est ainsi que l'*Auctarium *donne à la suite* (page 518) *un canevas complet de réformes, que Bartoli nous présente comme la première ébauche d'un plan général que Bellarmin n'aurait pas jugé opportun de présenter tout d'une pièce à Clément VIII et dont il aurait extrait seulement les six points qui font l'objet de sa lettre.*

Un peu plus loin (p. 521), *dans une courte note :* Quod Summus Pontifex non debeat causas graviores definire sine consilio Fratrum, *Bel-*

larmin semble même vouloir expliquer et justifier le conseil qu'il a donné ailleurs à Clément VIII, de ne pas trancher par lui-même la controverse de Auxiliis. A noter enfin que cette dernière pièce est dédiée par Bellarmin au Cardinal Augustin Valier, l'un de ses plus persévérants protecteurs; et pourtant nous allons l'entendre dénoncer au Pape les manquements à la résidence et sans doute aussi, pour employer son style, les infidélités maritales ou l'impuissance sénile de ce vénérable prélat, à l'égard de l'église de Vérone, son épouse.

Traits qui s'expliquent seulement, s'ils ne sauraient se justifier, de la part d'un homme que Le Bachelet lui-même appelle typiquement, sans y prendre garde, le « Cardinal Jésuite ».

Sur la Réforme de l'Administration ecclésiastique

Le Souverain Pontife remplit trois rôles dans l'Eglise de Dieu : il est pasteur et recteur de l'Eglise universelle, il est le propre évêque de Rome, et il est le souverain temporel des Etats de l'Eglise. Mais de ces trois offices, celui qui l'emporte est la sollicitude de toutes les Eglises, car il est le premier en date, unique en son genre et le plus grand de tous. Je dis *le premier*, car l'Apôtre Saint Pierre fut institué pasteur de tout le troupeau du Seigneur bien avant de devenir évêque d'Antioche ou de Rome. Je dis *unique*, car il ne manque pas d'autres Evêques des plus nobles cités ni d'autres souverains temporels, mais seul le Pape est Pontife pour le monde entier, Vicaire général du Christ et pasteur universel de toute l'Eglise. Je dis enfin *le plus grand*, car l'évêché de Rome a ses frontières, voire assez étroites, aussi bien que la principauté temporelle de l'Eglise; mais le Souverain Pontificat ne connaît d'autres bornes en ce monde à son pouvoir que les confins de la terre elle-même.

Or, cet office, si antique, si grand, si singulier, si propre au Pape et en même temps si nécessaire à l'Eglise, le Souverain Pontife pourra facilement le remplir, s'il prépose aux Eglises particulières de bons Evêques, veille à ce qu'ils s'acquittent de leurs obligations et les y contraint au besoin. Car les bons Evêques choisiront de bons curés, de bons prédicateurs, de bons confesseurs. Et ainsi, grâce à tous, sera assuré le salut des âmes. Que si pourtant il arrive que plusieurs se perdent par la négligence des Evêques ou des curés, c'est à leurs pasteurs particuliers qu'il en sera demandé compte; le Souverain Pontife aura, lui, libéré son âme, puisqu'il aura fait de son côté tout ce qui était de lui pour qu'elles ne s'égarassent point; mais si le premier Pasteur donne aux Eglises des évêques moins bons, ou ne prend pas diligemment soin qu'ils remplissent leur devoir, alors c'est lui qui devra répondre pour tous. [*C'est ce dont le Concile de Trente,* Session 24, chapitre I, *avertit en ces termes : « Enfin le même Saint Synode, ému de tant d'incommodités si graves dont souffre l'Eglise ne peut pas ne pas rappeler que rien n'est plus nécessaire à l'Eglise de Dieu que de voir Sa Sainteté le Pontife romain, qui doit étendre de par sa fonction à l'Eglise universelle sa sollicitude, s'appliquer avant tout à ne s'adjoindre que des Cardinaux bien choisis et à préposer aux Eglises particulières de bons et surtout capables pasteurs; car c'est de leurs mains que Notre Seigneur Jésus-Christ réclamera le sang des brebis du Christ qui périront par la mauvaise administration de pasteurs négligents et oublieux de leur devoir.*]

Cette considération m'accable d'une si grande frayeur que, pour personne au monde, je n'éprouve plus de compassion que pour le Souverain Pontife, à qui tous ont coutume de porter envie. En effet, Saint Jean Chrysostome écrit avec une émotion profonde que peu d'évêques se sauvent, parce que c'est pour eux une chose bien difficile que de rendre compte de tant d'âmes qui leur ont été confiées; [*et nous ne saurions douter que cette parole ne s'applique à plus forte raison aux Souverains Pontifes.*] Même, nous ne saurions nous prévaloir de notre bonne conscience ni de nos bonnes intentions, ni de nos meilleures œuvres, car l Apôtre Saint Paul l'a dit : « Ma conscience ne me reproche rien : toutefois je ne me tiens pas, pour autant, comme justifié ». Et l'Apôtre Jacques nous foudroie de cette formidable sentence : « Celui qui n'aura pas observé la loi, même sur un seul point, sera tenu pour coupable de l'avoir violée toute ». Or, un point où l'on pèche très facilement et où il est très difficile d'apporter remède, c'est précisément celui dont nous parlons. Voilà pourquoi, confiant en la bénignité apostolique, je dépose dans le sein du plus indulgent des pères, ou plutôt à ses pieds, mes scrupules qui, en vérité, ne me laissent plus de repos.

A. — Nous aussi sommes pleins de frayeur. Mais comme Dieu seul pénètre les cœurs et que Nous ne saurions élire (comme évêques) que des hommes, deux exemples Nous rassurent quelque peu. Le premier, c'est que Notre Seigneur Jésus-Christ, voulant se choisir douze apôtres, passa la nuit en prières, — Nous ne savons s'il en fit autant en d'autres conjonctures, — et que, malgré tout, parmi les élus, fut Judas. L'autre exemple est celui des Apôtres. Tout remplis de l'Esprit-Saint, ils élurent sept diacres, parmi lesquels Nicolas, devenu plus tard cet hérétique fameux. Exemples, pensons-Nous, que Dieu tout-puissant a laissés à son Eglise pour servir de consolation à ceux qui doivent y choisir des dignitaires.

Il me semble donc qu'il y a six abus surtout qui exigent une réforme et qu'on ne saurait tolérer sans péril.

I. — La vacance des évêchés.

Le premier est la vacance prolongée des Eglises. Il y a là-dessus une lettre de Saint Léon à Saint Anastase, évêque de Thessalonique, où il ordonne de pourvoir sans retard les diocèses, afin que ne manquent pas trop longtemps au troupeau du Seigneur les soins du berger. [*Il y a aussi un décret d'Innocent III, sous le titre* De Elect., *où il est dit : « De peur qu'à défaut du Pasteur le loup rapace ne ravage le troupeau du Seigneur ou que l'Eglise veuve ne subisse un grand dommage en ses biens, résolus que nous sommes, et à parer à ces dangers courus par les âmes et à aviser aux dédommagements possibles pour les diocèses, nous avons statué qu'aucune Eglise cathédrale ou aucune prélature régulière ne devra vaquer plus de trois mois ». Et ce décret, ainsi que beaucoup d'autres, fut promulgué après mûre délibération en Concile général.*] Saint Grégoire a écrit également de nombreuses lettres, où il admoneste ceux à qui appartient l'élection pour qu'ils y procèdent le plus tôt possible. Même si, par hasard, un certain délai s'imposait, ce Saint Pape avait coutume de confier l'Eglise vacante à un Evêque voisin, non pour qu'il en recueillît les bénéfices [*comme on fait maintenant*], mais pour qu'il en prît soin durant l'intérim. Ainsi ces très pieux et très prudents Pontifes s'efforçaient-ils de pourvoir sans interruption les sièges vacants, pour n'être point rendus responsables des âmes qui eussent péri faute de pasteur : car il est impossible d'exprimer ici sous une forme si brève quel dommage subissent les Eglises veuves de leur prélat, ni les vices auxquels se précipite le troupeau tant que lui manque un pasteur, ni combien redevient sauvage la vigne du Seigneur quand n'y travaille plus l'ouvrier.

B. — Sur ce premier point ou chapitre, Nous confessons avoir péché et pécher encore aujourd'hui. Mais la plupart du temps, cela tient à la difficulté que Nous éprouvons à trouver quelqu'un qui convienne. Sans doute, on Nous propose souvent plusieurs noms ; mais, comme Nous ne pouvons prendre par Nous-même les informations nécessaires, et comme Nous avons pu constater parfois par expérience que ceux à qui Nous avons confié ce soin Nous avaient trompé ou avaient été trompés par d'autres, Nous avons jugé qu'il était quelquefois plus sûr de différer pour ne pas Nous fourvoyer, selon la sentence de l'Apôtre: « Citò cuiquam manus non imponas ». (1) Nous nous souvenons d'ailleurs aussi qu'au temps même de Saint Grégoire le Grand, des églises restèrent longtemps vacantes, et c'est pour cette raison que le Saint avait coutume de les confier à un autre évêque, pour qu'il en prît soin par intérim.

II. — Le mauvais choix des évêques.

Le second abus est le choix de prélats moins idoines : car il faudrait d'abord pourvoir les

(1) D'après Mir : « *Manus cito nemini imposueris* ».

évêchés de bons sujets, et non certains sujets de bons évêchés. Je conviens d'ailleurs que la meilleure façon de faire est celle qui satisfait en même temps à ce double intérêt, quand la personne la plus méritante est promue justement à la meilleure église vacante; [*mais c'est aux besoins du diocèse qu'il convient premièrement et pardessus tout d'avoir égard* (1).]

C. — Nous le savons et, autant qu'il Nous est possible, Nous avons toujours en vue de pourvoir les églises et non les personnes, sinon quand Nous pouvons également assurer l'avantage des unes et des autres.

[*Saint Grégoire, livre VI, sur le premier Livre des Rois, remarque en effet qu'une dispense peut être salutaire en d'autres rencontres, mais que l'élévation d'un sujet indigne à l'épiscopat ne saurait être qu'un relâchement mortel. Et le même Saint Grégoire*, livre II, Reg., chapitre 68, *ajoute que, de peur de pécher en ce genre de choix, il s'est absolument interdit toute immixtion dans l'élection des évêques. Enfin*], pour ne rien dire de plus, le Concile de Trente, session XXIV, chapitre Ier, affirme en termes exprès que pèchent mortellement ceux à qui revient de quelque façon le choix des Evêques et qui ne font pas en sorte que soient élus ceux qu'ils jugent les plus dignes et les plus utiles aux diocèses : et tel est l'avis commun des docteurs.

D. — C'est la vraie doctrine ; mais s'il fallait toujours choisir les plus dignes, les diocèses

(1) Mir rejette cette phrase à la fin de la réponse du Pape.

ne seraient jamais pourvus, car Nous ne savons quel moyen Nous pourrions bien prendre pour savoir quels sont ces plus dignes de tous.

[*J'ai tremblé, je l'avoue, lorsque deux ou trois fois, en Consistoire, j'ai vu promouvoir à des sièges cardinalices certains sujets qui, soit en raison de leur trop grand âge, soit à cause de leurs infirmité corporelles, soit par défaut de vertus épiscopales, étaient tels qu'on pouvait les juger, non seulement les moins désignés, mais à peine aptes ou utiles pour le gouvernement des âmes. Sans doute la coutume exige que ces Eglises soient confiées aux Cardinaux prêtres, quels qu'ils soient, les plus anciens dans leur Ordre. Mais je ne crois pas qu'aucune coutume puisse nous contraindre à confier jamais le soin de notre santé à des médecins choisis à l'ancienneté, lorsque la décrépitude de l'âge ou toute autre raison les a rendus moins propres à nous guérir : et puisque nous agissons ainsi pour la santé temporelle de notre corps, pourquoi en userions-nous autrement pour le salut éternel des âmes?*]

E. — Quant à ces évêchés, nous en reparlerons plus bas.

[*J'omets que de notre temps un grand nombre de candidats visent à l'épiscopat, ou plutôt ils n'y visent pas, ils le demandent et le poursuivent ouvertement, ne sachant, selon la parole du Seigneur, ce qu'ils font.*]

F. — C'est aussi l'un de Nos tourments ; car si Nous refusons de donner ces évêchés à ceux qui y prétendent ou que d'autres Nous

proposent, Nous ne savons plus comment pourvoir les Eglises, particulièrement celles qui ne sont pas très grandes et qui ont peu de revenus. Si Votre Seigneurie connaît quelque remède à cet état de choses, Nous l'apprendrons d'Elle et l'emploierons volontiers.

[*Si, en effet, au jugement même des législateurs civils, n'est digne du sacerdoce que celui qu'on ordonne malgré lui, combien plus indigne encore celui qui prétend davantage*]. Saint Grégoire [*au livre IV de son Commentaire sur le premier Livre des Rois, chapitre Ier*] dit encore que la règle serait qu'on cherchât des hommes pour l'épiscopat, et non pas que ces hommes cherchassent à être évêques. Et Saint Bernard [*au livre IV du* De Consideratione, *ch.* 5] : « Celui qui demande pour soi un évêché, dit-il, est déjà jugé » ; et plus loin : « Force et oblige à entrer ceux qui hésitent et refusent ».

G. — Ces choses-là se laissent dire ; mais lorsqu'on en vient à la pratique, on y trouve de grandes difficultés.

III. — Le défaut de résidence.

Le troisième abus est le défaut de résidence des Pasteurs. Car de quoi sert-il d'avoir fait choix d'un bon évêque s'il s'absente toujour ? [*Pour ne pas parler des anciens canons, le Concile de Trente, session XXIII, chapitre Ier, déclare que les Pasteurs d'âmes sont* **tenus de pré-**

cepte divin à connaître leurs brebis] et à les paître grâce à la prédication de la parole de Dieu, à l'administration des sacrements et à l'exemple de toutes les bonnes œuvres : ce que ne sauraient accomplir ceux qui ne vivent pas avec leur troupeau. La raison en est claire en elle-même. [*Le même Concile la développe et conclut que même les Cardinaux, s'ils sont en même temps évêques de Diocèses éloignés de Rome, sont tenus à la résidence personnelle dans leurs Eglises. Et ceci est le point principal où je crains fort que ne péchent ceux à qui il appartient de faire observer par les Evêques la résidence.*]

H. — Ici, Nous avouons notre faute. Nous avons accordé avec trop de facilité aux évêques de venir à Rome, et on les en éloigne ensuite très difficilement.

[*Je vois, en effet, parmi les Eglises d'Italie, régner une désolation telle qu'on n'en vit point de pareille depuis nombre d'années, et que la résidence ne semble plus ni de droit divin ni de droit humain.*]

I. — Avant Nous, si Votre Seigneurie veut bien s'en souvenir, à peine un sur mille évêques, à ce qu'on dit, résidait.

[1° *On compte aujourd'hui onze cardinaux évêques non résidants : le Cardinal Gesualdi, ceux de Florence, de Vérone, d'Ascoli, les cardinaux Galli et Borromée, celui de Sienne, les cardinaux Bandini, Visconti, Toschi et d'Ossat.*]

K. — 1°) Gesualdi ne réside pas en raison des procès qu'il a en Cour de Rome, et Votre Sei-

gneurie doit savoir si la chose est mieux ainsi ou non. 2°) .... (1) .... 3°) Le cardinal de Vérone a un coadjuteur. 4°) Il cherche à résigner, et il est théologien du Saint-Siège. 5°) Il est venu à Rome à l'occasion de l'Année sainte. 6°) Votre Seigneurie sait les troubles qui agitent son diocèse. 7°) Son infirmité en est la cause. 8°) Il réside, car son diocèse fait partie de la province qu'il gouverne. 9°) Il retourne dans son Eglise qui compte peu de fidèles. 10°) Toschi réside, car il peut être chaque semaine à Tivoli. 11°) D'Ossat est retenu ici par les affaires du Roi.

2° On compte aussi plusieurs Evêques qui font office de Nonces apostoliques, parmi lesquels quelques-uns, depuis nombre d'années, n'ont pas visité leurs Eglises.

3° D'autres renonçant au ministère de paître les âmes qui leur sont confiées, exercent un gouvernement civil.

4° Un certain nombre, délaissant leurs brebis, [*ou bien perdent leur temps à Rome, ou bien*] s'y occupent d'affaires qui se pourraient aussi bien traiter par d'autres. J'avoue d'ailleurs que plusieurs de ces Evêques peuvent s'excuser en invoquant le motif de l'obéissance; et je ne nie pas que le Souverain Pontife, pour certaines raisons, ne puisse en exempter quelques-uns pour un certain temps de la résidence. Mais je ne sais si Dieu agrée qu'un si grand nombre de prélats s'absentent de leurs diocèses, au grave détriment

(1) Ce qui concerne le cardinal de Florence, semble manquer dans l'*Auctarium*, à moins que le membre de phrase précédent ne se rapporte à lui.

des âmes, alors que manifestement ils ne sauraient s'acquitter ainsi de leur devoir. [*Par quelle raison justifier cette pratique? J'avoue que je l'ignore. Car l'Apôtre défend à ceux qui militent pour Dieu de s'impliquer dans les affaires du siècle; et Saint Grégoire*, livre VII, Reg., chap. 2, *reprend avec force certain évêque du nom de Basile, qui, comme un laïque quelconque, se mêlait d'affaires civiques et judiciaires. Naguère, sans doute, plusieurs magistrats séculiers furent élevés au trône épiscopal, ainsi que nous le lisons d'Ambroise, de Nectaire, de Chrysostome, de Grégoire; mais que, des cimes de la dignité épiscopale, certains prélats se soient rabaissés à l'exercice d'une magistrature civile, c'est ce qu'on ne voit nulle part que je sache chez les anciens. Et non à tort. Car ces mêmes hommes, dont la fonction propre est de vaquer à la prédication et à la prière, et dont les mains ont été consacrées pour bénir, quoi donc! on les verrait, entourés de satellites, présider aux tortures et à l'exécution de leurs frères?*]

L. — Quant aux Nonces, Nous estimons très convenable qu'ils soient évêques, car ils exercent la préséance sur les autres évêques et ont ainsi plus d'autorité aux yeux des princes et des peuples; et si les hommes ne Nous faisaient pas tant défaut, Nous les changerions plus souvent. Quant à ceux qui s'acquittent de fonctions politiques, s'il s'agit de ceux qui exercent quelque magistrature dans les Etats de l'Eglise, il n'en reste plus que deux. L'un est à Romandila; l'autre est évêque de Carurini, prolégat dans la Marche, si proche de son évêché que, tous les jours, ou tout au

moins toutes les semaines, il peut rejoindre son église et presque à toute heure rentrer dans son diocèse.

[*Et, si les Evêques qui observent assidûment la résidence, qui s'emploient de toutes leurs forces aux soins des âmes et qui ne se surchargent d'aucune autre affaire, portent pourtant avec peine le fardeau de leur prélature et ne gouvernent qu'au prix des plus grands périls, — comme Saint Augustin le proclame de lui-même au livre X de ses* Confessions, *chapitre 4, Saint Grégoire de Nazianze dans son* Apologie, *Saint Chrysostome dans son dialogue* De sacerdotio, *Saint Grégoire dans son* Liber pastoralis, *— comment donc sont-ils exempts de faute ceux qui résident loin de leur troupeau, s'immiscent en toutes sortes d'entreprises étrangères et cependant s'imaginent satisfaire à la charge épiscopale ?*]

M. — En réalité, Nous n'obligeons guère à une absence prolongée que les Nonces, qui, chargés d'affaires graves et délicates, ne peuvent être facilement remplacés.

IV. — Le cumul des bénéfices.

Le quatrième abus est la polygamie spirituelle. A savoir, quand, à un même prélat, sont dévolues plusieurs Eglises. Saint Bernard, dans une lettre au comte Thibaud, résume toute la question en trois mots, lorsqu'il dit que cela n'est pas permis, sinon par dispense, en raison de quelque nécessité pour l'Eglise. Saint Thomas (*Quodlibet* 9, *art.* 5) écrit que la grande multiplicité des bénéfices spécialement avec charge d'âme, est contraire non seulement au droit canon, mais encore au droit naturel : non qu'elle soit intrinsèquement mauvaise au point de ne pouvoir être permise d'aucune façon, comme l'adultère, le mensonge ou autres péchés; elle est pourtant mauvaise absolument, bien que certaines circonstances puissent la justifier, comme par exemple la nécessité de l'Eglise. D'où Saint Thomas conclut que celui qui jouit de deux évêchés, même avec dispense, n'est pas en sûreté de conscience, si n'existe pas vraiment ce motif de la nécessité, ou pour le moins de la plus grande utilité de l'Eglise, car la dispense ne le décharge que de l'obligation de droit positif. Et tous les théologiens confirment cette doctrine de Saint Thomas. C'est pourquoi il est à craindre que ne soient point en sûreté de conscience ceux qui gouvernent par exemple deux diocèses, l'un cardinalice et l'autre qui ne l'est pas. Car la raison pour laquelle les Cardinaux évêques ont licence d'accepter deux évêchés ne paraît pas être la nécessité ou l'utilité de l'Eglise, mais la plus grande dignité et l'intérêt de ces hauts personnages : motifs que Saint Thomas répudie absolument. [*Et il ne semble pas que ce soit une excuse suffisante d'être préposé en titre à une Eglise et d'avoir seulement, comme l'on dit, l'administration de l'autre, ni d'invoquer l'usage, introduit depuis nombre d'années, qui admet cette polygamie : car, sans examiner si les Cardinaux évêques consentent de nos jours à être appelés simplement les administrateurs, et non les véritables Evêques de l'une comme de l'autre de leurs Eglises, certainement le Concile de Trente, approuvé par le Saint-Siège, rejette ouvertement cette distinction toute verbale, lorsqu'il décide, session VII, chapitre 2 : « A aucun prélat, de quelque dignité qu'il soit revêtu, ne doivent être commis deux sièges, ni comme titulaire, ni comme commendataire, ni sous quelque autre nom que ce soit » ; et, session XXIV, chapitre 17, il n'accorde même pas aux Cardinaux deux simples bénéfices, surtout avec charge d'âmes. Et cet usage s'est introduit, sans doute, voici bien longtemps ; mais le Concile de Trente l'a abrogé. Inutile d'ajouter que ce qui est mal, en dehors de telle ou telle circonstance excusante, ne peut devenir bien par suite de telle ou telle coutume, tant que la conjoncture nécessaire ne se vérifie pas.*]

N. — Pour ce qui est de cette polygamie, elle ne se voit guère que pour les six évêchés cardinalices, au sujet desquels Nous avons estimé ne devoir rien innover : car cette affaire a été examinée par Nos prédécesseurs, même après le Concile de Trente, et réglée de cette façon. Et qu'il faille bouleverser les Ordres au sein du Sacré-Collège pour aller à l'encontre de ce qu'ont fait Nos prédécesseurs et tant d'éminents cardinaux, ce n'est pas une réforme qui Nous ait paru réalisable sans scandale. Votre Seigneurie s'en rendra compte, si Elle veut bien y réfléchir mûrement.

V. — Les translations d'un siège a l'autre.

Le cinquième abus est la trop facile translation des Evêques d'un siège à l'autre, [*qui se voit sur-*

tout pour les six sièges cardinalices suburbicaires et dans les évêchés d'Espagne.] En effet, ce changement, d'après les saints Canons et l'usage de l'ancienne chrétienté ne se doit faire que par nécessité ou pour la plus grande utilité de l'Eglise : car les Eglises n'ont pas été instituées pour les Evêques, mais les Evêques pour les Eglises. [*Saint Grégoire, ainsi que le rapporte le diacre Jean dans sa Vie, livre III, ch.* 18, *ne transféra jamais lui-même un évêque de son diocèse dans un autre ni ne consentit jamais à ce que d'autres opérassent cette translation.*] Or, à présent nous voyons faire tous les jours de ces mutations, sans autre motif que l'accroissement d'honneur ou de revenus qui en résulte pour les permutants. Il est pourtant notoire, d'après le c. *Inter corporalia*, touchant cette translation des Evêques, que le lien du mariage spirituel est d'une certaine façon plus fort que le lien du mariage corporel, et qu'aussi bien personne ne le peut rompre, sinon Dieu, par l'organe de son Vicaire déclarant la volonté du Seigneur. Qui croira cependant que Dieu veuille que, pour un gain ou une dignité temporels, soit rompu le nœud de ce saint mariage, — surtout lorsque cela ne se peut faire sans détriment pour les âmes, ainsi que l'enseigne l'expérience ? Et comment les Evêques s'attacheraient-ils à leurs Eglises, lorsqu'ils savent devoir les abandonner bientôt pour passer à d'autres mieux pourvues ? [*Ainsi, en l'espace de quelques mois, la malheureuse Eglise d'Albano a changé quatre fois d'Evêque; et les six Eglises cardinalices, qui surpassent toutes les autres en dignité, le cèdent à toutes quant au soin et à la diligence de leurs pasteurs, surtout en ces derniers temps où trois d'entre elles ont eu des époux polygames, retenus par les charmes de leurs autres épouses plus riches; où les trois autres ont des maris si affaiblis par l'âge et les maladies qu'elles désespèrent tout à fait, je ne dis même pas d'en avoir encore des enfants, mais de la bonne éducation des aînés* (1).]

O. — Aussi ne les transférons-Nous qu'avec difficulté. Nous nous sommes expliqués là-dessus à propos des sièges cardinalices : quant aux évêchés d'Espagne, que Votre Seigneurie réfléchisse à combien de difficultés Nous nous exposerions en contestant au Roi ce droit de translation. Nous n'avons cessé d'ailleurs d'admonester sur ce point Sa Majesté catholique par Nous-même et par Notre Nonce.

VI. — La résignation des bénéfices.

Le sixième abus est la renonciation aux évêchés sans raison légitime. Car si le lien entre l'Evêque et son Eglise est si étroit et presque indissoluble, ainsi que nous l'enseignent les Canons, pour quelle raison le voyons-nous rompre tous les jours si facilement ? Les uns résignent leur Eglise en en retenant les fruits, comme ferait un homme, qui, répudiant sa femme, garderait la dot. D'autres, enrichis déjà des revenus du diocèse, renoncent à leur siège pour s'ouvrir une autre carrière. D'autres résignent leur évê-

(1) Quels que soient les droits du « cliché » ecclésiastique, consacrés en certains sujets par un long usage, la métaphore touche ici au grotesque ou à l'odieux.

ché à un neveu, et sous couleur de renonciation, s'approprient ainsi le sanctuaire de Dieu. D'autres préfèrent rester à la Curie, comme référendaires ou simples clercs, plutôt que d'exercer au dehors la plénitude du sacerdoce. D'autres enfin invoquent l'insalubrité du climat, le manque de ressources ou l'hostilité des populations ; mais Dieu sait si ce sont là de justes causes et suffisantes pour résigner une charge, et si tels Evêques ne poursuivent pas leur intérêt propre plutôt que celui de Jésus-Christ.

P. — Nous acceptons très difficilement ces démissions et non sans en avoir examiné régulièrement les motifs à la Sacrée Congrégation consistoriale ; si parfois Nous les agréons, c'est en raison de l'inaptitude à cette charge des résignataires.

Telles sont les choses, Très Saint Père, que pour le moment j'ai cru devoir représenter à Votre Sainteté pour décharger ma conscience. Comme je les ai écrites en toute sincérité, je prie instamment Votre Sainteté, en toute révérence et soumission, de les bien vouloir examiner d'un regard favorable.

[*De Votre Sainteté, le très humble serviteur*]

ROB. Card. BELLARMIN.

Q. — Nous avons répondu en quelques mots, à la hâte, non pour excuser Nos fautes, mais plutôt pour que vous vous rendiez compte des difficultés et des ennuis au milieu desquels Nous nous débattons. Car, Nous l'avouons, non seulement sur ces divers points, mais sur

beaucoup d'autres, ou pour mieux dire sur tous les autres, Nous avons péché, et Nous n'avons en rien rempli ni ne remplissons parfaitement Notre devoir. Priez donc le Dieu Tout-Puissant, ou bien de Nous aider par sa divine grâce la plus efficace, ou bien, ce que Nous souhaitons plutôt, de Nous délivrer de Nos liens par la mort et de Nous remplacer par un autre Pontife qui sache, lui, satisfaire à toutes les obligations de sa charge.

TABLE DES MATIÈRES

INTRODUCTION

La Cause du Vénérable Bellarmin

I

L'Autobiographie du Cardinal Bellarmin

II

Le "Votum" du Cardinal Passionei

PREMIÈRE PARTIE

L'Autobiographie de Bellarmin

I. — *Peut-on écrire sa propre vie*

DEUXIÈME PARTIE

Épisodes caractéristiques

TROISIÈME PARTIE

Sur le procès de «Virtutibus»

III

Lettre de Bellarmin à Clément VIII

84.137. — Imp. Bourse de Commerce, 35, rue J.-J.-Rousseau, Paris.

A LA MÊME LIBRAIRIE

Le Message du Sacré-Cœur à Louis XIV et le P. de La Chaise. Etude historique et critique par I. DE RÉCALDE. Un vol. in-16 de 126 pages. — Prix........................... 2 fr.

Le Bref Dominus ac Redemptor portant suppression de la Compagnie de Jésus, avec une introduction et des notes par I. DE RÉCALDE. Un vol. in-16 de 133 pages. — Prix .... 3 fr.

Ecrits des Curés de Paris contre la Politique et la Morale des Jésuites (1658-1659) avec une étude sur la Querelle du Laxisme, par I. DE RÉCALDE Un vol. in-16 de 403 pages. — Prix ...... 7 fr.

Lettres sur le confessorat du P. Le Tellier, par l'abbé de Margon, avec une introduction et des notes sur la Politique des Jésuites et l'Oratoire, par I. DE RÉCALDE. Un vol. in-16 de 310 pages. — Prix. 5 fr.

Histoire intérieure de la Compagnie de Jésus d'après les documents. Ouvrage adapté d'un récent ouvrage de don Miguel Mir, de l'Académie royale espagnole, par I. DE RÉCALDE. Tome I. Les principes. Un vol. in-8 de 578 pages. — Prix.... 12 fr.

Une victime des Jésuites : Saint Joseph Calasanz. Le P. Pietrasanta, S. J., contre les Ecoles pies, d'après le chanoine Timon-David, par I. DE RÉCALDE. Un vol. in-16 de 168 pages. — Prix. 4 fr.

www.ingramcontent.com/pod-product-compliance
Ingram Content Group UK Ltd.
Pitfield, Milton Keynes, MK11 3LW, UK
UKHW020544180726
13838UKWH00001B/37

9 782329 195711